全国革命老区县发展史丛书·广东卷

紫金县革命老区发展史

紫金县革命老区发展史编委会　编

SPM 南方出版传媒·广东人民出版社
·广州·

图书在版编目（CIP）数据

紫金县革命老区发展史 / 紫金县革命老区发展史编委会编. —广州：
广东人民出版社，2021.5
（全国革命老区县发展史丛书·广东卷）
ISBN 978-7-218-14698-0

Ⅰ.①紫…　Ⅱ.①紫…　Ⅲ.①紫金县—地方史　Ⅳ.①K296.54

中国版本图书馆CIP数据核字（2020）第242160号

ZIJIN XIAN GEMING LAOQU FAZHANSHI

紫金县革命老区发展史

紫金县革命老区发展史编委会　编

出 版 人：肖风华

责任编辑：梁　晖
装帧设计：张力平　等
责任技编：周星奎

出版发行：广东人民出版社
地　　址：广州市海珠区新港西路 204 号 2 号楼（邮政编码：510300）
电　　话：（020）85716809（总编室）
传　　真：（020）85716872
网　　址：http：//www.gdpph.com
印　　刷：广州市浩诚印刷有限公司
开　　本：715mm×995mm　1/16
印　　张：23　插 页：4　字 数：300 千
版　　次：2021 年 5 月第 1 版
印　　次：2021 年 5 月第 1 次印刷
定　　价：98.00 元

如发现印装质量问题，影响阅读，请与出版社（020-85716849）联系调换。
售书热线：（020）85716826

广东省编纂《革命老区县发展史》丛书
指导小组

组　长：陈开枝（广东省老区建设促进会会长）

副组长：林华景（广东省老区建设促进会常务副会长）

　　　　宋宗约（广东省农业农村厅二级巡视员、广东省老
　　　　　　　　区建设促进会副会长）

　　　　刘文炎（广东省老区建设促进会副会长）

　　　　郑木胜（广东省老区建设促进会副会长）

　　　　姚泽源（广东省老区建设促进会副会长兼秘书长）

　　　　谭世勋（广东省老区建设促进会副会长）

　　　　廖纪坤（广东省农业农村厅总经济师）

办公室

主　任：姚泽源（兼）

副主任：韦　浩（广东省农业农村厅扶贫协作与老区建设处
　　　　　　　　处长）

　　　　柯绍华（广东省老区建设促进会副秘书长）

　　　　伍依丽（广东省老区建设促进会副秘书长）

微信扫描二维码 ◀◀◀
您立即获得本书作者的
相关资料。

河源市编纂《革命老区县发展史》
丛书指导小组

组　　长：刘炳增（河源市老区建设促进会会长）

副组长：邱如九（河源市老区建设促进会第一副会长）

成　　员：温建平（河源市老区建设促进会副会长）

　　　　　罗百番（河源市老区建设促进会副会长）

　　　　　刘喜浓（河源市老区建设促进会副会长）

　　　　　杨石建（河源市委党史研究室副主任）

　　　　　何耀华（河源市老区建设促进会副秘书长兼办公室

　　　　　　　　　主任）

　　　　　谢辉华（河源市老区建设促进会科长）

　　　　　欧阳辉（河源市老区建设促进会科长）

《紫金县革命老区发展史》
编纂委员会

顾　问：刘振林

主　任：廖继聪

副主任：朱永生　黄伟明　张志勇　高辉强　姚汉华

委　员：郑裕庭　黄汝荐　曾子亮　罗奇峰　黄海波

　　　　李森燚　李远强　甘志峰　张泽良　林巧明

　　　　邓雄峰　范锦环　叶战祥　张家宏

办公室

主　　任：黄海波

副主任：林力锋

工作人员：钟月梅　黄定平　罗　杏　潘晓媚

主　编：黄海波

副主编：张家宏　梁仕璇

编　辑：李桂平　钟岸先　张慈祥　练孙善

在举国欢庆新中国成立 70 周年前夕，中国老区建设促进会王健会长请我为《全国革命老区县发展史》丛书作序，作为一名在老区战斗过并得到老区人民生死相助的老兵，回首往事，心潮澎湃，感慨万千，深感义不容辞，欣然应允。

中国革命老区，是以毛泽东为代表的中国共产党人在领导人民推翻帝国主义、封建主义和官僚资本主义三座大山，争取民族独立和人民解放伟大斗争中建立的革命根据地，在这片红色的土地上，诞生了无数可歌可泣的革命英雄儿女，为后人树起了一座不朽的丰碑，她是新中国的摇篮，是党和军队的根。

在艰苦卓绝的战争年代，老区人民把自己的命运与中华民族的命运紧紧地联系在一起，与中国共产党和人民军队的命运紧紧地联系在一起，他们生死相依，患难与共。我曾亲历过战争年代，并得到过老区红哥红嫂的救助，切身感受到发生在身边的一幕幕撼天动地的革命故事，在那极其艰难的条件下，老区人民倾其所有、破家支前，不怕艰难困苦，不怕流血牺牲。"最后一碗米送去做军粮，最后一尺布送去做军装，最后一件老棉袄盖在担架上，最后一个亲骨肉送去上战场"，这是当时伟大的老区人民为建立新中国做出巨大牺牲的真实写照，它将永远镌刻在中国共产党、中国人民解放军、中华人民共和国的历史丰碑上。他们的光辉业绩永载史册，他们的革命精神必将影响一代又一代的革命新人，造就一代又一代的民族脊梁。

在社会主义革命和建设时期，革命老区和老区人民响应党的号召，面对落后的面貌、脆弱的经济、恶劣的生态环境，他们本色不变，精神不丢，自力更生，艰苦奋斗，干一行爱一行。始终坚持"革命理想高于天"，自觉做共产主义远大理想的坚定信仰者和忠实实践者，勇于向恶劣的自然环境和贫穷落后宣战，他们在各条战线上为国建功立业，用平凡的双手创造了一个又一个不平凡的奇迹，彰显了老区人的崇高精神和人格力量。

在改革开放的伟大进程中，老区人民解放思想，勇于创新，发奋图强，攻坚克难，老区的经济社会建设取得了辉煌成就。特别是在改变中国的面貌、中华民族的面貌、中国人民的面貌、中国共产党的面貌的伟大实践中发挥了至关重要的作用。老区人民既是改革开放的参与者，也是改革开放的推动者。

艰苦练意志，危难见精神。老区人民在近百年的革命战争、社会主义建设和改革开放的伟大实践中，孕育形成了伟大的老区精神：爱党信党、坚定不移的理想信念；舍生忘死、无私奉献的博大胸怀；不屈不挠、敢于胜利的英雄气概；自强不息、艰苦奋斗的顽强斗志；求真务实、开拓创新的科学态度；鱼水情深、生死相依的光荣传统。这是党和人民宝贵的精神财富、丰厚的政治资源，是凝心聚力、振奋民族精神的重要法宝，也是社会主义核心价值观的重要内容。

中国老区建设促进会怀着强烈的政治责任感和历史使命感，组织全国各地老促会人员克服困难，尽心竭力编纂《全国革命老区县发展史》丛书，记录老区的光辉历史和辉煌成就，传承红色基因，弘扬老区精神，是功在当代，利及千秋的一件大事。手捧这部丛书的部分书稿，读着书中的故事，倍感亲切，深感这部丛书具有资政、育人、存史的社会功能，有着重要的时代和历史价值。它是不忘初心、牢记使命的源头活水，是赞颂共产党、讴歌老区人民的一部精品力作，是弘扬老区精神、传承红色记忆的丰厚载体，是一项继承优秀传统文化、弘扬革命文化、发展社会主义先进文化，坚定"四个自信"的宏大文化工程。它必将成为一种文化品牌，为各界人士了解老区宣传老区支持老区提供一部有价值的研究史料。希望读者朋友们能从中了解并牢记这些为党和民族的利益不断奉献的老区人民，从中得到教益，汲取人生奋斗的精神动力。

新时代赋予新使命，新起点开启新征程。让我们更加紧密地团结在以习近平同志为核心的党中央周围，坚持以习近平新时代中国特色社会主义思想为指导，增强"四个意识"，坚定"四个自信"，做到"两个维护"，弘扬老区精神，铭记苦难辉煌。为实现"两个一百年"奋斗目标，实现中华民族伟大复兴的中国梦作出新的更大的贡献！

迟浩田

2019 年 4 月 11 日

　　2017年6月，中国老区建设促进会组织全国各地老促会启动编纂《全国革命老区县发展史》丛书，按照"建立中国共产党、成立中华人民共和国、推进改革开放和中国特色社会主义事业"三大里程碑的历史脉络，系统书写革命老区百年历史，深入挖掘革命老区红色文化资源，这对于充实丰富中国革命史籍宝库、在新时代传承红色基因、弘扬革命精神、强固根本，对于激励人们在新的历史条件下夺取中国特色社会主义伟大胜利，实现中华民族伟大复兴的中国梦具有重要意义。

　　丛书编纂以习近平新时代中国特色社会主义思想为指导，以《中国共产党历史》《中国共产党的九十年》等重要文献为基本依据，以党的领导为核心，以老区人民为主体，以老区发展为主线，体现历史进程特征，突出时代发展特色，坚持辩证唯物主义和历史唯物主义相统一、历史真实性与内容可读性相统一的原则，书写革命老区从站起来、富起来到强起来的光辉革命史、不懈奋斗史、辉煌成就史，把老区人民的伟大贡献、伟大创造、伟大成就、伟大精神充分展示出来，形成一部具有厚重历史特征和鲜明时代特色的精品力作。这是一部培根铸魂、守正创新，既为历史立言，又为时代服务，字里行间流淌着红色血脉、催生着革命激情的传世之作。丛书的编纂出版将成为讴歌党讴歌人民讴歌时代、传播红色文化、为革命老区和老区人民树碑立传的重要载体。

丛书按照编年体与纪事本末体相结合、以编年体为主的编写体例确定框架结构；运用时经事纬、点面结合的方式记述史实；坚持人事结合、以事带人的原则处理人与事的关系；采取夹叙夹议、叙论结合以叙为主的方法展开内容。做到了史料与史论、历史与现实、政治与学术统一，文献性、学术性、知识性相兼容。

为编纂好《全国革命老区县发展史》丛书，打造红色文化品牌，中国老区建设促进会认真组织积极协调，提出政治立场鲜明、史料真实准确、思想论述深刻、历史维度厚重、时代特色突出、编写体例规范、篇目布局合理、审读把关严格、出版制作精良的编纂出版总要求，力求达到革命史籍精品的精神高度、思想深度、知识广度、语言力度，增强丛书的权威性和社会影响力。各省（区、市）、市（州、盟）、县（市、区、旗）老促会的同志，以强烈的使命感、责任感和紧迫感，勇于担当，积极作为，认真实施，组织由老促会成员、专家学者等参加的十余万人编纂队伍。编纂工作主体责任在县，省、市组织协调、有力指导、审读把关。各方面人员以高度负责的精神和科学严谨的态度，满腔热情地投入工作，为丛书编纂出版作出了重要贡献。丛书编纂工作还得到了党和国家有关部委、地方各级党委政府及有关部门的大力支持和积极参与，社会各界也给予了热情帮助。中共中央政治局原委员、中央军委原副主席、原国务委员兼国防部长迟浩田上将，对老区人民怀有深厚感情，对革命老区建设发展十分关注，欣然为《全国革命老区县发展史》丛书作总序。

丛书由总册和 1599 部分册（每个革命老区县编纂 1 部分册）组成，共 1600 册。鉴于丛书所记述的史实内容多、时间跨度长和编纂时间紧，不妥之处，敬请批评指正。

中国老区建设促进会

炮子乡农会、县总农
会旧址

紫金县学生会、总农会
旧址

紫金县苏维埃政府
旧址

红二师师部
旧址

海陆紫苏维
埃政府旧址

中共紫河特
别区委员会
旧址

红四十九团团部
旧址

东江红军独立师
师部旧址

中共东江特委旧址

汕湛高速紫金西互通

汕湛高速紫金段东江特大桥

紫金县人民医院新院全景。新院规划占地总面积26.83万平方米，建筑占地面积2.1万平方米，建筑面积10.6万平方米

建设中的紫城工业园。2017年9月29日，紫金举行紫金县产业园区招商推介会暨首批项目动工仪式，紫城工业园正式开园纳企，是全省57个产业转移工业园中唯一实现"当年获批、当年征地、当年建设、当年开园"的园区

凤安镇仁里驿站（广东省新农村建设示范片）

凤安镇横排村文化广场（广东省新农村建设示范片）

凤安新村大道（广东省新农村建设示范片）

微信扫描二维码
您立即开展本书的
延伸阅读。

　　根据中国老区建设促进会的部署，广东省河源市紫金县老区建设促进会组织编纂了《紫金县革命老区发展史》。

　　紫金地处粤东中部、东江中游东岸，是广东省著名的革命老区，是全国最早开展马克思主义传播、最早开展农民运动、最早建立农村革命根据地、最早建立苏维埃政权的地区之一。紫金人民具有光荣的革命斗争传统，早在辛亥革命前，紫金就建立了同盟会组织，开展反清斗争和讨袁起义。五四运动时期，中国共产党早期党员、广东工运领袖、青运先驱刘尔崧从广州将马克思主义传播到紫金，紫金的学生运动、工人运动风起云涌。在大革命时期和土地革命战争时期，英勇的紫金人民掀起了轰轰烈烈的农民运动，并在中国共产党的领导下，高举武装斗争和土地革命的伟大旗帜，举行了"四二六"武装暴动，建立了紫金县人民政府、中共紫金县委和紫金县苏维埃政府，创建了工农革命武装和农村革命根据地。全民族抗日战争时期和全国解放战争时期，紫金人民为了国家独立和民族解放，和全国人民一样进行英勇顽强的斗争。

　　在紫金这块红色土地上，老一辈无产阶级革命家周恩来、徐向前和革命烈士彭湃、刘尔崧等留下了光辉的足迹。东征军和南昌起义部队红二师、广州起义部队红四师、东江工农红军、东江纵队、粤赣湘边纵队先后在紫金与地方革命武装并肩战斗。在革命斗争中，紫金共产党人和革命志士前赴后继，奋斗不息。他们面对艰难险阻不屈不挠，面对白色恐怖无所畏惧，面对枪林弹雨奋不顾身，面对威胁利诱从容不迫，面对严刑拷打坚贞不屈，面对敌人的屠刀大义凛然。刘尔崧、刘琴西、赖炎光、张子玉、钟一强、苏丹等一大批革命烈士，用他们的血肉之躯铸造了紫金红色历史的丰碑。

中华人民共和国成立以来，特别是改革开放后，在党的领导下，紫金人民奋发图强，经济社会发生了翻天覆地的变化，人民过上了幸福安康的生活。今天，紫金老区人民，又满怀信心跨进了建设新时代中国特色社会主义的新征程。一大批紫金英雄儿女为紫金创下的光辉历史，既是紫金人民的光荣，更是紫金人民的骄傲。

以史为鉴，可以知兴替。经过编纂人员两年多的不懈努力，《紫金县革命老区发展史》终于出版了。该书全面介绍了紫金老区的历史变迁、岁月峥嵘、经济腾飞，深刻反映了紫金人民在党的领导下，在革命战争年代不怕牺牲、艰苦奋斗，在和平建设时期勇于开拓、不断奋进的伟大的精神。这是一笔宝贵的精神财富和丰厚的政治资源。紫金老区的光辉历史值得永远铭记，敢于革命、勇于奉献、开拓进取的优良传统值得代代传承。

《紫金县革命老区发展史》的出版将为社会各界进一步了解、熟知紫金县的红色历史起到促进作用；对广大党员干部不忘初心，牢记使命，传承红色基因，弘扬优良传统，推动社会加快发展，帮助老区人民脱贫致富，亦大有裨益。该书也是对广大党员干部、群众和青少年学生进行革命传统教育的理想读本，必将为紫金人民开展社会主义新农村建设，脱贫攻坚，实现乡村振兴，全面建成小康社会提供强大精神动力。

紫金县革命老区发展史编委会

2020年4月13日

1

第一章

区域和革命老区概况

区域及建置沿革

　　紫金县位于广东省东中部，河源市东南部，东江中游东岸。东接梅州市五华县，南与惠州市惠东县相邻，东南与汕尾市陆河、海丰县毗邻，西与惠州市博罗县隔东江相望，西南与惠州市惠城区相接，北接河源市东源县，西北与河源市源城区相邻。地理坐标为东经114°40′～115°30′，北纬23°10′～23°45′。全县境域东西长88.6千米，南北宽64千米。县人民政府驻地紫城镇，距省会广州市270千米、深圳市223千米、河源市68千米。

　　紫金地域，春秋时属百越地，战国属楚，秦代起属南海郡博罗、龙川两县地，隋唐为归善、兴宁两县地，宋元为归善、长乐两县地。明隆庆三年（1569年）置永安县，属惠州府。1912年，属广东省都督府，1914年改永安县为紫金县，属潮循道；1926—1936年隶属东江各属行政公署；1937—1948年隶属第四行政督察区；1949年改属第二行政督察区。1949年5月紫金县解放，隶属东江专区。1952年改属粤东行政区，1956年隶属惠阳专区，1959年改属汕头专区，1963年隶属惠阳地区，1988年改属河源市。

资源概况

一、土地资源

2010年全国第二次土地调查统计，全县土地面积3635.13平方千米（36.35万公顷）。2017年全县林地面积29.22万公顷，占全县土地面积的80.4%；水域面积7754公顷，耕地3.04万公顷，园地10212公顷，居民点及工矿用地8636公顷，交通用地3313公顷，未利用土地1.1万公顷。2017年末，全县实有耕地总资源3.04万公顷，其中水田2.68万公顷。

二、水力资源

紫金县水力资源理论蕴藏量为21.57万千瓦（含东江干流8.19万千瓦），可开发利用20.83万千瓦，年发电量可达5.5亿千瓦时，每平方千米电能蕴藏量为151.7千瓦，高于全省平均水平。其中东江水系（包括东江干流）可开发利用水力资源为18.34万千瓦，韩江水系可开发利用水力资源为2.49万千瓦。至2017年底，全县建成100千瓦以上水电站157座，总装机容量11.3万千瓦（含东江风光电站）；全县小水电发电能力1.6亿千瓦时（不含东江干流电站发电量）。（见表1-1）

表1-1　2016年紫金县水力资源开发利用情况简表

河系	支流	河名	干流长（千米）	流域面积（平方千米）	可开发装机容量（万千瓦）	至2016年底电站（座）	至2016年底装机容量（千瓦）
东江	一级	康禾河上段	26	136	1.12	12	12555
	二级	柏埔河	60	446	1.38	16	8690
	一级	义容河	46	403	0.87	5	4160
	二级	汀村水	38	112	0.441	6	1345
	一级	秋香江	134	1669	6.213	21	20045
	三级	围澳水	42	180	0.444	14	3610
	二级	龙渡水	35	107	0.032	1	570
	二级	青溪河	39	226	0.389	9	3865
	二级	南山水	27	164	0.075	2	400
	二级	上义河	41	193	0.515	12	4170
	二级	热水河				5	2015
	其他（东江支流）			162	0.057	10	3060
	东江干流				6.8	1	24900
	小计				18.336	114	89385
韩江	二级	洋头河	43	416	1.088	20	12715
	三级	龙窝水	33	193	0.106	3	1860
	二级	中坝河	28	399	1.12	11	5430
	三级	水墩水	44	152	0.103	3	985
	其他			4.07	0.072	4	1795
	小计				2.489	41	22785
全县合计					20.825	155	112170

说明：表内资料统计至2016年12月。

三、矿产资源

紫金县矿产资源丰富，其中铁矿、钨、锡、石灰石等，早在明朝时就已开采利用。县国土资源局2017年上报的统计数据显示，全县22种矿种，主要矿点（矿区）58多处，其中有工业开采价值的矿产42种，优势矿种为铁、钨、锡、瓷土。

铁矿　主要分布在义容宝山嶂、黄塘大林峯和义容官田等地。宝山磁铁矿，规模属中型，紫金县城有公路直通宝山矿区。全区分为宝山（即上窖）、下窖两个矿段，铁矿储量8000万余吨。宝山矿段铁矿储量1700余万吨，全铁含量35.47%~36%。

石灰岩 主要产地有黄塘大林峯、古竹汤坑山、上义白水礤、义容宝山等地，计算储量为4.2亿吨。

瓷土 分布在县境东部为多，储量丰富。苏区永光、黄布，中坝良庄，紫城新庄、黄花、榕林、士贵，水墩南山凹下，龙窝黄田，好义板子坝等地均有瓷土开采，或生产日用瓷，或向佛山、潮汕等地的瓷厂出售原料。

铅锌矿 主要集中在上义苏石坑、义容石坝店、宝山迷摇岗、瓦溪上东等地，其中苏石坑、石坝店、上东等处铅锌矿已有开采。

钨矿 主要分布在凤安鸡笼山及南岭、紫城、黄塘、龙窝镇等地。

锡矿 主要集中在水墩铁嶂及黄塘、义容、敬梓、南岭、临江、龙窝镇等地。铁嶂锡矿，规模为中型。位于水墩陂湖村，有简便公路通水墩圩。矿床类型属高中温热液脉状矿床，全区锡金属储量3.9万余吨，含锡平均品位0.57%。

萤石矿 分布在紫城散滩等地。散滩萤石矿规模为矿点。估值萤石矿量60万吨以上。已开采。

水晶 分布在好义板子坝、龙窝石子山东、敬梓马头山、中坝塔坳等地，零星开采。

四、矿泉资源

九和温泉 分布在紫金县南部九和镇热水、幸福两村，古称"上下汤"。两处温泉成群状出露，距九和圩11千米。其中热水温泉面积0.06平方千米，在河边有3个较大的泉眼。热泉流量为每日1198吨，温度60℃~80℃，最高86℃。温泉水的外观无色、透明。1987年，广东省地质矿产局测试研究中心、中山医科大学仪器分析中心等单位对水质测试结果，按矿泉水分类属硅酸矿泉水，化学类型属重碳酸钾钠钙镁型淡水。水中二氧化硅含量达每升100毫克以上。幸福温泉在热水温泉以西1千米幸福村的蒋口塘洼地，称"下汤"。日流量1000吨，水温81℃～83℃，最高85℃。

敬梓温泉　位于敬梓圩下游的河滩中，有泉眼10多个，日流量200～300吨，水温80℃以上，有当地人担水洗浴。

义容温泉　位于义容镇北部汀村中田自然村的热汤子，距义容圩15千米。《永安县志·井泉》，有记"汤坑温泉在宽得"即此。该温泉处在小沥边，石底，常年喷泉不息，日流量700～800吨，温度80℃以上。

上义温泉　位于上义镇东南5千米的捲蓬村高岗自然村，观音堂下侧高岗桥下河中，温度40℃。

水墩碳酸汽矿泉　位于水墩圩东南2千米的石街子村。泉水在方圆216平方米范围的砂土、石中成泉群涌出，并冒出大量二氧化碳气体。泉水具微酸味，游离二氧化碳含量每升1143.82毫克，pH值6.2，水温23℃，属重碳酸钙镁钠型碳酸汽水；泉流量每日19吨，是珍贵优质的天然矿泉水。

五、林木资源

紫金县林木以松、杉及白梨、赤梨、石斑木、荷树、檫树、香樟、山苍树和竹为主。常见的有73科233种（1988年统计）。2017年，全县林业用地总面积26.1万公顷（不含东江林场和下石林场），其中有林地面积24.5万公顷，林木年总生长量67万立方米，活立木蓄积量1412.9万立方米，森林覆盖率75.6%，林木绿化率76.3%，林地绿化率94%，当年造林0.65万公顷。此外，有省级白溪自然保护区，面积为5755.5公顷。

革命老区概况

紫金县是广东省老区重点县之一。土地革命战争时期，紫金县是海陆丰革命根据地、海陆惠紫革命根据地、东江革命根据地的组成部分；全面抗日战争、解放战争时期，是东江纵队和粤赣湘边纵队活动的根据地。1957年，按广东省人民委员会《关于评划老根据地标准通知》，紫金县进行根据地评划工作。经报省人民委员会批准，全县被评为土地革命战争时期红色根据地的自然村45个，红色游击区自然村110个，抗日根据地自然村1个，抗日游击区自然村3个，分布在9个乡，共159个自然村，5863户27710人，耕地面积3673.2公顷。

1989—1993年，根据省政府办公厅《关于补划老区村庄的意见》，紫金县开展补划土地革命战争时期红色根据地和抗日战争时期老区村庄工作。经过反复调查核实，1989年、1993年先后上报河源市政府批准，义容镇塘丰管理区新屋村等13个村庄（共897户4909人）和紫城镇城郊村等27个村庄（共7772户40975人），分别补划为红色根据地或抗日战争老区村庄。

1992年，县老革命根据地建设委员会根据省民政厅通知精神，组织全县解放战争游击根据地村庄评划工作。经县、市政府审核批准，全县有168个管理区（村）838个村庄（44378户264891人）被评划为解放战争时期老区，并上报省老区建设委员会备案。

2014年，全县有老区村1076个，分布在18个镇221个村（居）委会。南岭、苏区、龙窝、水墩、敬梓、中坝、紫城、九和、蓝塘、凤安、好义、上义、古竹、义容14个镇和白溪水库管理处为革命老区镇（处）。

表1-2　紫金县革命老区村名录[①]

所在乡镇	所在村(居)委会	老区村名称	时期	所在乡镇	所在村(居)委会	老区村名称	时期
苏区	龙上	石凹	土地革命战争	苏区	永坑	罗山井头	土地革命战争
		畴坑	土地革命战争			碰下	土地革命战争
		聂坑	土地革命战争			放寨	土地革命战争
		万福排	土地革命战争			庆云楼	土地革命战争
		下雅坑	土地革命战争			永坑肚尾	土地革命战争
		上雅坑	土地革命战争			永坑店	土地革命战争
		田心	土地革命战争			艳桑	土地革命战争
		上黄布	土地革命战争			楼坪	土地革命战争
	青溪	山下阁	土地革命战争			多禾滩	土地革命战争
		下林	土地革命战争			旱塘口	土地革命战争
		李屋	土地革命战争		锡山	滩头坑	土地革命战争
		下刘屋	土地革命战争			径口	土地革命战争
		新屋	土地革命战争			山椒坑	土地革命战争
		圳塘	土地革命战争			凹下	土地革命战争
		德湖	土地革命战争			长牛坪	土地革命战争
		龙颈排	土地革命战争			葛田坑	土地革命战争
		高排	土地革命战争			洋磜	土地革命战争
	碧河	半坑	土地革命战争		炮子	上径	土地革命战争
		碧潭	土地革命战争			石阶子	土地革命战争
	永光	腊石坑	土地革命战争			南石	土地革命战争
		新圩子	土地革命战争			坝子角	土地革命战争
		永坑寨	土地革命战争			炮子圩	土地革命战争
		瑶下	土地革命战争			桐子岭	土地革命战争
		长窝口	土地革命战争			榕上	土地革命战争

① 资料来源：《河源革命老区》，河源市老革命根据地建设委员会办公室编，1999年11月内部出版。

（续上表）

所在乡镇	所在村(居)委会	老区村名称	时期	所在乡镇	所在村(居)委会	老区村名称	时期
苏区	炮子	榕岭	土地革命战争	苏区		布下	土地革命战争
		车子	土地革命战争			楼门	土地革命战争
		下埔	土地革命战争			红前	土地革命战争
		坪上	土地革命战争			维新	土地革命战争
		简头坑	土地革命战争			保东	土地革命战争
		山子背	土地革命战争			东风	解放战争
		水尾	土地革命战争			东塘	解放战争
		九华塘	土地革命战争			塘山	解放战争
	赤溪	幽谷坑下	土地革命战争			群星	解放战争
		幽谷坑上	土地革命战争			群丰	解放战争
		幽谷坑温屋	土地革命战争			中心	解放战争
		赤溪尾	土地革命战争		黄布	花架	解放战争
		新屋黄	土地革命战争			寨东	解放战争
		下完子	土地革命战争			寨西	解放战争
		茅田段	土地革命战争			陈宫	解放战争
		巫屋寨	土地革命战争			红星	解放战争
		排巷	土地革命战争			甘塘	解放战争
		员子江	土地革命战争			卫星	解放战争
		布角	土地革命战争			水口	解放战争
		塘背	土地革命战争			水尾	解放战争
		洋亭	土地革命战争			金星	解放战争
		新楼	土地革命战争			社星	解放战争
	黄布	社背岭	土地革命战争			东方	解放战争
		坡塘	土地革命战争			东升	解放战争
		径口	土地革命战争			角塘	解放战争
		黄宜夹	土地革命战争			径塘	解放战争
		朱坑	土地革命战争			单竹	解放战争
		田心	土地革命战争			祝新	解放战争
		陶上	土地革命战争			麻竹	解放战争
		王果	土地革命战争		小北	东升	解放战争
		勒马	土地革命战争			河光	解放战争
		井排	土地革命战争			山下	解放战争
		布上	土地革命战争			百祥	解放战争

（续上表）

所在乡镇	所在村(居)委会	老区村名称	时期	所在乡镇	所在村(居)委会	老区村名称	时期
苏区	小北	农场	解放战争	凤安	佛岭	格塘	解放战争
		元墩	解放战争		仁里	雅塘	解放战争
		粮仓	解放战争			寨下	解放战争
		中心	解放战争		仁里	大新	解放战争
		塘唇	解放战争		上坑	放塘	解放战争
		下楼	解放战争			井水	解放战争
		湖背	解放战争			均塘	解放战争
		新寨	解放战争			河坑	解放战争
		新丰	解放战争	九和	黄砂	黄砂	土地革命战争
		新联	解放战争		九和	长黎	解放战争
		楼心	解放战争		幸福	井塘	解放战争
		楼和	解放战争			竹塘	解放战争
		楼昌	解放战争			李塘	解放战争
		楼背	解放战争			新塘	解放战争
		河背	解放战争			中心	解放战争
凤安	黄洞坑	中心	解放战争			中连	解放战争
		小洞	解放战争			连塘	解放战争
	下石	上围	解放战争			黄塘	解放战争
		下围	解放战争			新潭	解放战争
		南方	解放战争			梅子排	解放战争
	觉民	寿围	解放战争			社下	解放战争
		河塘	解放战争			车子	解放战争
		白云	解放战争			塘尾	解放战争
	东塘	梅寿下	解放战争			蕉留	解放战争
		沾田	解放战争			下埔	解放战争
		塘面	解放战争			竹山	解放战争
		步楼	解放战争			禾塘	解放战争
		中心	解放战争			九龙	解放战争
	黄龙	竹园围	解放战争			四梅	解放战争
		田心	解放战争			在下	解放战争
		下新	解放战争		芫芬	南和	解放战争
	凤民	大岭	解放战争			永红	解放战争
	佛岭	三坑	解放战争			新田	解放战争

（续上表）

所在乡镇	所在村(居)委会	老区村名称	时期	所在乡镇	所在村(居)委会	老区村名称	时期
九和	芫芬	新民	解放战争	九和	五一	下坑	解放战争
		高排	解放战争			吉安	解放战争
		芫分	解放战争			新田	解放战争
		湖坑	解放战争			滑沙	解放战争
		富坑	解放战争			富尧	解放战争
		高桥	解放战争			社背	解放战争
		神径	解放战争			上社	解放战争
		红东	解放战争			新屋	解放战争
		马埔	解放战争			好社	解放战争
		草塘	解放战争			武馆	解放战争
		连塘	解放战争			文光	解放战争
		龙舟	解放战争		金光	河背	解放战争
		树塘	解放战争			红坪	解放战争
	双罗	红星	解放战争			中心	解放战争
		椒寮	解放战争			新金	解放战争
		罗锦坪	解放战争			坪上	解放战争
		前进	解放战争			云前	解放战争
		矮坡	解放战争			下窝	解放战争
		赤水	解放战争			坑口	解放战争
		联坳	解放战争		热水	黄坑	解放战争
		石古坑	解放战争			锡坑	解放战争
		梅龙	解放战争			则围	解放战争
		老炉	解放战争			新和	解放战争
		庵下	解放战争			龙楼	解放战争
		红仓	解放战争			热水	解放战争
	五一	五一	解放战争			向阳	解放战争
		围坪	解放战争			赤沃	解放战争
		中心	解放战争			灵坪	解放战争
		新联	解放战争			桃坪	解放战争
		树光	解放战争			上下坪	解放战争
		高布	解放战争			杨梅坑	解放战争
		新塘	解放战争	洋头	公柘	兰华	土地革命战争
		联合	解放战争			雄塘	土地革命战争

（续上表）

所在乡镇	所在村(居)委会	老区村名称	时期	所在乡镇	所在村(居)委会	老区村名称	时期
洋头	公柘	柘口寨	土地革命战争	洋头	光明	甘坑	解放战争
		柘口楼	土地革命战争		庆丰	富岭	解放战争
		小布	土地革命战争			围仔	解放战争
		岭田子布	土地革命战争			东隆	解放战争
	东坑	东溪田	土地革命战争			岭下	解放战争
		朱坑	土地革命战争			北坑	解放战争
		九曲水	土地革命战争			车坑	解放战争
	王竹塘	上村	土地革命战争			丰窝	解放战争
		下村	土地革命战争	乌石	中澄	白水礤	土地革命战争
		王礤	土地革命战争		升车	岩前	土地革命战争
	洋头	洋头寨	土地革命战争		升平	下岩	解放战争
		洋头坪	土地革命战争			径尾	解放战争
	琴口	珠坑	土地革命战争			湖塘	解放战争
		上完	土地革命战争		中坑	亚婆坑	土地革命战争
		新塘	土地革命战争			中坑	解放战争
		东塘	土地革命战争		乌石	巷子	解放战争
		坳下塘	土地革命战争		石陂	大陂	解放战争
		在肚	土地革命战争			石湖	解放战争
		沥鱼塘	土地革命战争		龙鸣	龙鸣	解放战争
	公村	石华	土地革命战争		荷光	荷岗	解放战争
		埔顶	解放战争		榕林	长林	解放战争
		村坪	解放战争		龙湖	新联	解放战争
		树山	解放战争		仕贵	瓦窑	解放战争
		罗塘	解放战争			荣光	解放战争
	五星	牛头凹	解放战争			士背	解放战争
		七月畲	解放战争		上书	上书	解放战争
		石子岗	解放战争		下书	下村	解放战争
	琴南	坪围	土地革命战争		石坑	联共	解放战争
		白坟排	解放战争			联和	解放战争
	光明	石坡	解放战争			联塘	解放战争
		大富	解放战争	中坝	北坑	各印	解放战争
		上马石	解放战争			上坪	解放战争
		龙田	解放战争		富坑	车角塘	解放战争

（续上表）

所在乡镇	所在村(居)委会	老区村名称	时期	所在乡镇	所在村(居)委会	老区村名称	时期
中坝	富坑	旧塘	解放战争	中坝	良庄	羌畲	解放战争
		新丰	解放战争	附城	中洞	中洞	土地革命战争
		长征	解放战争		水澄	水澄	土地革命战争
		红卫	解放战争		横径	散滩	土地革命战争
		富田	解放战争		上庄	贺屋	解放战争
	中心	营围	解放战争			楼岗	解放战争
	贺光	上南	解放战争			新联	解放战争
		联和	解放战争			上坝	解放战争
		黄布	解放战争			三坑	解放战争
	乐平	乐平	解放战争			新光	解放战争
		东方	解放战争			大面前	解放战争
	塔坳	龙村	解放战争			官坑	解放战争
		东风	解放战争			新明	解放战争
		塔坳	解放战争			背金山	解放战争
		下石	解放战争			岭背	解放战争
	袁田	鸠塘	解放战争		朗坑	坳下	解放战争
		柏寿	解放战争			北坑	解放战争
		众塘	解放战争			上完	解放战争
	上石	社背	解放战争			围墙	解放战争
		上完	解放战争			林屋	解放战争
		石背	解放战争			小岌	解放战争
		曾田	解放战争			莲塘	解放战争
		塘子角	解放战争			格坑	解放战争
	广福	苏坪	解放战争			店门	解放战争
		福寨	解放战争			狮子石	解放战争
		新梅	解放战争			老屋坪	解放战争
	径口	上村	解放战争		衙前	安宁	解放战争
		下村	解放战争			冠山	解放战争
		畲山	解放战争			前锋	解放战争
	良庄	西村	解放战争			店背	解放战争
		中联	解放战争			中社	解放战争
		永红	解放战争		新庄	脚锄布	解放战争
		榕径	解放战争			陂头下	解放战争

（续上表）

所在乡镇	所在村(居)委会	老区村名称	时期	所在乡镇	所在村(居)委会	老区村名称	时期
附城	新庄	庄树	解放战争	大村		中兴	解放战争
		唇子前	解放战争			西兴	解放战争
		考雅	解放战争	告坑		石榴	解放战争
		完角	解放战争			连新	解放战争
蓝塘	蓝塘	蓝塘	土地革命战争			龙陂	解放战争
		上楼	土地革命战争	塘田		半径	解放战争
		芙蓉	土地革命战争			箭溪	解放战争
	罗塘	罗塘	土地革命战争			枫树垅	解放战争
		道和	抗日战争			塘田	解放战争
	市北	红山	抗日战争	龙渡		石排	解放战争
		楼下	抗日战争			松岗	解放战争
	留塘	上村	抗日战争	百罗		牙田	解放战争
		下村	抗日战争			林下	解放战争
	茜坑	上下村	解放战争	坐雅		均楼	解放战争
		双田	解放战争			上坑	解放战争
		长印	解放战争			下坑	解放战争
	砂塘	砂地布	解放战争			万屋	解放战争
		格山塘	解放战争	建联		粉陶	解放战争
	和睦	岭布	解放战争			上楼	解放战争
		车额头	解放战争			榄塘	解放战争
		寨背	解放战争	长塘		爱群	解放战争
	南山	围岗	解放战争	石城		上下渡	解放战争
		赤水	解放战争			雄屋	解放战争
		红石	解放战争	布心		合水	解放战争
		寨新	解放战争			银坑	解放战争
	河塘	坪三垅	解放战争			中心	解放战争
		围一四	解放战争			高潭	解放战争
		新矮坑	解放战争	白沙		埔角	解放战争
	自然	黄坳	解放战争			楼埔	解放战争
	黄沙	坑岗	解放战争			赤仔	解放战争
		塘樟坑	解放战争			罗湖	解放战争
	加元	高塘	解放战争	九树	在上	礤头	土地革命战争
	大村	东兴	解放战争		官田	径口	解放战争

（续上表）

所在乡镇	所在村(居)委会	老区村名称	时期	所在乡镇	所在村(居)委会	老区村名称	时期
九树	官田	水口	解放战争	白溪水库	白溪	五村	土地革命战争
		围坪	解放战争			六村	土地革命战争
		荣坑	解放战争	黄塘	庙前	陶口	土地革命战争
		黄角	解放战争			力坪	土地革命战争
		上村	解放战争			马塘	土地革命战争
	椒坑	桥头	解放战争			上楼	土地革命战争
		营场	解放战争			格塘	土地革命战争
		河口	解放战争			四岭	土地革命战争
		梅新	解放战争		曹坑	桂田	解放战争
		河公	解放战争			吉路	解放战争
	洪田	红东	解放战争			中心（一）	解放战争
		红伟	解放战争			中心（二）	解放战争
		大红	解放战争			大坪	解放战争
		红田	解放战争			在下	解放战争
	在南	龙西	解放战争			水田	解放战争
	柳布	甘裕	解放战争		澄田	先丰	解放战争
		水口	解放战争			大新	解放战争
		在肚	解放战争			平光	解放战争
	九树	上村	解放战争			大平	解放战争
		高坝	解放战争			大光	解放战争
		大乙	解放战争			红标	解放战争
		鱼布	解放战争			建光	解放战争
		上围	解放战争			红光	解放战争
		旱塘	解放战争			城兴	解放战争
	公坑	山下	解放战争		长岌	板田	解放战争
		四斗	解放战争			泗平	解放战争
		大塘	解放战争			乌料	解放战争
		和丰	解放战争			河背	解放战争
		竹头	解放战争			地埔	解放战争
白溪水库	白溪	一村	土地革命战争			大全	解放战争
		二村	土地革命战争			洋头	解放战争
		三村	土地革命战争			蓝坑	解放战争
		四村	土地革命战争		锦口	湾塘	解放战争

（续上表）

所在乡镇	所在村(居)委会	老区村名称	时期	所在乡镇	所在村(居)委会	老区村名称	时期
黄塘	锦口	仕兴	解放战争	柏埔	福田	排顶	解放战争
		下坝	解放战争			桥头	解放战争
		青围	解放战争			山下	解放战争
		石贤	解放战争			禾坪	解放战争
	铁嶂	卓陶	解放战争			高不	解放战争
		大林畲	解放战争			瓦厂	解放战争
		上安	解放战争			上坪	解放战争
	腊石	刁坑	解放战争			车站	解放战争
		塘心	解放战争			社背	解放战争
		大新	解放战争			农会	解放战争
		福田	解放战争			田心	解放战争
		瑞岭	解放战争			奎田	解放战争
		中心	解放战争			河唇	解放战争
		东风	解放战争			新屋	解放战争
柏埔	大鲁	大鲁	土地革命战争			下角	解放战争
	良洞	良洞	土地革命战争		群星	上庄	解放战争
	南昌	下白田	解放战争			下庄	解放战争
		新光	解放战争			官田	解放战争
		塘沥	解放战争			水背	解放战争
		中心	解放战争		东方	沥头	解放战争
		井头	解放战争			花乾	解放战争
		塘角	解放战争			杨屋	解放战争
		下排	解放战争			龙颈	解放战争
		水磜	解放战争			格田	解放战争
		指背	解放战争		格塘	坑口	解放战争
		水口	解放战争			格塘	解放战争
		围顶	解放战争			大堡	解放战争
		上排	解放战争			永红	解放战争
	小鲁	长坑	解放战争			双坑	解放战争
		夹水	解放战争			永胜	解放战争
		小鲁	解放战争		方湖	下石角	解放战争
		社前	解放战争	临江	塘排	塘排	解放战争
		仙塘	解放战争		澄岭	上田	解放战争

（续上表）

所在乡镇	所在村(居)委会	老区村名称	时期	所在乡镇	所在村(居)委会	老区村名称	时期
临江	澄岭	老围	解放战争	青溪	下告	黄京	解放战争
		竹头	解放战争			坝心	解放战争
		江口	解放战争			陂下	解放战争
		新村	解放战争		南坑	群星	解放战争
	联新	百丈	解放战争			尼丰	解放战争
		赤泥	解放战争			强光	解放战争
		茂布	解放战争		下青溪	圩围	解放战争
		美楼	解放战争			大埔	解放战争
		三房	解放战争			新田	解放战争
		田心	解放战争			磜下	解放战争
		凹里	解放战争		青水	石岭	解放战争
		梅山	解放战争			瓦角	解放战争
		松梅	解放战争	义容	塘丰	黄连陂	土地革命战争
	前进	塘唇	解放战争			塘坐	土地革命战争
		桂坑	解放战争			基洋	土地革命战争
		老屋	解放战争		塘面	上米	解放战争
		牛岭	解放战争			塘面	解放战争
		福田	解放战争			博爱	解放战争
		桂塘	解放战争		夏棠	横坑	解放战争
		井水	解放战争			下一	解放战争
		沙河	解放战争			下二	解放战争
		环圩	解放战争		南洋	咸水	解放战争
		新村	解放战争			蓝坑	解放战争
	桂林	月陂	解放战争			矿子下	解放战争
	禾坑	庄村	解放战争			塘背	解放战争
		六岭	解放战争		华星	上黄	解放战争
		罗屋	解放战争			下黄	解放战争
		瓦岭	解放战争			上甲	解放战争
		凹头	解放战争			刘坝	解放战争
		小禾坑	解放战争			甘棠	解放战争
青溪	宝山	坑尾	解放战争			围龙	解放战争
		横岭	解放战争		东平	沙坑	解放战争
		桥陂	解放战争			上垅	解放战争

（续上表）

所在乡镇	所在村(居)委会	老区村名称	时期	所在乡镇	所在村(居)委会	老区村名称	时期
义容	东平	灵角	解放战争	义容	黄峒	上围	解放战争
		哉塘	解放战争			田心	解放战争
		屯光	解放战争			赤岭	解放战争
		瓦角	解放战争			塘背	解放战争
		车头	解放战争			下径	解放战争
		上合	解放战争		大新	屋排	解放战争
	桥田	高排	解放战争			上横	解放战争
		明星	解放战争			下横	解放战争
		角月塘	解放战争			连岭	解放战争
		老屋	解放战争			圆岭	解放战争
		下排	解放战争			墩心	解放战争
		陂尾	解放战争			江口	解放战争
	大田	万角	解放战争			仓下	解放战争
		八斗	解放战争		中兴	三联	解放战争
		大陂	解放战争			圹子下	解放战争
	坪畲	坪丰	解放战争			中联	解放战争
		双联	解放战争			永忠	解放战争
	汀村	甘畲	解放战争		大同	三村	解放战争
		种田	解放战争			四村	解放战争
		径尾	解放战争			五村	解放战争
		锡田	解放战争			六村	解放战争
	均安	梨树	解放战争	古竹	甘洞	井下	土地革命战争
		高车	解放战争			中心	土地革命战争
		磜坑	解放战争			大坑	土地革命战争
	安全	下围	解放战争		水东	东利	土地革命战争
		禾田	解放战争			东红	土地革命战争
		水尾	解放战争		坑尾	官田	土地革命战争
		庄子	解放战争			金星	土地革命战争
	新民	爱塘	解放战争			共星	土地革命战争
		巷口	解放战争		蓼坑	东地	土地革命战争
		井头	解放战争			水田	土地革命战争
		书房	解放战争			磜下	土地革命战争
	黄峒	坪新	解放战争			焦坑	土地革命战争

（续上表）

所在乡镇	所在村(居)委会	老区村名称	时期	所在乡镇	所在村(居)委会	老区村名称	时期
古竹	榴坑	长安	土地革命战争	古竹	下洞	田埔	解放战争
		增坪	土地革命战争			广昌	解放战争
		二排	土地革命战争			山下	解放战争
		下径	土地革命战争			田心	解放战争
	上联	源塘	土地革命战争			江尾	解放战争
		上村	土地革命战争			四楼	解放战争
		白门楼	土地革命战争		平渡	乌坭塘	解放战争
		前进	土地革命战争			上坑	解放战争
		新楼	土地革命战争			竹径	解放战争
		光明	土地革命战争			三亚塘	解放战争
	新围	下屋	土地革命战争			坪桥	解放战争
		上屋	土地革命战争			小塘	解放战争
	槎岭	上槎	土地革命战争		四维	新坑	解放战争
		下槎	土地革命战争			黄塘	解放战争
	双坑	双坑	土地革命战争			乌石塘	解放战争
		竹儒	土地革命战争			冷水坑	解放战争
		俄塘	土地革命战争			雷公桥	解放战争
	榕丰	上村	土地革命战争		雅色	月布	解放战争
		下村	土地革命战争			更塘	解放战争
	吉安	石桐	抗日战争			红卫	解放战争
		中心	抗日战争			向阳	解放战争
		吉星	抗日战争			梁胜	解放战争
		连岭	抗日战争		孔布	下围	解放战争
	潮沙	潮沙	抗日战争			大岭	解放战争
		十二	抗日战争			庙岭	解放战争
		牛古石	抗日战争			新作塘	解放战争
	上洞	五楼	解放战争			上围	解放战争
		桥头	解放战争		留洞	书通	解放战争
		联新	解放战争			铁岭	解放战争
		寨下	解放战争			立新	解放战争
		坪山	解放战争			石留	解放战争
		桥子	解放战争		江口	江东	解放战争
		石山	解放战争			江南	解放战争

（续上表）

所在乡镇	所在村(居)委会	老区村名称	时期	所在乡镇	所在村(居)委会	老区村名称	时期
古竹	岸头	格岭	解放战争	吉田	吉田	坑尾	土地革命战争
		南门	解放战争			上围	土地革命战争
		联新	解放战争			茜坑	土地革命战争
		联塘	解放战争			金屋	土地革命战争
	奎溪	奎一	解放战争			上坪	土地革命战争
		奎二	解放战争			瓦前	土地革命战争
		奎三	解放战争			禾光	土地革命战争
	榄溪	上新屋	解放战争			船头	土地革命战争
		红卫	解放战争		远光	罗塘	土地革命战争
		下新屋	解放战争			群乐	土地革命战争
		围内	解放战争			上排	土地革命战争
		果洞	解放战争			下排	土地革命战争
		沥口	解放战争			高兴	土地革命战争
	黄坳	松坑	解放战争			新营	土地革命战争
		竹元	解放战争	好义	双全	竹湖	土地革命战争
		楼径	解放战争			石塘	土地革命战争
	居委会		解放战争			仓下	土地革命战争
好义	小古	章田	土地革命战争			康围	土地革命战争
		排顶	土地革命战争			水口	土地革命战争
		田心	土地革命战争			王坑	土地革命战争
		塘面	土地革命战争			高渡	土地革命战争
		新屋	土地革命战争			长排	土地革命战争
		高布	土地革命战争			坑口	土地革命战争
		红旗	土地革命战争			完角	土地革命战争
	积良	积良	土地革命战争			新屋	土地革命战争
		文光	土地革命战争			楼下	土地革命战争
	鹿塘	石塘	土地革命战争			坑尾	土地革命战争
		下凹	土地革命战争		宜良	山下	土地革命战争
		松林	土地革命战争			羊坡	土地革命战争
		陆鸣	土地革命战争			月岭	土地革命战争
		新墩	土地革命战争			王坑	土地革命战争
		梅塘	土地革命战争			禾宜	土地革命战争
		石下	土地革命战争			加村	土地革命战争

（续上表）

所在乡镇	所在村(居)委会	老区村名称	时期	所在乡镇	所在村(居)委会	老区村名称	时期
好义	宜良	新甘	土地革命战争	瓦溪	围澳	坪上	解放战争
		上围	解放战争			姜布	解放战争
		前光	解放战争			丁塘	解放战争
		增田	解放战争			虎斗	解放战争
		付兴	解放战争		半岗	半岗	解放战争
		公岭	解放战争			台坑	解放战争
	高尚	米湖	解放战争			车坝	解放战争
		上村	解放战争		四联	新屋	解放战争
		高坐	解放战争			围田	解放战争
		马王	解放战争			金竹	解放战争
上义	捲蓬	捲蓬	抗日战争		上东	竹头坪	解放战争
		茅田	解放战争			右拨	解放战争
		高岗	解放战争			坑尾	解放战争
	吉洞	林兴	解放战争		新龙	上完	解放战争
		上洞	解放战争			下完	解放战争
		三村	解放战争			店下	解放战争
	光辉	光锋	解放战争			塘背	解放战争
		干田	解放战争		上濑	衙前	解放战争
	上义	果塘	解放战争			围光	解放战争
		新联	解放战争			格田	解放战争
		塘围	解放战争			茂河	解放战争
	招元	新群	解放战争			高岗	解放战争
		石潭	解放战争			竹溪	解放战争
	石西	叶西	解放战争			竹塘	解放战争
		茜坑	解放战争	紫城	安民	居委会	土地革命战争
	郊田	郊田	解放战争		永安	居委会	土地革命战争
		壁水	解放战争		西城	居委会	土地革命战争
瓦溪	围澳	万年	解放战争		通惠	居委会	土地革命战争
		中完	解放战争		九田	居委会	解放战争
		仙女	解放战争		城东	塘口	解放战争
		高车	解放战争			长塘	解放战争
		南芬	解放战争		城南	教场	解放战争
		高布	解放战争	南岭	瑞邱	溪口	土地革命战争

（续上表）

所在乡镇	所在村(居)委会	老区村名称	时期	所在乡镇	所在村(居)委会	老区村名称	时期
南岭	瑞邱	合石	土地革命战争	龙窝	竹径	高塘	土地革命战争
		石塘	土地革命战争			老屋场	土地革命战争
		石华	土地革命战争			涩塘凹	土地革命战争
	高新	富坑	土地革命战争			廖布	土地革命战争
		骆新	土地革命战争			澄塘	土地革命战争
		高湖	土地革命战争		琴星	琴岭	土地革命战争
		新楼	土地革命战争			桥头	土地革命战争
		新华	土地革命战争			坪岭	土地革命战争
	磜头	彩东	土地革命战争		琴江	将军寨	土地革命战争
		彩西	土地革命战争			大窝	土地革命战争
	东溪	岐山	土地革命战争			寺前	土地革命战争
		上楼	土地革命战争			高胡角	土地革命战争
		庵下	土地革命战争		莲塘	黄坑	土地革命战争
		塘背	土地革命战争			樟洞	土地革命战争
	嶂背	南社	土地革命战争		龙窝	茶兰头	土地革命战争
		梨角	土地革命战争		黄洞	上黄洞	土地革命战争
	山背	庆祥	土地革命战争			下黄洞	土地革命战争
		河坑	土地革命战争			黄坑	土地革命战争
	王告	上黄坑	土地革命战争			新连	土地革命战争
		王坑寨	土地革命战争			中心	土地革命战争
		小黄坑	土地革命战争		慎田	阳和寨	土地革命战争
		南口	土地革命战争			合水	解放战争
		长告	土地革命战争			中心	解放战争
		永新坑	土地革命战争			慎田围	解放战争
	庄田	林布	土地革命战争			文光	解放战争
		楼下	土地革命战争			红东	解放战争
		径口	土地革命战争			白石	解放战争
		中心	土地革命战争			群光	解放战争
		光前	土地革命战争		上坑	莲塘	解放战争
		清和	土地革命战争			红日	解放战争
		径光	土地革命战争			松排	解放战争
龙窝	礼坑	东联	土地革命战争			长庆	解放战争
		西联	土地革命战争			万史	解放战争

（续上表）

所在乡镇	所在村(居)委会	老区村名称	时期	所在乡镇	所在村(居)委会	老区村名称	时期
龙窝	上坑	石塘	解放战争	龙窝	龙窝	火砖	解放战争
		红英	解放战争		茶松	塘心	解放战争
		旱窝	解放战争			塘尾	解放战争
	排楼	雄塘	解放战争			东坑	解放战争
		灵坑	解放战争			留坪	解放战争
		南坑	解放战争			寨下	解放战争
		松排	解放战争			茶坑	解放战争
		罗塘	解放战争			红元	解放战争
		新屋	解放战争			坪上	解放战争
	红星	流塘	解放战争			马塘	解放战争
		黄沙	解放战争			坡肚	解放战争
		马径	解放战争			红旗	解放战争
		龙畐	解放战争			新庄	解放战争
		新山	解放战争			水唇	解放战争
	宝洞	干群	解放战争			红山	解放战争
	高坑	要和	解放战争			新村	解放战争
		上高坑	解放战争			留上	解放战争
		上完	解放战争			留下	解放战争
		柏树	解放战争			横窝	解放战争
		吉洞	解放战争			金竹	解放战争
		金星	解放战争			红塘	解放战争
		宅子	解放战争			横光	解放战争
		罗笏	解放战争			油草	解放战争
		新光	解放战争			山径	解放战争
		横径	解放战争			青塘	解放战争
	彭坊	沈径	解放战争			新塘	解放战争
	梅园	河径	解放战争			天照	解放战争
	嶂下	上嶂	解放战争			新屋	解放战争
	龙窝	半径	解放战争			庙塘	解放战争
		南塘	解放战争			茶园	解放战争
		子横	解放战争			中心	解放战争
		仕坑	解放战争			上茶	解放战争
		罗屋	解放战争			赖塘	解放战争

（续上表）

所在乡镇	所在村(居)委会	老区村名称	时期	所在乡镇	所在村(居)委会	老区村名称	时期
水墩	陂湖	陂下	土地革命战争	敬梓	柑坑	瓦陶	解放战争
		杞洋	土地革命战争			李坝	解放战争
		归湖	土地革命战争		中联	洋背	解放战争
		河塘	土地革命战争			赤岭	解放战争
	上璜坑	上璜坑	土地革命战争			洋头	解放战争
		高塅	土地革命战争		陂头	蝉山	解放战争
		下璜坑	土地革命战争			陂头	解放战争
	秋溪	地子全	解放战争			崇福	解放战争
	塅布	中石坑	解放战争		田头	湖角	解放战争
	雅布	留坑	解放战争			干坑	解放战争
		龙子布	解放战争			华桐	解放战争
	黎坑	留下	解放战争			围心	解放战争
		洋高	解放战争		正联	上联	解放战争
	水墩	丰上	解放战争			下联	解放战争
		丰下	解放战争			梅子坪	解放战争
敬梓	南村	联上	土地革命战争		联和	和平	解放战争
		联下	土地革命战争			三长	解放战争
		大门前	土地革命战争			陂头	解放战争
	黄小塘	上村	解放战争			五一	解放战争
		下村	解放战争		敬梓	新寨	解放战争
	柑坑	大塘	解放战争			老寨	解放战争
		山下	解放战争				

第二章

大革命时期和土地革命战争时期的浴血斗争

第
一
节

紫金人民的大革命壮举

一、广东工人运动先驱刘尔崧

（一）领导广东工人运动

刘尔崧（1899—1927），原名福海，字季岳，出生于广东永安（今紫金）县城北门内花园一个清贫的书香之家。他是中国共产党最早的党员之一，广东青年运动先驱，广东工人运动卓越的组织者和领导者。

1916年秋，刘尔崧毕业于紫金县立第一高等小学。1918年春，他以优异的成绩考入广东省立第一甲种工业学校（简称"甲工"），立志"工业救国"，分别在机械科和织染科就读，次年被选为该校学生会主席。在校期间，刘尔崧经常与同学阮啸仙、周其鉴、张善铭等人阅读《新青年》《每周评论》《新中华报》等进步书报，讨论国家前途，探索救国救民真理，逐步接受马克思主义学说。

1919年五四运动爆发后，刘尔崧和阮啸仙、周其鉴等组织成立了广东省中等以上学校学生联合会并担任执行委员，领导广州地区爱国学生运动。随后，学校学生联合会组织了3万多人，举行抵制日货的示威游行。广东督军莫荣新、警察厅长魏邦平派出武装警察前往镇压，刘尔崧在掩护同学撤退时被捕。其后阮啸仙、周其鉴等率领学生队伍到警察厅请愿，迫使魏邦平释放了刘尔崧。魏邦平又指使甲工校长黄强以"聚众扰乱治安"罪名，开除了刘尔崧、阮啸仙、周其鉴3人的学籍。甲工师生万分愤慨，一致要求恢复3位同学的学籍，否则罢教、罢课。黄强深感众怒难犯，只得出公告同意刘尔崧等3人复学。刘尔崧等3人在复学时合影留念，刘尔崧在照片后面赋诗一首，立志患难相识，生死与共，一往无前地将革命进行到底。其诗曰："莽莽大地，哪地是我们的故乡？济济众生，哪个是我们的知己？孤零零的几个人儿，联成一气，势利是非所为，炎凉更非所知。海可枯，石可烂，此志不可移。"1920年8月，刘尔崧等组建广州社会主义青年团。1921年8月刘尔崧加入中国共产党，成为中国共产党最早的党员之一。同年4月刘尔崧和阮啸仙等领导甲工学生掀起整顿学校、驱逐营私舞弊的校长高伦的学潮，历时3个月终于取得了胜利。此后，甲工成为广州学生运动的中心，刘尔崧同阮啸仙等4人被誉为红色甲工"四大金刚"。

　　1922年秋，刘尔崧在甲工毕业，由中国共产党派到中国劳动组合书记部广东分部工作，参与创办《爱群秀通讯录》，从事工人运动。1923年4月，刘尔崧领导顺德县大良镇茶楼、酒店300名工人举行罢工取得胜利，趁势改组了茶楼、建筑、炮竹等工会，并成立了由中国共产党领导的顺德县总工会，培养和发展了一批党员，成立了中共顺德支部。同年，刘尔崧出席了中国社会主义青年团广东区委改选会议，当选为团广东区委执委；参与创建广东新学生社和创办《新学生》半月刊，任新学生社常务委员。6月12日，刘尔崧出席了在广州召开的中国共产党第三次全国代表大会，会后经组织批准，以个人身份加入了国民党，参与改组国民党和建立统一战线的工作。经三个多月的努力，刘尔崧领导改组广东油业工会，被选为工会执行委员、秘书，兼任中共广东油业工会支部书记，尔后发动和领导油业工人罢工并取得了胜利。

1924年1月，孙中山在广州召开中国国民党第一次全国代表大会，成立国民党中央工人部，刘尔崧任干事和工人运动特派员。此后，刘尔崧领导改组了建筑、理发、缝纫以及粤汉、广九、广三铁路，兵工厂，碾米等行业的机器工人工会。5月1日，刘尔崧主持召开了广州工人代表大会，成立了广州工人代表大会执行委员会，当选为执委主席。7月初，沙面租界当局颁布侮辱中国人人格的《沙面新警律》，限制华人自由出入沙面。刘尔崧等领导广州沙面租界3000多名工人举行大罢工，并发动广州各行业的工人支援沙面工人的罢工斗争，历时一个月零两天，迫使租界当局宣布撤销《沙面新警律》。10月，广州商团发动武装叛乱，企图颠覆广东革命政府。刘尔崧在孙中山支持下，与施卜等率领工团军配合广州的革命军等，平定了商团的叛乱。是月，中共中央决定恢复中共广东区执行委员会（又称中共两广区执行委员会），刘尔崧任执委兼工委书记、青年团广东区委书记。

1925年1月，刘尔崧出席在上海召开的中国社会主义青年团第三次全国代表大会，当选为团中央委员，并任团中央驻广东特派员。会后刘尔崧回到广州，召开团广东区委临时大会，成立团广州地方执行委员会，任书记。5月，刘尔崧率广州工人代表团出席在广州举行的第二次全国劳动大会，当选为全国总工会执行委员。6月，驻广东滇桂军阀杨希闵、刘震寰，趁革命军东征之际发动叛乱，刘尔崧接受广东革命政府和中共广东区委指示，发动东江、西江、北江的轮渡和邮电工人及粤汉、广九、广三铁路工人进行大罢工，断绝了叛军交通和电讯联络，并发动铁路工人秘密开出专列接应东征军回师广州平叛，后又率领工团军配合东征军进攻叛军，胜利平息了叛乱。之后，刘尔崧又受党的派遣，发动沙面3000多名洋务工人举行大罢工，声援上海五卅运动。10月，刘尔崧协助苏兆征、邓中夏发动3000多名省港罢工工人组成运输队、宣传队和卫生队，支援东征；在国民党广东省党部第一次代表大会上，当选为执行委员、工人部部长。为了指导华南工人运动，刘尔崧创办了广州工代会机关报——《广东工人之路》周刊。

1926年1月，刘尔崧出席了在广州召开的中国国民党第二次全国代表大会，代表国民党中央工人部做了《工人运动的经过》的报告。在刘尔崧的领导下，广州工人运动迅速发展，至1926年上半年，广州工会会员发展到19.8万多人，占全省工会会员的90%。4月，刘尔崧主持召开了广州工人代表大会第一次会议，当选为大会执行委员会主席。5月，刘尔崧出席了在广州召开的第三次全国劳动大会，向大会介绍了广东工人运动的概况和经验教训，当选为中华全国总工会执行委员会委员。7月，国民革命军出征北伐，刘尔崧积极动员工团军、工人纠察队和青年工人参加国民革命军，协助苏兆征等动员省港罢工工人组织运输队、卫生队、担架队和宣传队随军北伐。同年秋，宁阳铁路的工人代表来到广州，要求加入广东铁路工会，广东机器工会的工贼串通宁阳铁路把头陈式蓉等人，指使打手殴打工人代表，并强行开除200多名工人。刘尔崧派出广州工人武装配合当地农军打败陈式蓉的反动武装，使铁路工人得以复工。10月，刘尔崧创建了1600多人的广州工人自卫队，任总指挥，打击工贼，维护社会秩序。

1927年春，国民党右派加紧叛变革命，把刘尔崧等共产党人排挤出国民党广东省党部，并免去刘尔崧的工人部部长职务。4月12日，蒋介石在上海发动反革命政变。13日晚，刘尔崧在中共广东区委召开的全市党团员紧急会议上，号召共产党员、共青团员提高警惕，准备战斗，以应付随时到来的反革命政变。14日，刘尔崧在广州工人代表大会礼堂，召集全市各工会负责人开会，传达中共广东区委指示，布置应付紧急事变的具体措施。当晚，反动军警实行戒严，刘尔崧不顾个人安危，星夜召集部分工会负责人开会，组织工人武装自卫队。15日凌晨，反动军警包围了中共广东区委、中华全国总工会广州办事处、广州工人代表大会执委会、省港罢工委员会等革命机关团体，大肆搜捕革命同志。刘尔崧闻讯，立即转告附近的同志转移隐蔽。上午，刘尔崧正准备外出与国际职工代表团在长堤大酒店见面，广州工会秘书陈功武冒险赶到刘尔崧住处，劝他赶快避开。但不久，军警破门而入，将刘尔崧逮捕，押至珠江南岸的南石头监狱关押。临刑前，刘尔崧高声对难友说："南八！男儿死耳，不可为不义屈！"以此表达自己至死坚贞不屈的意志，并作为临别赠言，勉励难友。4月19日凌晨，刘尔崧被秘密杀害于珠江白鹅潭，时年28岁。

（二）在紫金的革命活动

刘尔崧不仅是广东省青年运动、广东工人运动的卓越组织者和领导者，同时还是在紫金传播马克思主义的先驱，紫金革命斗争的引路人。

1918年春，刘尔崧离开家乡紫金县城，外出求学，探索救国救民真理后，心系家乡。五四运动爆发后，刘尔崧派同乡同学赖炎光回家乡紫金活动，点燃紫金革命星火。1919年暑假，刘尔崧带着马克思著作和《新青年》《每周评论》等进步书刊，从广州回到紫金县城，向紫城青年联合会和学生联合会讲述了北京和广州的爱国运动。他以俄国革命的成功经验和北京学生的革命行动，说明中国只有走反帝反封建和俄国十月革命的道路，才能救国救民。他与刘琴西、刘乃宏、钟灵、钟子廉等人，创办了《救国周刊》《紫金山小报》，大力宣传五四运动的伟大意义，讨论救国之路，以唤醒家乡民众，鼓舞其斗志。

1920年冬，刘尔崧将先进书刊《广东群报》通过东江船运送到紫金柏埔的堂兄刘奇家，再由刘奇转运到紫金县城，向家乡人民介绍马克思主义。1922年8月，刘尔崧又一次回到紫金县城，与刘琴西、刘乃宏、赖炎光等人组织进步青年在县城天后宫成立紫金青年学生会，同时创办紫金劳动半夜学校，且亲自讲课，向青年学生和工人宣传五四爱国运动的革命精神和俄国十月革命的伟大意义，号召他们参加革命。

刘尔崧在紫金的革命活动，大大地推动了家乡紫金学生运动的发展和马克思主义的广泛传播，为建立中共紫金地方组织奠定了坚实的组织和干部基础。

二、中共紫金地方组织的建立

五四运动爆发后，刘尔崧派同乡同学赖炎光回到紫金，传达要在家乡紫金成立工会的指示。经过赖炎光的发动，各界救国联合会（工人组织）于1919年5月15日在紫金县城成立。不久，紫金店员工会成立，钟子廉任会长。尔后，裁缝、船员、运输、理发等工会相继建立，会员1700多人。工会组织工人认真学习《广东群报》和马克思主义学说，领悟走俄国十月革命道路的道理。在工人中涌现了一批先进分子。同月，在紫金县立第一高等小学校长刘海帆的支持下，刘琴西、钟灵等人分别发动青年学生，在县城劝学所成立了以读书会青年为骨干的紫金县青年联合会，刘琴西任会长；紫金学生联合会在县城叶家祠成立，陈运业任会长。这就使中共紫金地方组织的建立有了初步的社会基础。

1921年8月，中共广东支部为培养干部，陈独秀以广东省教育委员会的名义开办了广东宣讲员养成所，经刘尔崧介绍，紫金进步青年刘琴西、贺济邦分别参加该所专修班和通俗班学习。1922年7月，刘琴西在广东宣讲员养成所加入了中国共产党。结业后，刘琴西和贺济邦回到紫金，开始酝酿筹建中共紫金地方组织。

刘琴西、贺济邦回到紫金后，召集赖炎光、钟灵、刘乃宏等人商量，创办了紫金县宣讲员养成所和紫金劳动半夜学校，吸收先进青年70余人参加学习马克思主义。1923年8月又正式成立了紫金新学生社。除刘琴西、贺济邦主讲外，刘尔崧也抽空从广州回家乡授课。刘尔崧为鼓励农工们参加革命，写了一首《劳动歌》：

青的山，绿的原，灿烂的山河。

鲜的衣，美的食，巍峨的楼阁。

谁的功，谁的力，劳动的结果。

全世界，农工们，联合起来啊。

后来，贺济邦又续一首：

劳动者，凄惨啊，受的苦难多。

拼手足，挥血汗，所得有几何？

世界上，不平等，是谁的罪过？

万恶的，私产呀，努力去打破！

简单的歌词歌颂了劳动人民，揭露了地主官僚的罪行，为受苦受难的劳苦大众指明了革命方向。紫金劳动半夜学校和新学生社的成功创办，为工人和青年学生学习马克思主义提供了很好的场所，使马克思主义学说在紫金山区更广泛地传播，为紫金建党从思想上、组织上、干部上做好了准备。

1923年6月，中国共产党第三次全国代表大会在广州召开。会后，刘尔崧指示紫金尽快成立党的组织。8月，中国共产党紫金县小组在县城天后宫成立，赖炎光任组长，党员有刘琴西、钟灵、刘乃宏等人，隶属中国共产党广东支部领导，刘尔崧是直接领导人。从此，紫金人民有了主心骨，紫金人民的革命斗争有了坚强的领导。紫金人民在中国共产党的领导下，为改变被剥削、被压迫的命运，为实现共产主义的远大理想，开始了艰苦卓绝、不屈不挠的斗争历程。

1925年12月，为加强中国共产党对农民运动的领导，根据中共广东区委的指示，成立了中共紫金县特别支部，钟灵任书记，隶属海陆丰地委领导，下辖龙窝、古竹、柏埔支部和好义、岩前、上濑、埔尾、附城党小组。同时成立了共青团紫金特别支部，刘乃宏、陈运业分别担任正、副书记，由彭士华、陈运业负责具体工作。此外，还成立了紫金少年先锋队，陈启明任队长，傅燊霖负责具体指导。

1927年8月，南昌起义胜利的消息传到紫金后，加上紫金炮子革命根据地取得三次反"进剿"斗争的胜利，紫金全体党员和广大工农群众受到极大的鼓舞，革命斗争热情空前高涨，要求加入中国共产党的工农群众越来越多。随着党员队伍的不断壮大，建立一个强有力的党的领导核心成为当务之急。同月，中共东江特委派吴建民、张威到紫金工作，按照中共东江特委的指示，中共紫金县特别支部扩大为中共紫金县委员会，吴建民（海丰人）任书记，张威任宣传部部长，傅燊霖任组织部部长，钟灵、戴耀田、钟定香、陈石进为委员，办公地设在炮子湖子仓。县委下辖龙窝、古竹、柏埔区委，炮子、南岭、好义、岩前、上濑、埔尾、附城特别支部，蓝塘、九和党小组。此后，紫金的党建工作进展顺利，党员队伍迅速壮大，到1928年1月22日，全县党员增至510人，全县6个区中的第一、三、四、六区成立了区委，下辖30个支部。

三、农民运动的蓬勃发展

清末民初，在土豪劣绅残酷压迫剥削下，广大农民被迫卖田卖地，卖儿卖女，逃荒要饭，挣扎在死亡线上。紫金农村流传着控诉土豪劣绅的山歌：

越想越是痛心肠，因为无吃才借粮。

借人三升还一斗，真是雪上又加霜。

土豪劣绅真是枭，利上滚利谷要燥（干）。

放下禾镰无米煮，苦难日子真难熬。

1921年5月，彭湃在日本早稻田大学毕业后，回到海丰。1922年7月，彭湃组建了六人农会，10月25日又成立了赤山约农会。1923年元旦，海丰县召开了全县农民代表大会，正式成立了海丰县农会。海丰县农民运动的开展，为紫金农民运动的兴起和发展起到了榜样带头作用。

紫金炮子山子背村张子玉，是一个具有反抗地主阶级压迫精神的热血青年，因组织族中穷人抗租抗税，被当地地主豪绅赶出村，并勒令他"生不准回乡，死不准入祠"。张子玉逃到海陆丰挑担度日，过着有家不能归的流浪生活。张子玉在海丰亲眼看到农会是为农民谋利益的组织，毅然参加了赤山约农会。彭湃知道张子玉是紫金人，便在得趣书室接见了张子玉，并与他结拜为兄弟。1923年1月，张子玉受彭湃的委托，带着2000份农会证返回家乡，组建农会组织。

炮子山子背村仅有20多户人家，都是耕种地主田地的佃耕农。张子玉回乡后，为方便建立农会，上门向较有威信的堂叔张大经讨教，取得张大经的支持，获得一定的经费，并商定在春节祭祖时，与族长商议。正月十四是族人的"尚丁日"，族人云集在云潭寨祖祠祭祖，张子玉向族人讲述了海丰农会的情况，族人受到鼓舞，于当天即成立了云潭村农会，会长由张子玉父亲张大康担任，副会长由滩流村张胤坤担任。

1923年2月，南岭乡青年农民钟一强在彭湃的指导下，建立了南岭第一乡农民协会，由钟一强担任会长。彭湃在派张子玉回乡发展农会的同时，还派黄士龙（紫金县好义人）与马英南（紫金县洋潭乡人）回到紫金好义地区发展农会，成立了樟良乡农民协会。从此，紫金农民运动的火把被点燃了，并迅速越烧越旺。紫金县是广东省农民运动开展较早的地区之一，并对推动全省农民运动的发展做出了贡献。

1923年初，反动军阀陈炯明一部到紫金烧杀抢掠、搜刮民财，钟乐善集中了族中武装，击败了陈炯明部。陈炯明恼羞成怒，下令"剿平"炮子。民众在危急之时，一筹莫展。张子玉乘势向炮子民众说彭湃、陈炯明都是海丰人，要粉碎陈炯明"剿平"炮子的阴谋，必须在彭湃的领导下，成立农会，组织农民武装。在张子玉、钟乐善等人的努力下，3月，紫金第一个乡农会——炮子乡农会宣告成立，张子玉当选为会长，钟乐善、黄培先为副会长，隶属海丰总农会领导。以犁头旗作标记的农会证，其上工整地写着"服从农会命令，遵守农会纪律，按章缴纳月资，拥护多数决议，不分地方界限，不分姓氏差别，不得借会营私，私斗尤其禁绝，凡属本会会友，务须亲爱团结，农工联合奋斗，敌人完全消灭"。铿锵有力的词句，鼓舞着农友们努力拼搏。

在炮子乡农会成立的大会上，张子玉传达了由彭湃草拟，经大会讨论通过的《海丰总农会临时章程》。在该章程中明确规定：农会的任务是"图农民生活之改造，图农业之发展，图农村之自治，图农民教育之普及"；农会的宗旨是"本人类合群之天职，互助之精神，唤醒农民之自觉而实行本会所定之纲领"。同时还提出内外有别的斗争策略，对外的口号是：（1）改良农业；（2）增加农民收入；（3）作慈善事业。以争取社会舆论的同情与支持，不给反动派以任何借口来反对农会。对内的口号则具有鲜明的阶级性：（1）减租；（2）取消"三下盖"（高利贷）；（3）取消"伙头鸡""伙头鸭""伙头钱米"（紫金称"田进鸡"，即租种地主的田地前要用鸡、鸭和钱粮收买地主）；

（4）不给陋规与警察（不再贿赂警察）。农会的口号鼓舞了农民的斗志，反映了农民阶级的利益，把斗争矛头直指封建地主阶级。

炮子乡农会建立，带动了全县农民运动的发展。1923年5月，各乡农民代表在炮子集会，成立了紫金县总农会，选举钟一强为总农会会长，钟乐善为总农会副会长，叶铁魂为秘书。国民党一大召开后，紫金农民运动发展得更加迅速。到1924年12月，全县农会会员发展到5万多人。为更好地培养农运骨干，推动农运更大发展，1925年1月，县总农会选送了钟一强、钟应天（钟国魂）、钟灵（钟卢）、刘战愚、戴耀田等人到广州农民运动讲习所学习。5月中旬，紫金县第一次农民代表大会在县城叶家祠召开。大会决定将县总农会改组为紫金县农民协会，选举钟一强、钟乐善为正、副会长，李天禄、曾显照、戴耀田等为委员，叶铁魂为秘书长。大会通过了农民协会章程、决议、宣言和减租减息等重要事项。

农民运动的开展，离不开农民武装的保驾护航。随着第一个乡农会的建立，紫金县第一支农民武装也应运而生。1923年春，钟乐善带领族中武装在炮子乡农会的统一指挥下，出击在石门沥抢劫的土匪黄亚品、黄荫泉的武装并取得胜利，缴获长枪21支、短枪1支。同时发动农友们自带弹子枪、火粉枪、长矛、大刀和串针等各种武器参加农会，成立了炮子乡农民自卫队，拥有50多人枪，选举钟乐善为队长，钟一朋为副队长。

为适应全县农民运动发展的需要，根据刘琴西的指示，县总农会派钟乐善购买了近百支长枪，除支援海丰28支外，其余70余支则武装刚建立的县总农会直辖的农民自卫军。另外，县总农会号召各乡成立农民自卫队，武器来源以征用各姓公偿的枪支和自带武器结合。到1925年春，紫金县农民自卫军已发展到1000多人。

　　戴耀田参加第三届广州农民运动讲习所学习，结业后被任命为国民党中央农民部农民运动特派员，回到紫金古竹后成立了古竹农民自卫军，共有180多人枪。1925年6月，中共紫金小组和县农民协会命令农民自卫军将原陈炯明部统领、伪装革命的孙统纲部200多人全部缴械，随后转移到炮子。此后，中共紫金小组和县农民协会组织各乡农民自卫军开展武装斗争，共缴获枪4000多支、子弹60000多发、物资一大批。广东省农民协会传令嘉奖紫金县农民协会，并授予"力除民害"木匾一张。1925年12月，在紫金县城召开的第二次农民代表大会上，通过了《紫金县农民协会工作报告》《重申减租减息决定》和《成立紫金县农民自卫军大队决定》，选举钟一强、钟乐善为县农民协会正、副会长，叶铁魂为秘书长，钟子廉为特派员，戴耀田、陈鹤九、黄国强为委员，陈少白为县农民自卫军大队长，缪冠儒为教官。会后，精选了300多名武装骨干集中在县城进行了为期3个月的军事训练。紫金农民自卫军在战斗中迅速成长壮大，为以后举行"四二六"武装暴动，建立炮子革命根据地准备了良好的武装力量条件。

　　紫金农民自卫军不仅在保证农民运动发展方面发挥了巨大作用，而且对大元帅大本营东征陈炯明取得胜利也做出了贡献。1925年2月27日，县总农会组织农民自卫军700多人协同东征军围攻紫金县城，迫使县长张敬舆、团长温宗和星夜逃跑。4月，为配合东征军作战，县总农会组织龙窝、炮子、洋头、南岭等乡的农民自卫军300多人，攻打龙窝公署，龙窝区长仓皇出逃。10月26日，东征军总指挥蒋介石率总指挥部随中路军经平山、多祝、田心等地到达紫金龙窝，总司令部、总政治部设在龙窝天主堂。是日，东征军右路军在李济深指挥下，由张发奎旅直插紫金，并攻占了紫金县城。27日，中共紫金县特别支部、紫金县农民协会、紫金县农民自卫军从炮子迁回县城，组织慰劳队，慰劳东征军将士。

"四二六"武装暴动

一、"四二六"武装暴动前的时局

1927年，蒋介石在上海发动四一二反革命政变。4月14日，蒋介石密令广东"清党"。15日，留守广州的李济深、古应芬、李福林、钱大钧等派出大批军警包围中华全国总工会广东办事处、省港罢工委员会、广东妇女解放协会等革命组织和革命团体，并向各工会进攻；与此同时，反动军队封闭了广州的所有革命团体，收缴了工人纠察队和黄埔军校学生的枪械，到处逮捕共产党员和革命群众。广州被捕的共产党员和革命群众有2000余人，其中优秀共产党员和工农运动领袖刘尔崧、李森、何耀全、萧楚女、熊雄以及在中共广东区委工委搞妇女运动的紫金籍学生戴瑞玲等200余人先后被秘密杀害。随后，国民党在汕头、惠州、佛山、江门、肇庆、海口等地相继进行"清党"，缉捕、残杀共产党人和革命群众。曾任中共紫金县小组长、潮安县工委书记的赖炎光在汕头惨遭杀害。一时广东到处刀光剑影，血雨腥风，笼罩在一片白色恐怖中。

在四一二反革命政变前夕，中共广东区委从全国和广东的政治形势变化中，预感到国民党反动派将要叛变革命，对他们的政治阴谋已有所觉察，并开始有所戒备。1927年3月，中共广东区委书记陈延年就派梁复燃到汕头等地找杨石魂、张善铭、刘琴西、古大存等人，向他们通报国民党反动派有可能叛变革命，要求他们做好武装斗争的应变准备。4月上旬，中共广东区委召开紧急会议，经研究决定5月初全省进行总暴动。

二、"四二六"武装暴动的成功

为反击国民党反动派对广大工农群众的血腥屠杀，海陆丰地委书记张善铭根据中共广东区委的紧急指示，与杨石魂、刘琴西等人紧急会商，研究组织东江地区武装暴动问题，决定海丰、陆丰、紫金、惠阳于4月30日晚同时举行武装暴动，同时决定组织中共东江特别委员会（简称东江特委），负责领导全东江的党、政、军工作。4月中下旬，以彭湃、张善铭等7人为委员的中共东江特委成立。同时，张善铭指派刘琴西回紫金，具体组织紫金的武装暴动。

1927年4月18日，刘琴西秘密回到紫金县城，迅速召集共产党员刘乃宏、钟灵、钟一强、傅燊霖、钟子廉、缪冠儒及省农运特派员戴耀田、县农会副会长钟乐善等人进行密商，具体研究和部署暴动的行动计划。同时成立了紫金县武装暴动委员会指挥部，刘琴西任总指挥，戴耀田任副总指挥，下设各路农军指挥：南路农军指挥钟乐善，西路农军指挥黄国强，北路农军指挥陈鹤九。暴动总指挥部设在刘乃宏为书记的国民党紫金县党部（即秋香江边天后坪附近的谭公庙内）。

刘琴西回到紫金县城秘密组织武装暴动的情况，被国民党紫金县当局察觉。右派县长郭民发派出暗探，四处搜捕刘琴西。根据形势的变化，紫金县武装暴动委员会决定将原定4月30日晚的暴动提前至4月26日晚，并派出陈运业到黄塘、柏埔片通知北路农军，钟敬祖到古竹、好义片通知西路农军，戴锡琪到南岭、龙窝通知南路农军，于26日傍晚前赶到紫金县城附近驻营。

4月26日傍晚，刘乃宏以县党部名义宴请县警卫队队长谢作镛等人，把他们灌得酩酊大醉后看管起来。宴会完毕后，暴动总指挥刘琴西在县党部召开了有戴耀田、刘乃宏、钟一强、钟灵、钟乐善、黄国强、陈鹤九等骨干参加的核心会议，部署当晚的暴动行动：戴耀田率古竹青年农民自卫军突击队进攻县署，捉拿郭民发；刘乃宏率县城青年农民自卫军突击队进攻县警署，收缴其反动武装；钟灵、傅燊霖、钟子廉、叶铁魂、刘海帆、赖可邦等到各路农军去协助指挥作战；陈运业、钟敬祖和2名突击队员留守县党部，协助指挥部工作，收集暴动情况及看管谢作镛等人；其余各路农军的任务是包围县城。会后，各路农军负责人返回驻地待命。

4月26日深夜11时许，暴动开始。各路农军接到攻城的命令后，近1000名农军如猛虎下山，冲出阵地，迅速将县城团团围住。两支青年突击队分别由戴耀田、刘乃宏率领，迅速架起长梯，从西门明德坊越过城墙，按照各自的作战任务分别进攻县署和县警署。刘乃宏率领县城青年突击队摸到县警署的营房，发现有哨兵站岗放哨，立即扑上前去，夺了哨兵的枪，喝令："不准喊，喊就毙了你！"哨兵遭到突然袭击，吓得浑身发抖，不敢作声。县城青年突击队出其不意地冲入营房，30多名县警在睡梦中当了俘虏。戴耀田指挥的古竹青年突击队由刘崇本、赖可邦引路，包围了县署，扣押了在县署办公厅搓麻将的5名政府官员，紧接着冲上楼捉拿郭民发。此时，县警开枪报警，睡在办公室的5名县警突然惊醒，立即向古竹青年突击队开枪射击。古竹青年突击队集中火力，向县警还击。在突击队强大的火力攻击下，县警被迫缴械投降，右派县长郭民发、科长区子节等10多人均被活捉。各路围城农军听到城内枪声后，立即发起攻城战斗，迅速抓获在4个城门上碉堡内的守敌，一举攻下县城。原国民党县党部被控制的20多人当场宣布起义。随后，农军打开监狱，释放了170多名在押人员，"四二六"武装暴动胜利告捷。

紫金"四二六"武装暴动是四一二反革命政变后、中国共产党发动的最早的武装暴动之一。"四二六"武装暴动的成功，具有非常重大的意义：（1）"四二六"武装暴动的成功，显示了紫金共产党人和革命群众不畏强暴、不怕牺牲的战斗精神，表现了紫金人民敢于斗争，敢于胜利的斗争精神；（2）在武装暴动中创建了紫金历史上第一个人民民主政权，为紫金人民指明了革命斗争的方向；（3）"四二六"武装暴动的成功，是对当时共产党内以陈独秀为首的右倾投降主义的有力抵制和批判，既有力地反击了国民党右派的屠杀政策，也是对陈独秀右倾投降主义的当头一棒；（4）"四二六"武装暴动在中国新民主主义革命道路方面做了有益的探索，孕育着中国革命道路的思想路径，包括"党独立领导革命"的思想、中国革命道路的"武装斗争"思想、中国革命道路的"红色政权"思想、中国革命道路的"土地革命"思想、中国革命道路的"农村革命根据地"思想。

三、紫金县人民政府的成立

1927年4月27日，紫金县武装暴动委员会指挥部发出了第一号通告，向全县宣告紫金"四二六"武装暴动成功。同日，刘琴西呈文向东江特委书记张善铭详细报告了紫金县"四二六"武装暴动夺取政权的经过和提前暴动的原因，以及筹备召开各界人士代表联席会议，筹备成立县人民政府、县工农革命军总指挥部、工农革命军紫金县大队等系列情况。随后经过民主协商，议定县人民政府组成人员，刘琴西、戴耀田、刘乃宏、钟乐善、陈鹤九、钟一强、黄国强、刘海帆、刘冠中、傅晋淮、邝镜波等11人为委员；刊刻木质大印一枚，文曰：紫金县人民政府；长缄大印一枚，文曰：紫金县人民政府缄。

5月1日，庆祝五一国际劳动节暨紫金县人民政府成立大会在县城召开，城内大街小巷张灯结彩，到处贴满了红红绿绿的标语。上午9时，县城各界群众近万人云集在天后坪谭公庙门口，参加武装暴动的各路农军手持刀枪，雄赳赳，气昂昂地走进会场，学校的儿童团员们扛着红缨枪列队步入会场。10时，大会开始，刘琴西庄严宣告紫金县人民政府成立。会场顿时鼓乐喧天，掌声雷动。接着，刘琴西代表县人民政府在大会上宣布县人民政府组成人员名单：主席刘琴西（中共代表），副主席戴耀田（县农民运动代表、中共党员），委员刘乃宏（国民党代表、中共党员）、钟乐善（士绅阶层代表）、陈鹤九（中共基层组织代表）、钟一强（县农民协会代表、中共党员）、黄国强（基层农会组织代表）、刘海帆（教育界代表、中共党员）、傅晋淮（卫生界代表）、刘冠中（工人代表）、邝镜波（工商界代表）。大会还宣读了《紫金县人民政府第一号布告》《紫金县人民政府告全县民众书》和《给中国共产党中央委员会和全国的通电》电文。

大会号召全县民众团结起来，扫除一切反动势力，打倒土豪劣绅，打倒帝国主义，打倒新军阀蒋介石、李济深，打倒右派县长郭民发，为实现谋求中国自由平等之革命目的而奋斗。县人民政府告全县民众书中要求全县民众群策群力，共同奋斗。实施10条施政纲领：1.与反革命誓不妥协，对反动人物实行革命制裁。2.废止预征钱粮，豁免追征旧粮，取消契税抵债券，以解除民困。3.取消害商害民的苛捐杂税，以解除民众枷锁。4.提高农民地位，改善农民生活。5.改善工人生活，保障工人职业。6.办好社会公益事业：（1）发展教育，减收学费，增加教育经费，提高教职员工薪金。（2）加强工农革命军县大队和地方民众武装组织，维持社会治安。（3）剿除土匪，畅通道路，保障人民生命财产安全。7.· 救济粮食，以济民困。8. 召集区民会议、乡民会议，组织区乡人民政府。9. 组织宣传队伍，深入各区乡宣传。10. 提出包括"为实现谋求中国自由平等之革命目的而斗争！"等10条行动口号。

农军押解右派县长郭民发赴海丰时在乌石遭土匪叶添伏击，郭民发逃走。随后他串通反动区长洪砚香纠集反动武装和右派军队3000余人，5月8日凌晨向县城反扑而来，紫金县人民政府为保存革命力量，主动撤出县城，转移到紫金南部山区，在炮子建立革命根据地，继续领导全县革命斗争。

紫金县人民政府是"四二六"武装暴动催生的紫金历史上第一个人民民主政权。首先，政府主席刘琴西、副主席戴耀田都是中共党员，可见此政府是无产阶级领导的；其次，政府组成成员具有广泛的代表性，是一个具有广泛社会基础的统一战线政权；再者，政府成立后颁布的系列政纲体现了人民政府保障人民权利，对反革命的敌人实行阶级专政的特质。可见，紫金县人民政府是中国共产党领导下的人民民主政权。此紫金县人民政府的存在虽然时间不长（1927年5月1日至11月25日），但却有无限的生命力。

第三节 紫金县苏维埃政府的成立

一、建立炮子革命根据地

炮子位于紫金县东南部山区，与海丰、陆丰、惠阳、五华交界，境内峰峦重叠，山势险峻，主要山峰南山嶂海拔877米，周围山高林密，山路蜿蜒崎岖，易守难攻；炮子是紫金农民运动的策源地，是紫金大革命时期重要的革命基地，群众基础好，有一批农民运动的骨干力量，周围各乡村农产品丰富，便于部队筹粮筹款；炮子与中共东江特委驻地——高潭、中洞相连接，便于联系。总之，炮子是进行工农武装割据和建立农村革命根据地的理想之地。

紫金"四二六"武装暴动后，中共紫金县特别支部通过总结夺取县政权的经验，及时指出紫金的革命力量主要在农村，对敌斗争的阵地也主要在农村，农村有较广泛的回旋余地，提出了在农村积聚革命力量，先攻取敌人力量较弱的乡村，然后夺取城镇的斗争策略。1927年5月8日，中共紫金县特别支部、紫金县人民政府和工农革命军总指挥部从县城撤到炮子后，着手进行炮子革命根据地建设，使之成为海陆丰革命根据地的重要组成部分。

炮子革命根据地创建伊始，采取如下重要举措：

筹粮供给。一是没收南岭地主钟瑾亭、钟汉屏、钟雁秋、钟渭溪及黄布地主黄仿琴等在炮子的谷仓，以保障党、政、军及无粮农民的供给。二是部队开荒种地，减轻农民的负担。

扩充武装。从各乡农军中挑选数百名武装人员集中训练，作为常备队，平时生产，战时与县工农革命军一起参加战斗。同时要求各乡村农民人人参加军事训练，做到村自为战，人自为战。

修筑工事。在炮子周围山头修筑连环式壕沟，建筑"品"字形炮楼，工事做到山与山相连，战壕与炮楼相通，山上与乡村相接，做好残酷斗争的准备。

开办兵工厂。为保证枪弹供给，支援部队作战，保卫红色政权，在炮子上径村文排屋的民房里办起兵工厂，经费由政府在赤溪凉亭设税站收税款支付，工厂由钟瑞香等人负责，自制"七九"步枪和驳壳枪。兵工厂建厂一年零七个月，修理了长、短枪数百支，制造子弹45000多发，自制"七九"步枪60多支、单响驳壳枪50多支。

挂通与惠阳中洞（东江特委办公地）的电话线，便于与东江特委的联系。同时，还办起了红军医院。

从此，中共紫金县组织以炮子为中心，领导全县人民进行土地革命斗争。

二、紫金县苏维埃政府成立

1927年9月19日，中共中央临时政治局做出决议："现在的任务不仅是宣传苏维埃思想，而且在革命新高潮中应当成立苏维埃。"10月15日，根据中共中央的指示精神，中共中央南方局和广东省委在香港召开联席会议，提出土地革命应打倒地主制度，把农村中贫苦农民普遍发动起来；政权应归于工农兵代表会议（苏维埃），使工农兵均能明确了解夺取政权与土地革命相结合；号召各级党组织领导工农群众起来武装暴动，夺取政权，建立工农兵代表会议制度，实现党的纲领。中共东江特委坚决执行中共中央南方局和广东省委的指示，着手准备成立苏维埃政权。

11月，中共东江特委书记彭湃派张威、陈振韬到紫金指导组建苏维埃政权工作。在张威、陈振韬的具体指导下，经过筹备，紫金县第一次工农兵代表大会于11月25日至12月1日在炮子乡召开，300余人参加了会议。大会由张威主持，中共紫金县委书记吴建民作大会报告。吴建民向代表们介绍了县苏维埃政府筹备经过，指出县苏维埃政府是全县工农兵自己的政府，是代表工农兵利益，为工农兵谋幸福的政府，号召全县工农兵要拥护苏维埃政府，在县苏维埃政府统一领导下，将土地革命进行到底。

大会选举产生了县苏维埃政府主席和委员，主席钟一强，委员有刘琴西、吴建民、张威、傅燊霖、戴耀田、高云、钟善道、温国龙、黄培先、陈石进，宣告紫金县苏维埃政府成立。县苏维埃政府办公地设在炮子湖子仓。

大会通过了《一切土地归农民》《镇压反革命分子》《改善农民和士兵生活》《抚恤遇难烈士及其家属》《取消苛捐杂税》《妇女问题》《禁止米谷出口》等8项决议。

在紫金县苏维埃政府成立的同时，龙炮区苏维埃政府在青溪钟家祠成立，主席钟定香；古竹苏维埃政府在蓼坑成立，主席戴耀田；永坑坪塘乡苏维埃政府成立，主席朱乙。尔后，全县各区、乡相继成立苏维埃政府。至1928年2月，全县有30多个乡成立了苏维埃政府。

在县、乡苏维埃政府的领导下，紫金人民的土地革命迅速开展起来。

三、土地革命运动的开展

早在"四二六"武装暴动时，刚成立的紫金县人民政府在《紫金县人民政府告全县民众书》中，就明确提出要"提高农民地位，改善农民生活"，"武装农民解除土豪劣绅之武装"，"没收土豪、贪官污吏及反革命一切财产"，"保障佃农有永远使用土地权"。

紫金县苏维埃政府成立时，通过了《一切土地归农民》《改善农民和士兵生活》等决议。县苏维埃政府成立后，以海陆丰为榜样，在龙窝、炮子开展分田废债工作。然后领导全县各区、乡开展以焚烧契约、分田废债为中心的土地革命运动，提出"完全没收一切地主的土地，由农民代表会议自己支配，分给农民耕种，实行耕者有其田"。紫金县的土地革命运动蓬勃开展起来。

分田的政策是"土地归苏维埃所有，计口授田，优先照顾雇农、贫农、红军、干部、赤卫队和孤寡"。另外还规定"地主也可分得一份（土地）"，这是紫金县开展土地革命实践创造的一条重要经验，一定程度上减少了革命的阻力，十分难能可贵。分田的领导机构是：县苏维埃政府设立土地委员会，专门负责领导实施没收、分配土地的工作；区设土地科，乡设土地委员或由乡苏维埃政府直接领导。分田的具体做法是：分田前先焚烧契约，大锄田坐，后由区、乡派出人员丈量土地，核实区、乡参加分田的人数，作出分田方案；以乡、村为单位召集各户代表核准分田方案，开始分田。分田时，县土地委员会或区土地科派出工作人员主持各乡、村分田工作，由苏维埃政府发给土地使用证，确保分田农户享受土地使用权，同时规定土地使用证不得自由买卖或抵押。

紫金县没收、分配土地的革命运动从1927年12月开始，至1928年2月达到高潮。通过没收、分配土地，改变了封建土地所有制，使广大贫苦农民成了土地的主人，大大地激发了农民群众的生产积极性和革命热情，要求入党、参军的人越来越多，县工农革命军从原来3个分队30余人枪，扩充至2个大队150余人，各区、乡、村苏维埃政府组织了赤卫队，开创了紫金土地革命运动的新局面。

第四节 紫金县工农革命军的征战

一、工农革命军建立和三次反"进剿"的胜利

1927年4月28日，紫金县暴动委员会发出第二号决定"成立紫金县工农革命军总指挥部"，以刘琴西为总指挥，戴耀田为副总指挥，并成立紫金县工农革命军大队部，以刘乃宏为大队长，钟子廉为副大队长，缪冠儒为教官，刘绍武为中队长。"四二六"武装暴动后，紫金党组织领导的革命武装有了一个崭新而响亮的名字——紫金县工农革命军。这是共产党领导下体现工农阶级属性，从农军脱胎而来的一支新型正规化革命军队。从此，紫金县有了统一的革命武装领导机构和坚强的武装力量。紫金县工农革命军的建立为此后建立炮子革命根据地，建立紫金苏维埃政权，开展土地革命和武装斗争提供了有力保障。"工农革命军"这一旗号，是紫金"四二六"武装暴动在全国首先打出来的。此后，中共各地领导的人民武装陆续改称为工农革命军。1928年5月，中共中央决定各地工农革命军改称中国工农红军。这是紫金"四二六"武装暴动对人民军队创建的一大贡献。

1927年6月，丘国忠接任国民党紫金县县长后，把紫金、惠阳、陆丰、海丰、五华等县的地主武装组织起来，搞"五县联防"，亲任总指挥。从1927年7月至8月，丘国忠对炮子革命根据地先后发动了三次"进剿"。紫金县工农革命军在根据地人民的

积极配合和大力支持下，采取灵活多样的斗争形式，取得了三次反"进剿"的胜利。

1927年7月，丘国忠率领各地民团1000余人"进剿"炮子。紫金县工农革命军大队长刘乃宏和军事教官缪冠儒获得情报后，预先布置炮子群众撤退到山里，并命令青溪、永坑、龙上、黄布等乡的农军（各乡村的自卫农民军或赤卫队）埋伏在进入炮子沿途的各个通道。丘国忠率队长驱直入，先后在青溪、永坑遭到伏击。进入炮子时，走了50多公里路的丘国忠部因找不到食品，又饥又饿，疲劳不堪，无心恋战，只是乱放空枪而已。这时，农军一神枪手击断了丘国忠的青天白日旗，丘国忠认为是个不祥之兆，是战是逃还没拿定主意，迟疑之际，缪冠儒一声令下，埋伏在长排山上的农军一齐开火，打得丘国忠部晕头转向。缪冠儒手持双枪，率领100余人，从山上猛扑下来，毙敌10多名，丘国忠见势不妙，只好率队逃窜。

8月，丘国忠得知炮子主力部队由刘琴西、刘乃宏率领出击海丰，只留下钟一朋、缪冠儒率领少数武装驻守炮子，于是又率队第二次"进剿"炮子。当时，缪冠儒部下只有5名战士、6支步枪，对抗丘国忠部2000多人枪，敌我双方实力极端悬殊，但英勇的农军并没有惊慌。根据敌强我弱之势，钟一朋、缪冠儒作了充分部署：一是组织猎手和农民，把鸟枪利用起来，组织火力网，埋伏在山上；二是把百子炮集中设置于村口的炮楼上，用于阻击敌人；三是布置老人、妇女和小孩，在四面高山遍地插上红旗，得到反击信号后，即在山上吹海螺、打锣鼓、放鞭炮，以壮声威。当丘国忠率队气势汹汹地进入炮子前沿阵地伯公坳时，缪冠儒下令迎战，百子炮喷出长长的火龙，封锁了国民党军和民团前进的道路。霎时，硝烟弥漫，炮声隆隆，枪声大作，革命群众在四面高山摇旗呐喊。缪冠儒抓住战机，首先吹起冲锋号，然后带领5名战士猛打猛冲，当即击毙8名团丁，炮子农民自卫军队长钟一朋开枪击落国民党军的大旗。各乡预先埋伏在山上的农军又纷纷出击，打得民团疲于奔命，纷纷逃窜，并在沿途丢下不少枪支弹药。

两次"进剿"未能得逞，丘国忠很不服气，伺机进行报复，扬言要铲平炮子。三天后，丘国忠又率领民团3000余人，第三次"进剿"炮子，并要求惠阳、海丰、陆丰、五华四县边境的地主民团联合"进剿"炮子。然而，缪冠儒、钟一朋早有准备，在第二次粉碎丘国忠的"进剿"后，立即派人送信到海丰，刘琴西即派刘乃宏率领主力星夜赶回炮子。缪冠儒与刘乃宏根据情报，预料到丘国忠这次"进剿"的兵力部署：一是收买土匪叶添的武装100余人为先锋；二是联合惠阳、海丰、陆丰、五华四县边境民团一齐进攻。为此，当即决定以刘乃宏为首，挑选敢死队100余人，配上手枪，分布在炮子前沿阵地伯公坳的山头上，伺机杀敌。以刘乃宏、缪冠儒的主力为主，并组织赤溪、青溪、小北、永坑等地农军，打击四县边境来犯的民团。丘国忠果然以土匪武装为先锋，以民团为后盾，浩浩荡荡向炮子开来。当进到伯公坳时，农军在胡子山东、文昌山东、大完山东的"品"字形炮楼里集中火力把前面之敌打退。守在伯公坳的刘乃宏部截住丘国忠回城之路，迫使丘国忠部向两边山上突围，埋伏在两边山上战壕里的赤卫队在钟一朋指挥下，将预先准备好的石头、大树筒滚下山，打得丘国忠部焦头烂额；然后集中火力猛打，丘国忠部死伤惨重。那时，惠阳县杨金泗的民团"进剿"赤溪坳，被赤溪农军击退。五华民团在东路进犯，在半坑遭到小北碧河农军截击而溃退。丘国忠在无可奈何的情况下，骑上马带着几个随从仓皇撤退。钟一朋率赤卫队追到永坑，丘国忠被吓得魂飞魄散，跌下马来，在田沟里沾了一身泥巴，当地土豪把他救起，化装逃回紫金县城。就这样，炮子根据地军民又粉碎了丘国忠的第三次"进剿"，取得了三次反"进剿"的胜利。

二、紫金县工农革命军转战海陆惠紫

在参加东江第二次大暴动之前，刘琴西受命率紫金县工农革命军与惠阳、海陆丰农军会合于中洞一带流动作战，打击国民党反动势力，并筹集粮款建设中洞革命根据地。1927年6月13日，国民党胡宏棠率一营人进攻中洞，派人到中洞前哨阵地杨梅水，威胁农军转团（即投降）。杨梅水农军立即派人到中洞报告，适逢刘琴西率小队农军从炮子来到中洞，于是就会合当地农军100余人准备迎敌。次日，国民党军600余人向杨梅水扑来，高潭农军队长张佐忠发现后立即报告刘琴西。刘琴西即令张佐忠率队登上马家祠背面高山，并亲自带队登上车子前山。接战后，农军沉着应战，张佐忠开枪击中一个骑马的连长，刘琴西击中带路的反动民团团丁罗水名。国民党军在不知虚实的情况下惊慌失措，抬着连长和罗水名掉头逃跑。刘琴西率队追击，把国民党武装打得溃不成军。

9月初，东江特委根据省委指示精神，决定全力驱逐各县的反动势力，总的策略是先乡村后城镇。7日，刘琴西、张威、黄雍在新田集中了陆丰西北部及紫金炮子两地农军400人枪，突然袭击陆丰大安圩，击毙国民党大安区巡官、民团团长，缴获区署反动武装及民团枪械，没收地主当铺的财物与粮食分给贫苦民众。驻守在陆丰县城的杨作梅保安队于8日凌晨逃往碣石镇，农军不战而占领了陆丰城。城内各界群众奔走相告："刘琴西、张威县长打回来啦！"（刘琴西、张威两人曾在1925年先后担任过陆丰县县长、代县长，在陆丰民众中有很高威望。）纷纷前来慰劳农军。

9月8日，林道文带领农军攻克青坑；9日，驱逐梅陇保安队；11日攻占公平。驻汕尾的海陆丰保安队主任赖俊华闻讯率队从海上逃跑，汕尾回到农军手中。龟缩在海丰县城的守军1200人惶惶不可终日，固守待援。13日，中共海陆丰地委书记张善铭、暴委主席黄雍与刘琴西、林道文、杨望等集中于公平部署攻打海城。16日凌晨3时，农军总指挥刘琴西率队分三路总攻海城。守城营长万炳臣虽然负隅顽抗，但军心动摇，锐气已失，不堪再战，只好于当晚率队逃往惠阳。17日，海丰、陆丰两县分别成立临时革命政府。

攻克海城第二天，农军搜查到反动势力的请援信，说是李济深决定派一团兵力到海陆丰。为避敌锋芒，保存实力，东江特委决定以中洞、朝面山和激石溪为据点，把缴获的物资分水陆两路运往中洞、朝面山、激石溪等山区，准备长期斗争。9月25日，陈学顺率领驻惠阳平山的国民党十八师补充团和600多人的保安队进占海城。10月，粤系军阀张发奎与桂系军阀李济深为争夺广东统治权而战。东江特委决定以红二师为主力，配合海、陆、惠、紫农军，举行东江第三次武装暴动。21日，红二师以一个排的兵力和当地农军进攻海丰黄姜，伤敌军20余人。29日，陈学顺调集驻陆丰、公平、汕尾的部队，准备撤退。红二师一营趁机出击，配合农军攻破公平广村，进而占领公平、梅陇、汕尾等地，直接威胁海城。陆丰农军也相继占领了新田、大安、河口等地。陈学顺见此情况，万分恐惧，于11月1日凌晨匆忙撤退逃出海城。11月5日，红二师配合陆丰、紫金农军占领陆丰县城。至此，东江第三次大暴动取得了重大胜利。

红二师在紫金

一、红二师二战南岭

1927年10月6日，南昌起义军第十一军二十四师余部1200余人转移到惠阳中洞，在东江特委和东江革命委员会领导下进行了整编，改称工农革命军第一大队。10月下旬，中共中央派颜昌颐到中洞，与东江特委、东江革命委员会负责人共同研究对南昌起义军二十四师余部正式改编问题。东江特委按照中共中央南方局和广东省委的意见，将部队番号定为工农革命军第二师，考虑到现有人数不足一个师的编制，先组建一个团即工农革命军第二师第四团，下辖两个营。改编后的部队成立了中共第二师特别委员会，颜昌颐任师党委书记兼第四团党代表，董朗为师长兼第四团团长，王备任师参谋长。广州起义失败后，广东省委讨论扩充第二师的问题，接受彭湃关于将海陆丰县委组建的东江工农革命军并入第二师，成立第五团的建议。12月18日，第二师第五团正式成立，由刘立道任团长，张寿征任党代表，彭桂任副团长，下辖两个营。1928年4月，广东省委第一次扩大会议提议将工农革命军改称红军，5月由中央确定后，改称中国工农红军。此后，这支战斗在海陆惠紫的部队就称红二师。

红二师在紫金活动期间，两次攻打紫金南岭的封建堡垒，对炮子革命根据地的巩固和扩大，对紫金土地革命运动开展和深入起到了极大的推动作用。

南岭是紫金最南部的地区，纵横50余里，地势险要，土地肥沃，物产丰富。南岭有一圩市，钟姓数千人聚族而居，在大地主和族长统治下，自恃"山高皇帝远"，不缴粮，不纳税，100多年来，清朝的官吏、国民党紫金当局亦无可奈何，俨然成为一个小王国。

为摧毁南岭的封建堡垒，中国工农革命军第一大队（红二师的前身）于1927年10月17日离开中洞，向南岭进发，至磜头村时留下一个排兵力驻守。18日拂晓，先头部队到达瑞邱陂下宫时，遭到钟坤记、钟汉平地主武装开枪拦阻，刘琴西、钟一强指挥部队还击，地主武装缩进炮楼顽抗。战至天黑，未能攻破地主炮楼，工农革命军第一大队撤至炮子福星楼休整。大队撤离时，未能通知到驻守磜头村的那个排，导致该排翌日遭到南岭地主武装袭击而全部牺牲。此战为红二师一战南岭。

12月上旬，红二师师长董朗在中洞召开军事会议。会议决定先拔除威胁中洞根据地的大茂乡地主江达三的老巢，继而攻打黄布、嶂下和紫金城，然后打五华丁峰温伯洲、陆丰万峰范慰寰，扫清南岭外围敌垒，最后夺取南岭做根据地。26日，红二师向大茂乡江达三发起进攻，江达三依仗坚固石屋负隅顽抗，持续10多天未果。师部决定留一个营坚持围攻，其余大部队转攻黄布。1928年1月17日，江达三见红军大部撤走，令喽啰潜出到南岭民团呼救。次日清早，南岭民团100多人赶到大茂乡，董朗即令部队攻击南岭民团，并一路尾追到南岭，同时派通讯员通知进军黄布的部队回师南岭，当晚在南岭分区农会会长钟子文的兆泰楼召开有营以上干部、紫金县委干部、各区乡赤卫队、自卫军队长参加的军事会议，决定先打黄泥湖钟汉平裕福楼和钟坤记德馨楼，分兵钳制在溪口、东溪和天锡楼等的地主。19日早晨，围攻裕福楼和德馨楼的战斗正式打响。在攻打裕福楼的战斗中，红军采取地下爆破、大炮轰炸等战法，均未能攻破，最后采用火攻，迫使地主钟汉平在四檐进火、屋内起火、无处藏身的处境下，半夜由屋后挖墙垂绳逃走，裕福楼终于被攻破。在攻打德馨楼的战斗中，红军在左侧房屋内挖地道通向其主屋准备爆破。至1月31日下午，地道挖到其墙根下，工兵迅速把装满火药的棺材放到墙底下，点燃导火线，一声山崩地裂般的巨响，三间房的墙塌了下来。红军随即发起冲锋，钟坤记强令其保丁拒绝缴械，与红军进行巷战，最后撤到右边房子里把通道堵死，做垂死挣扎。至半夜12时，钟坤记高价请亡命之徒陈来兴把栅门打开，带着全家男人逃走。2月1日，德馨楼被攻破，捉到钟阿相等地主10多人，部队转向溪口，对东溪高屋楼、王告天赐楼等地主发起进攻，但这些地方的地主早已逃之天天。至此，二战南岭战斗结束，红军胜利占领南岭。是役俘虏地主民团100余人，缴枪200余支，没收稻谷5万多担。

二、苏区人民助战红二师

在红二师二战南岭的战斗中，苏区人民全力助战，作出重大牺牲，为战斗的胜利作出了应有的贡献。

当红二师进入南岭后，南岭人民群众热情地端茶送水，欢迎英雄的到来，随后腾房让铺，安置红军将士居住。围攻钟汉平的裕福楼和钟坤记的德馨楼战斗打响前，岳坑赤卫队受命控制万挙民团，庄田林布赤卫队负责控制五华民团，碧潭赤卫队担任控制洋头民团的任务，炮子赤卫队控制紫金来路。南岭赤卫队成立了担架队，队长钟秀芳；救护队，队长钟国强；宣传队，队长温家启、钟伯洪；运输队，队长钟文茂；工兵队，队长钟佩璜；爆破队，队长钟林；妇女队，队长叶满；少先队，队长钟良。钟熊卿被聘为师部解放南岭的作战参谋。

战斗打响后，南岭农会会员和广大群众参加送茶送饭、担草把的不计其数。当爆破裕福楼没有奏效后，运输队队长钟文茂奉命带领40多人，到陆丰碣石溪抬回重400多公斤的火药火炮。炮轰又未果时，广大群众割草、担禾秆，冒着生命危险将柴草堆到裕福楼屋檐下，女青年陈亚成在担草中，被冷枪打中壮烈牺牲。

艰苦转战，"三军会师"

第六节

一、红四师智取紫城

广州起义失败后，撤向东江地区的起义部队1000余人，于1927年12月15日到达花县（现广州市花都区）县城。16日，在花县县立第一高等小学召开会议，决定将起义部队改编为工农革命军第四师（后改称红四师），下辖3个团（第十、第十一、第十二团），推举叶镛为师长，宋湘涛为副师长，袁裕（袁国平）为师参谋长。第十团团长为白鑫，第十一团团长为赵希杰，第十二团团长为饶寿柏。会议讨论了党的建设问题，并选举产生了师委员会。师委委员有唐维、王侃予、陆更夫、彭蓬、袁裕、钟友千、徐向谦（徐向前），以唐维为师党委书记。根据唐维的提议，王侃予任第四师党代表。会议决定徐向前、缪芸人、陆更夫分别担任第十、第十一、第十二团党代表。17日，红四师在花县正式成立。

12月18日，红四师从花县出发，经从化、龙门、河源、回龙、蓝口，渡过东江，从河源康禾向紫金县城进军，于31日到达紫金黄花乡。红四师从黄花乡农会获悉，国民党紫金县县长丘国忠因3次率队"进剿"炮子革命根据地均被农军打败，曾多次向国民党广东当局请求援兵支援的情况后，决定假扮援兵智取紫金县城。红四师派原在丘国忠部当过排长的原教导团的一位连长率尖兵连，先与丘国忠取得联系。尖兵连由黄花乡农民为向导，直抵县城。丘国忠见了那位排长非常高兴，立即布置迎接大军和安排营房。红四师得到尖兵连通信兵报告后，浩浩荡荡向紫城进发，丘国忠则率县署官员和秘书廖玉书、教育局局长叶勋哉、商会会长陈握三等，在西城门迎接。

红四师进城后，按预先的部署，立即派出4个连在东、南、西、北4个城门进行警戒，只许进不准出，以防走漏消息。丘国忠刚把红四师师团领导人迎进县署大厅，即被那位排长逮捕，各警卫兵一齐动手，把所有县署官员擒拿，并迅速接管各机关。就这样，红四师进入东江后，未发一弹就攻占了紫金县城。

二、"三军"龙窝会师

1928年1月1日，中共东江特委委员、海陆惠紫工农革命军总指挥刘琴西率领工农革命军紫金县团队，红二师第五团团长刘立道率领所部500余人，向国民党龙窝区署发起进攻。国民党龙窝区署急忙向县长丘国忠告急，请求派兵解救。同日，红四师接到情报：张发奎已派兵到了蓝塘，大有进攻紫金县城之势。红四师决定第二天一早撤出县城，奔向炮子，并将计就计，令通信排复电国民党龙窝区署，说明天县长将亲自带兵赴龙窝解围。

1月2日，国民党龙窝区长黄育群、民团团董黄泗接到"县长将亲自带兵赴龙窝解围"的复电后，以为这次定能转危为安了。当日早饭后，红四师把17名反动头子押在一起，让丘国忠身穿灰色长衫，头戴毡帽，用铁线绑住，坐在马背上，尖兵排在丘国忠两旁，大队随后，向龙窝进发。到达距龙窝圩不远处时，黄育群、黄泗等在园子排迎接丘国忠。丘国忠一发现黄育群等即大声疾呼："大家快走，不要上当啊！"黄育群等如惊弓之鸟，拔腿向小山坳里逃窜，团丁黄亚秃向红四师尖兵排放枪，当即被红四师尖兵排击毙。红四师一部分开进龙窝圩，一部分登上龙窝圩背山，一部分登上司前山。

在龙光火砖寨的红二师第五团和工农革命军紫金县团队，发现龙窝圩背山一阵枪响后突然出现许多武装队伍，刘琴西、刘立道在情况不明之下，命令各营做好战斗准备。红四师因接到过国民党龙窝区署求援的急电，已知对面山上的队伍是自己人，立即在山顶上竖起红旗。刘琴西等看到红旗，派刘荫香到龙窝圩联络。刘荫香在红四师师部见到了叶镛、袁裕等领导人和随红四师进入龙窝的县城地下交通员叶石、张滔等后，回去向刘琴西报告。刘琴西命令号兵吹集合号，带领着红二师第五团和工农革命军紫金县团队立即下山到米西墩田畈里集中，然后开进龙窝圩，同时红四师亦向龙窝圩集中。

下午4时，红二师、红四师和工农革命军紫金县团队在龙窝会师，这就是有名的三军龙窝会师。会师后，刘琴西、刘立道、叶镛等领导集中开会，决定红二师第五团和红四师一部，配合工农革命军紫金县团队，由刘乃宏、缪冠儒指挥，包围鸡谷径黄育群的匪巢，围歼黄育群及其匪众。由紫金县委、县苏维埃政府筹备于4日在龙窝圩召开三军胜利会师的庆祝大会。

3日上午，忽报国民党李汉魂派一个师的兵力，从蓝塘经九和、九树，已经到了高坑。红二师、红四师和紫金县赤卫队为避免与敌军大部队决战，于3日晚向炮子转移。三军到达炮子后，刘琴西和紫金县委、县苏维埃政府广泛发动群众，组织慰劳队、洗衣队。炮子人民热情高涨，可谓家家户户春擂茶、打糍粑，送到战士面前，并请战士到家作客；洗衣队帮助战士洗衣服、补衣服、补鞋、做草鞋。5日上午，"中国工农革命军第二、四师联合公审大会"在炮子胡子墩召开，6000多军民参加，宣判丘国忠等17名反动头子死刑，立即执行。8日，红四师按照东江特委的指示，由炮子开往海陆丰，投入新的战斗。

第七节 为保卫苏维埃而战

一、军民浴血保卫苏区

1928年2月中旬，以李济深为首的国民党广东当局，抽调正规军第四、五、七、十一军共7000余人，纠集各地反动地主武装，分数路"围剿"海陆丰革命根据地，扬言"一个月内削平海陆丰"，其中一路第七军一个师从龙川出击紫金。

2月下旬，东江特委获悉国民党军进攻海陆丰的计划后，匆忙制定反"围剿"的措施，即"发动群众的力量，用群众作战的方法来消灭敌人"，并发表宣言，指出目前东江时局非常严峻，号召东江工农群众起来武装保卫苏维埃政权。东江特委对海陆丰苏区反"围剿"作出部署，红二师第五团回海丰防守，红二师第四团在紫金、海丰边境流动策应。

1928年3月1日，国民党第十一军某部3000余人，由五华县安流出发，经丁峯到达紫金洋头、慎田，杀向龙炮苏区，先在洋头、慎田烧杀和抢劫财物后，进抵龙窝圩。3月4日，该敌在当地民团配合下兵分两路：一路攻打青溪，一路直逼礼坑。紫金县苏维埃政府调集炮子、永坑、坪塘等乡赤卫队支援青溪。红二师师长则令在洋头作战的主力赶回龙窝，援救礼坑。青溪乡赤卫队在各乡赤卫队的支援下，运用游击战术，与国民党军激战3昼夜，打败国民党军多次冲锋，毙敌90余人，缴获迫击炮1门、弹药一批，迫使敌人狼狈溃退。当国民党军"进剿"礼坑时，礼坑赤卫队40余人奋起作战，昼夜激战，援兵仍未赶到，只好退守新锋楼。国民党军立即把新锋楼包围，并发动强攻。坚守新锋楼的除赤卫队外还有干部群众60余人。赤卫队队长许薰民指挥大家用土枪土炮打退国民党军多次冲锋，给敌很大杀伤。坚持至6日晚，许薰民指挥部队在楼后墙挖洞转移。许薰民等17人出洞后被国民党军发现，国民党军用机枪封锁洞口，其余人不能出来。7日，国民党军攻破新锋楼，留在楼内的48名赤卫队队员和群众被杀害，幸存的叶莲香（龙窝礼坑人，省第一届人民代表，县人民委员会委员，1951年国庆节被选为全国革命老根据地国庆观礼代表团的代表）被斩去双掌。

3月中旬，国民党军黄旭初部和地主民团8000人，在龙窝、慎田一带扎营，企图分两路"进剿"苏区，一路攻打青溪、永坑，一路直取公村嶂，"扫荡"炮子根据地，一场保卫苏区的更加残酷的恶战即将开始。

炮子乡苏维埃政府主席朱乙、赤卫队队长朱豹亲自带领赤卫队第三分队队长朱石全和队员朱万、朱藩、朱乃水等6人坚守公村嶂主峰。主峰周围挖有战壕200丈，筑有炮楼3座，还在主峰侧另两座小山构筑阵地，分别驻守3个小队，共25人。3月15日，国民党军对公村嶂发动攻击，进入赤卫队的伏击圈后，党代表刘绍武发出了阻击信号。霎时，号角震天。被誉为"红色神炮手"的朱乙一人操纵3门土大炮，喷射出一条条的火龙射向敌群，挡住了国民党军的前进脚步。国民党军随即在大炮掩护下，轮番向赤卫队阵地发起强攻，数次被赤卫队击退。朱乙带领23名赤卫队队员坚守阵地至上午10时，打退国民党军数百人的5次冲锋，胜利地完成了阻击任务，但也到了弹尽粮绝，甚至连石头也没了的境地。朱乙命令朱石全指挥队员向朱豹的阵地撤退，自己留下做掩护，最后，为不当俘虏，用尽平生气力把没有火药的3门土大炮拉到悬崖绝壁上推落，随后跳崖牺牲。此时，赤卫队队员朱凤仙、黄纵、钟亚贤等人已牺牲，朱豹、朱观煌等也已受伤，朱豹叫刘绍武率第二分队突围，自己率领其他队员坚守阵地。当国民党军即将冲上公村嶂主峰时，朱豹望着主峰上迎风招展的7面大旗，率领坚守阵地的全体队员宣誓："我们要忠于共产党，忠于人民不动摇，不投降，誓与苏维埃同命运，共存亡，宁愿战死在红旗下，甘将热血洒沙场！"朱豹下令把没有子弹的枪砸碎丢下悬崖，命令朱石全带领队员分散隐蔽，他和第一分队队长朱简及队员朱观煌、许连招、朱藩5人留守阵地，准备与敌血战。国民党军冲上山时，朱豹等5人举起马刀，左右砍杀，杀死杀伤敌军10多人，最后壮烈牺牲。朱乙、朱豹、刘绍武、赖灵昌、朱龙、朱典、朱万、钟添福等烈士的碧血，谱写了一曲保卫苏维埃的悲壮战歌。

3月18日，国民党第七军第六师从龙窝进攻炮子。红二师一部和紫金县工农革命军退守南岭，国民党军尾追而来，再退至中洞。21日，红二师和农军在大礤头坳抗击国民党第七军第六师和第五军第十六师的联合进攻，激战一昼夜，重创敌军的同时，付出了400多人牺牲的代价，只好于22日退出中洞。中洞保卫战是保卫海陆丰革命根据地斗争最为激烈的战斗。中洞失守后，海陆丰苏区大部分地区被敌军占领。

二、苏区人民的重大牺牲

在保卫海陆丰革命根据地的斗争中，苏区人民英勇战斗，给敌以沉重打击的同时，付出了巨大的代价，做出了重大牺牲。

在1928年3月5日-7日的礼坑新锋楼的保卫战中，坚守的赤卫队队员和群众共48人被杀害，幸存的叶莲香被斩去双掌，抢去首饰。

在3月15日的公村嶂阻击战中，炮子乡苏维埃政府主席朱乙、乡赤卫队队长朱豹率领23名赤卫队队员扼守公村嶂，顽强阻击国民党军数百人的轮番进攻，打退敌军5次冲锋，战至弹尽甚至连石头都没有，胜利完成了阻击任务。最后为了不当俘虏，朱乙跳崖牺牲，朱豹等5人与敌进行白刃战，壮烈牺牲。

国民党军队以残暴的烧、杀、抢的手段对付工农群众及共产党人，在不到半年的时间里，惠阳高潭、紫金炮子、陆丰激石溪、海丰朝面山连续遭地主民团、警卫队、国民党正规军轮番"进剿"、烧杀30多次。海陆惠紫4县被屠杀的工农群众万余人，远避南洋者2万余人，不敢回家者亦以万计。仅以紫金炮子、赤溪统计，炮子圩烧得只剩半间店，全家被国民党军屠杀的有330多户，被杀、被掳、被卖和被围困饿死的干部群众3000多人，房屋被烧毁1.5万多间，其他财物被洗劫一空。在炮子圩附近古井坜不足1亩的稻田里，国民党2次用机枪集体屠杀革命群众450余人，鲜血染红了泥土，稻田变成了"血田"。在南岭竹拐沥，被国民党军斩去首级、砍去四肢抛入河中的群众就有200多人，竹拐沥的碧水被鲜血染红，几乎成了"红河"。

苏区人民的鲜血不会白流，苏区人民不怕牺牲的精神激励着更多的革命者前赴后继，为革命胜利而战斗。

海陆惠紫根据地的艰苦斗争

一、紫金独立营战斗在紫五边

苏区保卫战失利后的1928年9月，中共紫金县委召开党代会，号召全县人民继续拿起武器，为保卫和恢复苏区而斗争。此时，紫金县工农革命军第一、二大队合编为紫金独立营，范廉任营长，下设3个连：一连长钟初发，二连长缪冠儒，三连长叶振强。

10月，古大存率红军从五华来到洋磜，与紫金县苏维埃政府主席钟一强率领的紫金独立营会合，得知炮子乡民团团董钟云先当天率众洗劫风隆山，捉了4个村民还抢了不少东西，正在湖洋角钟家祠饮酒作乐。于是，部队决定星夜奔袭。深夜，紫金独立营二连在缪冠儒指挥下包围了民团团部钟家祠。枪声打响后，民团团丁半醉半醒，乱作一团，有3个团丁被打死在屋内，1个团丁开门冲出来也被击毙在门坪，其他9个团丁爬上屋顶负隅顽抗。经过一番激战，这股作恶多端的团丁连同团董钟云先全部被击毙，无一漏网。此役，紫金独立营二连获得全胜，缴获一批枪弹及物资，释放了被捉的4个村民，炮子革命根据地重新回到人民手中。

1930年2月，古大存率领东江红军住在炮子，为了打通从炮子到洋头、五华的通道，决定消灭作恶多端、血债累累的盘踞在东溪田善庆楼的曾祥五民团。经过与紫金独立营研究分析，古大存决定智取，派家在东溪田的叶荣去侦察。叶荣找到住在善庆楼的范大娘，了解到善庆楼上廊灶间年久放柴，墙壁已很薄，容易攻破的情况后回来报告。古大存即率领所部和紫金独立营共200余人，星夜进攻东溪田。中队长温冠雄率领突击队由叶荣当向导，摸到善庆楼上廊灶间背面，捅开一个大洞，冲进善庆楼，其余队伍四面包围这个虎狼窝。曾祥五民团梦中惊醒，一团丁从屋顶爬出，妄图逃走，被温冠雄一枪击毙，其余团丁来不及拿枪，也一个个中弹倒地。曾祥五闻枪声惊醒，企图顽抗，被早摸到他床前的2名突击队员双枪齐发，当即毙命。此次战斗，毙敌30多人，缴枪30余支和其他物资一大批。

同年冬，东江独立师第二团团长古宜权率红二团配合紫金独立营在洋头、慎田、龙窝、炮子一带活动，为了在洋头建立革命活动基地，决定奇袭洋头乡公所，消灭洋头反动警备队。古宜权趁圩日，派6名战士扮成挑着木炭、竹笠赴圩的农民，制造"事端"。他们到了洋头圩大榕树下的木桥中间时，与挑着粪水的5位"农民"相撞，双方挑的东西都掉进琴江河里，于是彼此争吵不休，闹到乡公所，所长和警备队队长出面调解，警备队到场维持秩序。古宜权趁此机会，带领30名便衣战士蜂拥而上，拔出手枪，把警备队队长当场击毙，把乡公所所长扣押起来，将其警备队员全部缴械。自此，红二团团部设在洋头圩，与紫金独立营一起战斗在紫五边。

二、海陆惠紫根据地的创建

1929年6月，海陆紫特委召开扩大会议，根据省委通知，把海陆紫特委扩大为海陆惠紫特委，将四县暴动委员会改为海陆惠紫革命委员会。10月，中国工农红军第六军第十七师第四十九团在朝面山成立，彭桂任团长，黄强任政委；下辖3个营，营长分别是黄伯梅、陈伯虎、林军杰，官兵共100多人。红四十九团成立后，特委决定分东北和西南两路开展游击战争，仅1个多月就收复了紫金的龙窝、炮子、洋头、水墩、南岭，海丰的公平、梅陇和赤石，陆丰的新田、河口、陂沟、船埔头和大坪，惠阳的高潭、多祝和稔山。12月，红四十九团和各区赤卫队联合攻打海丰城，打死打伤敌人100多人，接着红四十九团攻下博美、河田、金厢和大安，海陆惠紫革命根据地又连成一片。从红四十九团成立，至1930年4月，经过大小战斗30多次，队伍发展到400多人。

1930年7月，紫金县革命委员会在炮子赤溪宝善楼成立，钟定香任主席，隶属海陆惠紫革委会领导。

1930年4月，敌张瑞贵部"围剿"大南山苏区。红四十九团奉令到潮普惠一带活动，会同红四十七团在大南山歼灭了张部一个所谓"铁军"的主力团。队伍壮大到1200多人，成为东江地区人数最多、战斗力最强的一个团。海陆惠紫苏区恢复了12个区委、2个特支、341个支部，3300多名党员。区苏维埃政府11个，常备赤卫队300多人。部分乡村已开始重新分田，根据地纵横200里，人口20多万。

5月1日，东江特委在丰顺八乡山滩下庄屋坪召开了东江第一次工农兵代表大会，成立了东江苏维埃政府，紫金县革命委员会主席钟定香当选为执行委员，成立红十一军（后改编为红六军第二师，又改称东江独立师），古大存任军长，颜汉章任政委。红四十九团改编为红十一军第四纵队（后又改编为东江独立师第一团）。东江苏维埃政府和红十一军的成立，标志着东江革命根据地正式形成。海陆惠紫革命根据地成为东江革命根据地的重要组成部分。

三、紫河特区和紫河博游击区的建立

1929年11月，在海陆惠紫革命根据地复兴的过程中，海陆惠紫特委为减轻海陆惠紫根据地的军事压力和发展、扩大惠紫河博革命根据地，决定在紫河边区开辟新苏区，在炮子乡石阶子村明德楼成立紫河特区委和紫河特区游击队。紫河特区位于紫金县北部和河源县南部山区，特区委下辖紫金埔黄腊、古竹、青溪、附中、蓝塘及河源蓝黄等区委。

紫河特区成立后立即组织青溪暴动。暴动前，从各乡调集武装力量，组成有紫河游击队20余人、青溪乡赤卫队100余人、好义乡赤卫队14人、义容乡赤卫队50余人共200人左右的暴动队伍。11月中旬，暴动部队分4路包围青溪圩。驻守青溪乡公所的国民党军10余人和民团50余人装备精良，弹药充足，依托炮楼顽抗，终在暴动部队的猛烈冲击下，从早上战至下午3时弃楼而逃。暴动队伍收缴了各炮楼的武器，占据了青溪圩，青溪暴动取得了胜利。第二日，暴动部队在撤离青溪圩时，与国民党军100余人遭遇。在战斗中，紫河游击队队长蓝蔚林落入敌手。在西门坝刑场上，当监斩官下令对蓝蔚林行刑时，国民党军内一名倾向红军的排长击毙监斩官，与蓝蔚林一起进入炮子苏区。

随后，紫河游击队配合红四十九团出击驻惠阳大茂乡的国民党军，反被国民党军追赶，撤退到惠阳多祝区洋潭乡。紫河游击队后随紫河特区委几位领导人撤上乌禽嶂，红四十九团则转移到海陆惠紫边界的高潭、大安洞一带活动。

1929年除夕晚上9时，紫河游击队15人由乌禽嶂松树窝出发，走了20多里山路后来到洋潭圩附近的山冈上埋伏。晚12时，随圩镇和村落鞭炮声响起，队长蓝蔚林一声令下，冲锋号声响彻整个山村，仿佛整个圩镇已被红军包围，吓得乡公所的民团团丁锁上门就逃命。游击队员冲进乡长家里时，乡长全家人都已跑光，只好把乡长的生猪宰了一头，缴获大米两半箩、衣服20多套、棉被3张、肥鸡20只、甜粄2大笼，高高兴兴地返回乌禽嶂松树窝过年。

1930年12月，紫河特区归属海陆紫县委管辖，1931年5月转归惠阳县委管辖，7月以后属惠紫河博中心县委（即惠州县委）领导。从1929年11月至1931年12月，紫河特区党组织带领紫河游击队及地方武装，在当地革命群众的支持下多次组织暴动，在紫河和惠紫边山区开展游击战争，牵制了地主民团、国民党军进攻海陆惠紫革命根据地的大量兵力，并在国民党统治区的腹地开辟了惠紫河博游击区，为巩固和发展东江革命根据地做出了贡献。

四、东江独立师转战紫金

1930年12月上旬，中共海陆紫县党员代表会议在陆丰碣石溪召开。会议根据中共闽粤赣党员代表大会的决定，宣布成立中共海陆紫县委，谢武为书记，刘东为常委，颜严为秘书长。12月15日，海陆紫县工农兵代表大会在陆丰激石溪召开。大会宣布成立海陆紫县苏维埃政府，选举林覃吉、杨沛、曾添、陈荫南、钟一强为苏维埃政府主席团成员。

1933年2月，原红十一军军长古大存、东江军委主席朱炎、东江独立师师长彭桂、政委田大章等带领红军约400人进军陆惠县。随后，为摆脱敌人优势兵力的围攻，部队向紫金方向转移，在紫金、惠阳边界的乌禽嶂与紫河游击队会合。

2月14日早晨，古大存、朱炎、彭桂等率2个主力连、1个警卫排共300余人出击蓝塘区和睦乡车额头土顽曾乃秀。曾乃秀父子闻讯逃跑至蓝塘向联防队报告，蓝塘联防队队长廖治民即率联防队于15日早上赶到双罗，串通刘善如合共50多人枪，准备向红军反扑。红军没收曾乃秀父子的财产后，得悉上述情况，决定撤回乌禽嶂。回师途中与联防队遭遇，毙敌刘善如等6人，缴获长短枪6支。

独立师取得双罗小胜后，准备攻打九和乡乡长兼联防大队大队长李鼎风（花名"李大炮"）。李大炮亲赴蓝塘联合国民党驻蓝塘一个营的兵力前来围攻红军。15日下午2时，红军和国民党军在双罗列阵相对。16日早晨，古大存和田大章率领一个主力连至铜锣湾埋伏，朱炎、彭桂率领一个主力连出击引诱国民党军。国民党军营长罗克士率队迎战，红军则边唱歌边退却，退至铜锣湾更是佯作败退飞跑。国民党军"穷追"至坑口时，古大存命令吹响冲锋号，红军战士如下山猛虎，冲杀罗克士部，罗克士重伤逃回九和，红军则无一伤亡。

罗克士伤后派李大炮到县城请援，紫金县县长何晏清派出一个县警中队"进剿"乌禽嶂。2月19日，朱炎、彭桂等得悉县警中队来犯的情报后，决定在山边埋伏，并通知在磜头的2个主力连向热水方向挺进，从后面包围敌人，聚而歼之。中午，县警中队大摇大摆进入伏击圈，红军当即出击，县警死伤累累，大部缴械投降，其后卫一个班拼命逃跑，被红军追击，也全部被俘虏。朱炎、彭桂等乘胜率队出击九和乡公所和联防队，生擒李大炮，缴获步枪30余支。

独立师在乌禽嶂连战皆捷，使国民党紫金县县长何晏清坐立不安，反复向上司求援。国民党当局电令第三军军长李扬敬派重兵"围剿"乌禽嶂，消灭红军。李扬敬即派第五师师长张达率3个团包围乌禽嶂。张达还通知海陆惠紫五县"剿共委员会"主任钟汉平纠集48乡的地主武装1000余人，联合"进剿"乌禽嶂。

2月27日，驻宝溪的国民党军骆秀礼团向红军休整驻地大窝肚进攻。与红军激战一天，被红军毙伤数十人。当晚，红军撕开国民党军的包围圈，转移到九和与青溪边界，再由蓝蔚林引路朝紫河边方向挺进时，与罗克士残部遭遇，毙伤其10余人，罗克士派人到河源请援，驻河源的李扬敬部即派马毅营长率部赶到九头嶂。

3月27日，红军转移到黄塘埔美三板桥、塘肚一带驻扎，与紫河特区蓝黄区委书记钟子怀接上了头，得知马毅营和罗克士残部准备"进剿"埔美，即向黄塘曹坑、拔寨转移。国民党军追至曹坑，与红军激战。红军虽大量杀伤国民党军，但自身也伤亡惨重，其中12名女战士战斗到弹尽援绝，全部壮烈牺牲。

独立师在转战紫河途中，与国民党军多次激战，损失过半，仅存100余人。为保存力量，东江军委决定兵分两路：一路由东江军委主席朱炎带领到紫金炮子一带老苏区开展游击战；一路由东江独立师师长兼红一团团长彭桂带领到海陆丰老苏区坚持斗争。

1933年4月初，朱炎带领30余名红军战士转移至炮子油谷坑，至4月底，在强敌围攻下，全部壮烈牺牲。朱炎身中10余弹，仍挺立怒视敌人。5月初，紫河游击队队长蓝蔚林与东江军委常委符景惠被叛徒杀害。11月底，海陆紫县苏维埃政府主席团委员钟一强率县苏机关、龙炮区联队、赤卫队共180人，被国民党重兵围困于碣石溪长坑尾卧猪闷兜上，全部壮烈牺牲。1934年秋红四十九团三连班长钟光带领10多名战士在乌禽嶂密林中开展游击战，坚持至1936年夏全部壮烈牺牲。1935年2月，戴耀田在九和叶坑隐蔽活动时，被九和民团所捕，9月，在紫金县城被杀害。

由于广东国民党当局不断派重兵"围剿"东江革命根据地，紫金炮子苏区和紫河特区委活动地白溪等遭受严重破坏，白色恐怖笼罩全县。1934年秋惠阳县委被破坏，紫金党组织与上级失去联系，处于解体状态，党员分散隐蔽，紫金革命斗争转入低潮。

第三章

紫金人民的抗日救亡

第一节 紫金抗日救亡运动的兴起

一、大力开展抗日救亡宣传

1937年7月7日，日本侵略军发动了卢沟桥事变，中国全民族的抗日战争正式打响。紫金人民在中共东江特委和紫金县委的领导下，坚决响应中共中央的号召，高举民族统一战线的伟大旗帜，掀起抗日救亡运动。

7月下旬，紫金县成立了紫金抗日御侮救亡委员会、紫金县抗日民族自卫团统率委员会、紫金县青年抗敌同志会3个民众抗日救亡组织，开展抗日宣传。9月，潘祖岳以县立第二小学（今蓝塘育新中学）为基地，以师生为基础，吸收社会上爱国人士150多人，成立蓝塘大众救国团，梁荫源、潘祖岳任正、副团长，下设秘书组、组织组、联络组、防奸组、防空救护组和武装军训组等。12月，潘祖岳又以抗敌后援会名义成立了蓝塘大众剧社和抗战歌咏队，深入到蓝塘、上义、好义、凤安、古竹、义容、青溪、九和、瓦溪、县城和龙窝、中坝等地巡回演出，深受群众欢迎，被群众誉为"抗战号角"。

1938年12月，广东青年抗日先锋队（简称"抗先"）东江区队长谭家驹、党支部书记李果率领30多名队员到达紫金古竹，开展抗日救国的宣传工作。12月下旬，在抗先东江区队的帮助下，抗先紫金支队在古竹正式成立，黎明任支队长，黎中任副支队长。抗先紫金支队成立后，组织发展很快，先后在潮沙、新围、上槎、吉安、水东、榕树下、蓼坑、上楼、榴洞、鹅塘、岸头、孔布、博爱等10多个乡成立了分队，共有队员2000多人。12月底，黎孟持受中共惠（阳）宝（安）工作委员会书记曾生的派遣，率领一个10多人的华侨回乡工作组从惠阳坪山来到古竹，与黎伯枢、李恒若等人取得联系，成立了古竹区抗敌后援会，开展抗日救亡的宣传活动。为建立抗日宣传活动基地，黎孟持通过族兄黎慕堂（国民党乡长）、族叔黎佰友（乡绅）、父亲黎雨楼等筹集办学经费，以黎姓的道英祠为校址，复办了新智小学，由黎伯枢任校长，聘请进步青年黎明、黎中、许绍增等人为教师。教师们白天向学生宣传抗日道理，晚上由学生向家人转述，形成接力宣传。校长和教师还以家访形式深入各家各户宣传抗日。新智小学成为抗日救亡的宣传阵地。

1939年2月，紫金县妇女抗日联合会在古竹成立，杨月基（杨文）为负责人。在东江特委妇委陈婉聪、余慧的直接领导下，县妇女抗日联合会分别在新围、潮沙、双坑等组织妇女会，开办妇女夜校，通过妇女会和夜校宣传抗日，宣传抗日民族统一战线，并在妇女骨干中吸收了黎彩莲、邓春喜、张娣、许瑞娥、朱恩梅、黎月英、罗月婵、曾玉兰、许文娣、许耀梅等加入中国共产党。她们积极投身抗日救亡运动，后来被人们称为"东江古竹抗日十姐妹"。

1939年3月，由黎孟持率领返回古竹的华侨回乡工作组改编为东江华侨回乡服务团第四分团（简称"东团紫金分团"），下设古竹队和蓝塘队。东团紫金分团成立后，以青抗队为骨干，深入各乡村，通过出版墙报、散发传单、张贴标语口号、画漫画、召开会议等形式，控诉日本侵略者的罪行；利用节日纪念活动，缅怀抗日先烈，追述英雄事迹；以古竹、紫城、蓝塘3个圩镇为重点，发动青年男女建立大众剧社，排演了《三江好》《放下你的鞭子》等40多个剧目，到村镇巡回演出，激发群众爱国热情和民族危机感，鼓舞斗志，团结一切力量打击日本侵略者。4月5日，东团紫金分团在古竹召开有各界人士参加的大会，成立了古竹民众抗日自卫协会筹备委员会。在东团紫金分团影响下，古竹、紫城等地相继建立了青年同乐会、青年读书会。

紫金青年抗日先锋队、华侨回乡服务团等抗日民众团体大力开展抗日宣传活动，唤醒了民众，坚定了民众抗日必胜的信心，成为掀起全县抗日救亡运动高潮的主力军，为党组织的恢复发展和深入开展抗日救亡运动打下了坚实的基础。

二、紫金党组织的恢复和发展

1937年初，共产党员潘祖岳受中共广州市外县工作委员会的派遣，返回紫金家乡恢复党的组织。潘祖岳回到紫金蓝塘后，找到蓝塘商会会长梁阿康的儿子、在复旦大学读书时已加入共产党的梁荫源。梁荫源以县立第二小学校长的名义，聘请潘祖岳为教务主任。潘祖岳就在县立第二小学以教书为掩护，开展党的工作。为培养党员发展对象和骨干队伍，他挑选进步教师和特别班的进步学生10多人，组织了"二、五"（周二、周五）政治时事讨论会。5月，潘祖岳吸收了进步学生邓凝香、杜兆祥加入中国共产党，并成立蓝塘党小组，担任组长。

1938年1月，中共广州市外县工作委员会为加强紫金的党组织建设工作，增派共产党员潘致春、林坤和进步青年钟露到紫金县立第二小学任教，先后培养了梁任彬、陈冠斌、杜景源、杜容光入党。3月，中共蓝塘特别支部成立，潘祖岳任书记。中共蓝塘特别支部隶属中共广州市外县工作委员会领导。4月，蓝塘特别支部先后吸收了范佛榴、邓学藻、邓耐香、何宪章、邓越皆、邓伯崇等人入党。

同年12月，黎孟持受中共惠（阳）宝（安）工作委员会书记曾生的派遣，从惠阳坪山返回古竹开展抗日救亡工作和恢复党组织，成立中共古竹特别支部，黎伯枢任书记。中共古竹特别支部隶属中共惠（阳）宝（安）工作委员会领导。

1939年1月，黎孟持主持召开蓝塘和古竹特别支部书记会议，在古竹正式成立了中共紫金县临时工作委员会，宣布全县党组织统一由县临时工作委员会领导。县临工委由黎孟持、李恒若和黎伯枢3人共同负责。2月，中共东江特委在紫金古竹黎两安书房（即新书房）召开了东江地区党代表会议，正式成立了中共东江特委。与此同时，中共紫金县临时工作委员会改称中共紫金县委员会，隶属中共东江特委领导，黎孟持任书记，黎伯枢任组织部部长，李恒若任宣传部部长，杨月基负责妇女工作，下辖蓝塘和古竹两个特别支部。东江特委成立后，主要领导人尹林平、饶卫华、饶彰风等经常在古竹新围桔园黎孟持家碰头、开会、商量工作，东江各县领导来特委请示、汇报工作，也经常在新围桔园黎孟持家进行。新围桔园黎孟持家成为当时东江特委秘密活动的大本营。

1939年五六月间，东江特委派魏洪涛夫妇到蓝塘石城与杜景源等成立石城党支部。后来古竹特别支部发展了新围、潮沙、吉安、水东、白门楼、榕树下、蓼坑、榴洞等8个支部。县委还在新智小学、抗先队、石公神和惠阳岚派分别成立4个特别支部，党员人数发展到120多人。

1940年1月，中共紫（金）五（华）边区工作委员会（简称"紫五边工委"）成立，隶属东江特委领导，钟靖寰任书记（后为麦任），侯过任组织部部长，张华基任宣传部部长（后为魏洪涛）。紫五边工委后来发展成为紫五龙河边工委。紫金县各级党组织有序地恢复与发展，并成为领导全县人民抗日救亡的中流砥柱。

三、紫金人民踊跃支前抗日

1938年7月7日，是全面抗战一周年纪念日。为献金支援八路军和新四军作战，中共蓝塘特别支部召开"抗战一周年纪念暨献金支前大会"，提出"有钱出钱，有力出力，有枪出枪，开展全民抗战"的口号，发动群众开展献金支前活动。会后，由抗敌后援会印发《献金支前告民众书》和各式传单、标语，大力宣传八路军和新四军的抗日战绩，并在蓝塘圩中心大街设置献金箱、开献金会，进行募捐支前活动。群众纷纷捐款捐物，有一妇女把自己做嫁妆的金链捐献出来，蓝塘商会会长梁阿康献银300元，"穗丰祥"献银400元为最多。献金支前活动持续7天，共募捐钱物价值5000多银元，由潘祖岳和潘致春一起将钱物和紫金人民的慰问信送到广州八路军办事处，直接支援抗日前线。

1939年4月27日，是黄花岗七十二烈士殉难纪念日。东团紫金分团于当天在古竹、县城、蓝塘等地，组织机关、团体和学校共同开展纪念活动，广大群众踊跃参加集会游行，开展卖花募捐取得可喜的成绩。蓝塘救亡剧社到古竹公演3个晚上，蓝塘、古竹两地群众联欢，互相推进抗日救亡运动。是年夏秋间，东团紫金分团在古竹开办民众合作社，出售煤油、食盐等日常用品，为东团紫金分团和抗先紫金支队筹集必要的抗日活动经费。

1940年春，抗先紫金支队以古竹为基地，到全县各地深入发动群众，动员群众有钱出钱，有力出力，为救国救家贡献力量，开展慰劳前方抗日将士捐款送衣募捐活动。春节期间，抗先紫金支队组织30多人的醒狮队，从古竹出发到全县各地巡回演出，历时20多天，共演出120多场次，募捐到一批钱物，支持抗日。

东江特委在古竹

一、东江特委的成立

1939年初，尹林平、饶彰风、饶卫华等奉广东省委的派遣到东江领导抗日救亡运动，并筹备成立东江特委。2月，中共东江特委在紫金古竹黎两安书房召开了东江地区党代表会议。省委派组织部部长李大林亲临指导。会议传达贯彻了中共中央六届六中全会和省委第四次执委扩大会议精神，讨论发展东江党组织，建立抗日民族统一战线，广泛开展抗日救亡群众运动和开展敌后游击战争等问题；并正式成立了中共东江特委，尹林平为书记，饶卫华为组织部部长，饶彰风为宣传部部长，张直心、郑重为委员，李健行为候补委员，青委由张持平负责（5月后由饶璜湘任青委书记），妇委由陈婉聪、余慧负责。东江特委下辖增城、龙门、博罗、海丰、陆丰、紫金、河源、五华、连平、和平、龙川、新丰等县党组织。东江特委成立时，任命了所辖各县委领导人。

东江特委成立初期，为发展各县党组织，经广东省委同意，以东团的名义，在博罗二区黄麻陂开办青年干部训练班。参加训练班的60多名干部都是由各县委选派的东团骨干以及青年抗日先锋队队员和党组织的发展对象。东江特委书记尹林平亲临指导，组织部部长饶卫华亲自授课。尔后，东江特委在紫金古竹双坑、禾沙坑等地，举办了多期各县干部训练班，培训了一批党员干部和武装干部。

1939年八九月间，东江特委为加强抗先紫金支队的领导和保卫特委机关，从外地调来彭泰农、张华基、何丽琴、杨文、杨绮等一批党的干部，安排到古竹新智小学任教，以教书为掩护，成立了新智小学特别支部。从此，东江特委和紫金县委就通过新智小学特别支部具体领导抗先队开展各项工作。

1940年1月，东江特委在古竹新智小学召开扩大会议，省委组织部部长李大林在会上传达了党中央对国民党顽固派的所谓"溶共"方针的分析，号召各级党组织坚决执行中共中央关于"坚持抗战，反对投降；坚持团结，反对分裂；坚持进步，反对倒退"的方针和"人不犯我，我不犯人，人若犯我，我必犯人"的自卫原则。会议增补黄宇、李健行为委员。同年秋，许谋通过东江特委派东团团员叶道彰（中共党员）、黄凌冰到广益学校任教，成立岚派特别支部，此后不断发展扩大，成为东江特委、后东特委的坚强堡垒，联系前后方的中转站。

二、后东特委的隐蔽斗争

1940年12月，粤北省委成立后，决定撤销东江特委，并派中共西江特委副书记兼宣传部部长梁威林到老隆组建中共东江后方特别委员会（简称"中共后东特委"），梁威林任书记，下辖紫金、五华、龙川、河源、和平、新丰、连平等县党组织，后来发展到惠阳、兴宁、揭阳等边境地区。1942年3月，后东特委任命郑群为中共紫金县委特派员。

1942年5月，在粤北省委工作的黎孟持星夜从韶关赶回古竹，托人送信给在水东的紫金县委特派员郑群，叫他马上赶到新围桔园，有要事商量。郑群到了桔园后，黎孟持对郑群说："粤北省委机关遭到敌人破坏，许多同志包括省委组织部部长饶卫华都被敌人逮捕了，形势恶化。根据中共南方局和周恩来同志的指示，广东省所有党组织暂时停止一切活动，党员赶紧找社会职业分散隐蔽，即使非得相互联系，也只能单线联系。中央的方针是'隐蔽精干，长期埋伏，积累力量，以待时机'。留得青山在，不怕没柴烧。在此紧急情况下，我们的中心任务是隐蔽并保存党的组织和革命力量。"

面对形势的变化，紫金县委在郑群的领导下，采取了如下措施：凡农村中未暴露身份的党员一律原地不动，但停止一切组织活动；各小学未暴露身份的党员教师继续隐蔽教书，停止发展组织等活动；已暴露身份的党员教师赶快调换地方，隐姓埋名；已暴露的党员或投亲靠友或外出做工，寻找安全的地方隐蔽；没有职业的党员寻找社会职业，隐蔽到群众中去。

1943年9月，后东特委从老隆迁到古竹水东，特委几位领导也分别隐蔽到群众家中。梁威林在陈果（中共紫金古竹特别支部书记）家里隐蔽后，以商人的身份活动，在水东买了20亩地，办起了一个小农场，把已暴露身份的党员调来农场种花生、甘蔗等，并开设了油榨作坊。

紫金县委特派员郑群在水东也办了一个集体农场。老党员陈毛、陈添富、陈亚春等三户联合组成一家互助合作社，合作耕种田地，每年收入除去生产成本和家庭生活开支，全部支持地下党活动。

第三节 打击日本侵略者

一、建立抗日武装

全面抗日战争爆发后，紫金党组织为响应党中央关于实行全民抗战的伟大号召，发动全县人民，加紧组建抗日武装，先后在古竹、蓝塘、上义、中坝等地，创建了以不同形式出现的抗日武装队伍。

1938年9月，在统一战线的旗帜下，由地下党员黎伯枢和进步青年黎明、黎伯奎、许绍增、赖德彰等组建了古竹民众抗日自卫大队，黎伯枢为大队长。下设四个中队和一个独立小队：水东、槎岭中队由陈果任中队长；潮沙中队由许绍增任中队长；新围中队由黎春浓任中队长；榴洞、孔布中队由赖德彰任中队长；蓼坑独立小队由黎士奇任小队长。全大队共有400多人，大队部设在古竹陈家祠。不久，国民党第四战区第三游击纵队司令骆凤翔因惠州沦陷，撤到古竹，把古竹民众抗日自卫大队统编为"第三游击纵队第六大队"，委任大队长黎伯枢为警备区主任。为提高第六大队的军事素质，以适应战局的需要，黎伯枢征得骆凤翔的同意，于1939年12月在古竹举办军事集训班。参加集训的有小队长以上的干部和挑选出来的骨干分子100多人。集训结束时，挑选20多名队员，组成常备大队，由陈果、黎春浓率领驻在陈家祠大队部。第六大队表面上挂着国民党第三游击纵队的招牌，其实是东江特委和紫金县委领导的一支抗日武装队伍，在侦缉汉奸、追捕土匪、监视敌人、防敌空袭、维持地方秩序和破除迷信等工作中都发挥了作用。

1938年11月，潘祖岳在省委第二期党训班学习提前结束回来后，在蓝塘县立第二小学召开党员会议，传达省委尹林平关于武装群众开展游击战的指示，决定成立蓝塘人民抗日游击队，装备来自各乡、村的祖偿和爱国人士捐借的枪弹。经过一段时间的筹划，以党员为核心，以蓝塘大众剧社和抗战歌咏队成员为骨干，组织了30多人的武装队伍，正式成立了蓝塘人民抗日游击队，潘祖岳任队长。游击队组织进行侦察、防空、救护、联络、射击等军事训练，执行防空灯火管制、侦缉汉奸、带领群众挖防空洞、组织担架救护等工作。

1942年12月，广东人民抗日游击总队中队长曾学修奉曾生命令，返回家乡紫金上义捲蓬组建惠（阳）紫（金）抗日武装，扩大游击区，抗击日军入侵，建立敌后抗日根据地，准备持久战。曾学修回到上义捲蓬后，与曾繁等人一起，在惠紫边的捲蓬、古田、横坑、金竹坪、沉水、吕屋坪、大岚、松坑一带开展抗日宣传，发动爱国青年参军，组建了80多人的紫金抗日地方常备大队，曾繁为大队长，曾学修为教导员。此外，曾学修等还在捲蓬培风书院、黄屋田、关帝庙办起了三间枪械修造厂和一间地雷制造厂，造出"七九"步枪及左轮手枪400多支，修枪600多支，在捲蓬实行全民武装，全民抗战，把捲蓬一带建设成为中国共产党领导下的抗日后方根据地。1945年2月，紫金抗日地方常备大队发展到拥有4个中队200多人枪，奉命整编为广东人民抗日游击队东江纵队第七支队紫金独立大队。

1945年2月，中共后东特委在河源黄村召开干部会议后，梁威林、郑群到古竹，通过原第六大队常备大队队长陈果，筹集了

2支手枪、10多支步枪，挑选原第六大队的武装骨干分子和地下党员10多人，成立了抗日武工队。后来，该抗日武工队扩编为70多人的紫河人民抗日自卫大队，由陈果任大队长。与此同时，中共后东特委副特派员钟俊贤、宣传干事黄中强带领20多人的武工队到紫金中坝活动，在紫金、五华等地集中了80多名武装人员，成立了紫五人民抗日自卫大队，张华基任政委兼大队长。

6月，为集中力量打击日军，中共后东特委特派员梁威林写信通知黄中强到古竹蓼坑开会，研究抗日武装合并、整编和扩大武装力量等问题。会后，紫河人民抗日自卫大队和紫五人民抗日自卫大队合编，成立东江人民抗日武装自卫总队，代号为飞龙队，梁威林任政委，郑群任总队长，人数100多人。主要活动于古竹、义容、青溪、白溪、紫河边、紫五边、紫博边等地区，抗日锄奸，截击进犯日军，打击国民党顽军，进一步巩固和扩大了以古竹为中心的敌后抗日根据地。

二、抗击日寇入侵

1941年6月14日，日军10余架飞机侵入上义和好义地区，在杉树坳上空向惠紫公路两旁进行扫射，掩护30多名骑兵和400多名步兵从大岚入侵好义圩。原紫河特区（紫河特区委已于1934年解体）蓝塘区委书记吴群英召集农会干部练才、练汉明、练申姐、练林安等10多人，成立了敢死队，由练才负责指挥，采用晚上摸营和突然袭击的办法打击日军。当晚，敢死队队员配足弹药，从漳刚沥来到田心的小山坡上，距小古日军驻地大约800米处即开枪射击，日军兵营一片混乱，马上集合进行反扑。敢死队则悄悄退回竹园顶，绕过丛林，来到宫背湖，对日军兵营进行袭扰。日军人地生疏，因到处山高林密，害怕山上有埋伏，不敢出营，只在营房胡乱放枪壮胆，整晚惶恐不安。国民党独九旅一个连从蓝塘开到好义，并于次日与保长黄世蕃派出的10多名自卫队队员和6名敢死队队员一起来到马鞍寨，顺着丛林悄悄向山下岭推进。当时，有几架日军飞机在上空盘旋，10多名骑兵和步兵从棉坪出动到樟田、小古一带打家劫舍。这一小队日军进入田心塅时，独九旅的士兵和敢死队队员一齐开枪射击日军，带头的日军连人带马当场毙命，其余日军慌忙向小古逃命。

日军侵入好义的第二天，吴群英、练才和敢死队的全体队员在蜈蚣寨下山窝集中开会，决定继续打击入侵日军。入夜，敢死队队员分为3个作战小组，分别由大夫头、坳背塘、大窝子登山，按约定时间，分别对准棉坪、观路下和横岗岭的日本侵略军发起猛烈射击。日军摸不清情况，不敢出营，整晚困守营房。吴群英、练才率领的敢死队和其他抗日力量一起趁机摸到日军营房，一阵猛烈火力，把日军打得丢盔弃甲。16日，日军被迫从好义向惠阳大岚、横沥方向撤退。

1941年冬，日军一个步兵排从海丰入侵紫金炮子和南岭等地。当地群众用鲑珠枪开火，满地开花；百子炮用铁链作炮弹，喷出一条条火龙，日军弄不清是什么武器，晕头转向，又害怕在高山密林之中陷入绝境，忙星夜逃窜。

1945年6月中旬，紫河人民抗日自卫大队隐蔽在古竹水东大岭窝山上，扼守东江，截击日军运输船，缴获了日军橡皮艇一艘，枪支、弹药和物资一大批。一天，日军在秀南村骚扰百姓，紫河人民抗日自卫大队立即迂回过去，当赶到一个小山头时，望见一群日军正如狼似虎地抓鸡打狗，有的进入民房搜刮民财，自卫大队立即包围过去。日军察觉后，慌忙钻进一间楼阁，紧闩大门。自卫大队立即发起攻击，日军不停地用机枪扫射，负隅顽抗。自卫大队在没有攻坚武器的情况下，当机立断，组织爆破，把炸药和手榴弹捆起来，在火力掩护下，匍匐前进，逼近墙根。

顷刻间，"轰隆"一声巨响，3层楼阁瞬间倒塌，血肉横飞。12个日军，5个被炸死，7个受伤。这样，只花了30分钟，全歼日军1个班，缴获机枪2挺、冲锋枪4支、步枪7支、手雷40多颗。这是紫河人民抗日自卫大队直接对日作战取得的胜利，打破了日军企图占据古竹进而侵占紫金县城的美梦。

紫河人民抗日自卫大队在日寇进犯河源期间，联合友军，不断出击，且在战斗中不断发展壮大，为抗日战争的胜利作出了应有的贡献。

第四章

为解放紫金而奋斗

第一节 东江纵队挺进海陆惠紫五

一、东江纵队东进部队转战紫金

抗日战争结束后，国民党反动派在美帝国主义的支持和帮助下，把中国人民推到内战的深渊。希望和平、盼望和平、渴望和平的紫金人民和全国人民一道投入到争取和平民主、反对内战独裁的革命浪潮之中。

由于东江地区是广东人民抗日武装主力东江纵队开展游击战争的根据地，因而国民党广东当局将东江解放区作为军事进攻的重点，投入大量兵力，妄图一举摧毁广东党组织的力量，歼灭东江纵队，以实现其完全控制广东的战略目的。抗日战争结束后，国民党广东当局调集了4个军8个师的兵力占据东江南北两岸及其周边地区，完全形成了对东江抗日根据地的包围态势。

1945年9月10日与19日，中共中央致电广东区党委，对广东人民武装斗争的方针作出重要指示。

为了贯彻中共中央的指示，广东区党委决定将全区分为粤北、江南（东江以南）、江北（东江以北）和海（丰）陆（丰）惠（阳）紫（金）五（华）四个地区，在建立中共江南地委、江北地委、海陆惠紫五地委和后东地委（实际仍称特委）的同时，建立粤北、江北、江南、东进（即海陆惠紫五）指挥部。（东江纵队从江南指挥部抽调一部分主力东进，东进指挥部于1945年

9月16日成立。）东进指挥部由卢伟良任指挥员，张持平任政治委员，黄布任参谋长，李征任政治部主任，下辖第六支队、第四团、第五团、独立第六大队，活动于海丰、陆丰、惠阳、紫金、五华、河源等县。

11月初，由司令员曾生主持，东进指挥部在惠阳平海镇召开团以上干部会议，作出分兵作战的部署：由卢伟良、李征率领东进先遣队挺进海（丰）陆（丰）惠（阳）紫（金）五（华）边，开辟新区，扩大回旋余地；由张持平、黄布率领第五团第一营和第三营、第四团第三营保卫稔平丰岛。

为了进一步分散兵力和便于指挥，江南指挥部根据曾生、尹林平的指示，由江南指挥部参谋长高健和政治部主任黄高阳组成以"热河"为代号的临时指挥部，率领第一支队一个大队、第七支队一个大队、港九大队独立中队和民运工作人员共1300多人，于1945年冬挺进东江河以东惠阳、紫金边活动。临时指挥部驻扎在紫金上义捲蓬村。

东进先遣队向东挺进中，于1945年12月上旬在惠阳、紫金边的佐坑一带多次打退国民党军一八六师的进攻，歼灭紫金县警察大队。12月下旬进至紫金、五华边的中坝地区，与中共后东特委（书记梁威林）取得联系。

1946年1月10日，东进先遣队得知国民党当局准备派重兵"围剿"中坝，部队当即决定以紫五大队为前锋，向黄村转移。途中遇到国民党教导团堵截，几经争夺，撤到半径村。国民党军穷追不舍，东进部队留一个排兵力牵制，其余撤往白云嶂。国民党军摆脱牵制后追至白云嶂，东进部队由张惠民带领100多名敢死队队员，分两路向国民党军反冲杀，指挥部命令炮兵开炮轰击国民党军指挥所，摧毁国民党军2个重机枪阵地后，随即发出了攻击令。顿时，国民党军被打得尸横遍野，被毙40多人，被伤80

多人，被俘20多人，只得狼狈逃窜。此役，缴获轻机枪3挺、步枪40多支，以及其他物资一大批。东进指挥部第四团副连长张思光等在战斗中牺牲。白云嶂战斗，是中共后东特委领导武装斗争以来遇到的最激烈的一次战斗。

1946年1月底，东进指挥部的两支部队在佐坑会合，然后转移到乌禽嶂、九和一带进行整编。第四团整编为4个连，第五团整编为1个独立营，由副团长赖祥任营长，罗哲明任政治委员，直接归指挥部领导。部队整编后再度分兵：卢伟良、张持平率领独立营和1个连及第六支队、独立第六大队，留在惠阳、紫金边的乌禽嶂、九和、蓝塘和东江河东岸的古竹以及海丰的北部，惠阳的多祝、高潭一带活动；黄布、李征率3个连继续东进，2月上旬到达紫金、五华边的中坝地区，派出1个连与后东特委武装合编，组建了紫五人民自卫大队。

东进指挥部再度分兵后，独立营在赖祥、罗哲明率领下经径口、高坑，翻越火甲嶂，向乌禽嶂挺进。1946年1月24日，独立营从乌禽嶂下山开进蓝塘。26日早上，独立营获悉国民党正规军和县警大队共1000多人已迫近蓝塘，赖祥立即带领3个连、1个机枪排共300多人埋伏在散山排。上午8时，国民党军进入埋伏圈，赖祥一声令下，山上的重、轻机枪一齐怒吼，国民党军仓皇应战。经过2个多小时的激烈战斗，国民党军被打得人仰马翻，纷纷退却。

2月2日（大年初一）早晨，国民党一五四师1个连、紫金县警大队和地方自卫队共500多人悄悄向独立营驻地寨头村进犯。独立营获得情报后，立即以连为单位冲到山上，占据有利地形。当国民党军队进入伏击圈后，独立营机枪排的重、轻机枪一齐开火，国民党军纷纷溃退。早饭后，国民党军再次进犯，独立营如猛虎下山，一阵猛冲猛打，又一次击退国民党军。午饭后，独立营主动出击，国民党军始料不及，全线溃逃。

抗日战争结束后到解放战争初期，面对国民党军的疯狂进攻，紫金地方人民武装在紫金地方党组织的领导下，配合东进部队给国民党军与地方反动武装以狠狠打击，彻底粉碎了国民党紫金当局妄图在短期内一举消灭紫金人民武装的阴谋，为以后开展武装斗争创造了条件。

二、紫金捲蓬人民踊跃支前

"热河"指挥部到达捲蓬后，捲蓬人民以最大的热情，支持东进部队的各项工作。

妇女会会长温凤带领广大妇女积极为部队运送粮食、蔬菜、柴草等物资，协助部队做好后勤供给工作。曾寿楷、曾学修父子打扮成商人，把在收税中缴获的一批贵重物品带到香港变卖，返回宝安、东莞购买了2万多发子弹，充实了部队弹药。曾遐龄从捲蓬枪械修造厂仓库提出步枪50支，在塘角村建立一个地方武装大队，参与司令部、军需处、供给仓库、交通情报站的安全保卫工作。

"热河"指挥部1300多人在上义捲蓬驻扎9个月，每月需要粮食260多担，筹粮成为后勤工作中的重中之重。曾遐龄在古田办起了"东江小南泥湾"生产基地（有数千亩牧场、400多亩耕地、80多头耕牛），生产粮食，解决军粮。曾学修发动捲蓬曾姓族老拿出征尝谷500多担、子弹4000多发，并拿出现金到外地买回300多担粮食、子弹3000多发，还以修祠堂为名把部分征尝田卖掉，换回粮食70多担，筹集现金35万元支持部队。此外，捲蓬的曾繁、曾寿楷、曾汉真、曾五，好义文斗坑的钟东祥，积良村的练才、练汉明等一大批积极群众，千方百计到外地筹集粮食，帮助部队搞好供给。

人民武装在反"进剿"斗争中发展壮大

一、紫金地方人民武装的建立

1946年6月30日，东江纵队北撤山东烟台。面临新的形势，广东区党委根据中共中央的指示精神，一方面，制定"长期打算，分散隐蔽，积蓄力量，以待时机"的斗争方针，各地党组织再次由委员制改为特派员制，停止组织活动，党员分散隐蔽，保持单线联系；另一方面，在各地留下部分骨干坚持自卫斗争，保护复员人员和人民群众的生命财产安全。在后东地区，撤销中共后东特委，以钟俊贤为特派员，领导后东地区党的工作。同时留下20多名武装人员，由周立群、张惠民带领活动于河源、紫金、五华县边境。

1946年6月26日，国民党彻底撕开了假和平的面纱，以进攻中原解放区为起点，悍然发动了全面内战。7月20日，中共中央发出《以自卫战争粉碎蒋介石的进攻》的紧急指示，指出："只有在自卫战争中彻底粉碎蒋介石的进攻之后，中国人民才能恢复和平。"11月27日，根据中共中央的指示和广东斗争形势的实际，广东区党委作出了"恢复武装斗争"的决定，号召各地党组织领导留下坚持斗争的武装人员，重新拿起武器，立即开展打击地方反动势力、保护人民群众利益、发展和壮大武装队伍的斗争。

1947年2月，广东区党委决定撤销后东特委、九连临工委，成立中共九连地方工作委员会，由严尚民、魏南金、钟俊贤、吴毅等人组成，以严尚民为书记。4月，中共江南地方工作委员会成立，由蓝造、祁烽、刘宣等组成，蓝造任书记，祁烽任副书记。为更有利于开展武装斗争，紫金的古竹、义容、青溪、石公神、柏埔、黄塘、紫城、附城、乌石、中坝、敬梓等地划归九连工委领导，上义、好义、凤安、蓝塘、九和、龙窝，炮子、南岭等地归江南工委领导。

1947年2月，高固奉尹林平之命返回惠紫边区建立武装队伍。高固旋即从香港回到惠紫边区，与当地的胡施、黄友等人取得联系后，传达了尹林平关于"华南各地要迅速恢复武装斗争，扰乱敌区，牵制敌人，配合野战斗争，消灭蒋匪帮，解放全中国"的指示。随后海陆惠紫人民自卫大队成立，高固任大队长，胡施任政治委员。不久，海陆惠紫人民自卫大队改为惠紫人民自卫大队，隶属江南工委领导。惠紫人民自卫大队一成立，分散在各地活动的地方党同志、隐蔽在丛林深谷中的游击队战士，欣闻喜讯，纷纷赶到部队报到。

根据江南工委的指示，惠紫人民自卫大队派出温平、薛水平、丘元等人到上义、好义和古竹等地，联络东纵北撤时留下的同志归队。经过多方努力，队伍迅速集结到40多人，编为武装小队、短枪队、油印组和卫生队。同时，惠紫人民自卫大队派钟声等人到上义、好义一带组建了"扫北队"。1947年5月至12月，惠紫人民自卫大队就先后建立了以钟声为中队长的扫北中队、以黄发任中队长的好义义勇中队、以张化任中队长的凤安中队等10个中队。

1947年3月，九连工委任命黎克为紫金武工队队长，带领李良、李花白返回紫金开展武装斗争。黎克等回到紫金古竹榕树下，与紫金地下党负责人范佛榴取得了联系。范佛榴即派刘华到河源黄泥金召回东纵北撤时留下的10名战士。此后，紫金武工队在紫金党组织的领导下，不断发展壮大。6月，紫金武工队在义容汀村扩建为紫金人民抗征大队，黎克任大队长，李良、李花白任副大队长。

此外，1947年10月，惠紫蓝塘人民自卫大队在石塘正式成立，张革任大队长，黎霜任政治委员，隶属惠紫人民自卫大队。在之后的1个多月里，队伍迅速发展到40多人。1947年11月，紫五人民抗征大队在白溪小坡村成立，温敬尧任大队长，程佩舟任副大队长，唐克任政治委员，隶属东江人民抗征总队；同月，紫河人民抗征大队成立，李奇任大队长，钟忠任政治委员，隶属东江人民抗征总队，活动在河源、古竹、义容、青溪、柏埔、临江一带；同月，紫南中队在蓝塘石城（今建联）正式成立，潘强任中队长，战士100多人，隶属紫金人民抗征大队。

从恢复武装斗争以来，紫金地方人民武装队伍迅速壮大，在开辟新区、打击国民党反动军队和地方反动势力、反抗"三征"、破仓分粮、建立和扩大革命根据地各方面作出重要贡献，为以后粉碎国民党军队大规模的"清剿"创造了有利条件。

二、如火如荼的武装斗争

全面内战爆发后，紫金地方人民武装积极开展武装斗争，为打击地方反动势力，牵制国民党的军事力量，支援广东其他地方的解放战争，促进革命高潮的到来，结束国民党在紫金的黑暗统治，创造了必备的条件。

1947年4月，为了迅速打开局面，紫金武工队决定以活捉古竹乡乡长曾昌为锄奸的开端。一天，武工队派出李花白、黄发埋伏在古竹圩至蓼坑的路上，用突然袭击的办法活捉了曾昌（后逃走）。曾昌被捉的消息传开后，古竹人民群众无不拍手称快，而国民党乡、保长和反动地主却胆战心惊，都说共军又回来了。地下党员、古竹警察所所长赖德彰乘机假报军情，说古竹有300多名共军活动，反动势力更加惶惶不可终日。6月，紫金武工队决定除掉上窑姓杨的反动保长，以扫除武工队与黄村总部联系线上的障碍。一天晚上，下着倾盆大雨，武工队的突击队员借着闪电的光，摸到杨保长房屋下，挖墙潜入，缴获步枪2支、粮食近10担、其他物资一批。接着，武工队转战古竹，在古竹街上击毙了国民党的一个仓管员，又趁圩日化装成赴圩农民，冲进奸商廖生华的店铺，没收其布匹货物，将廖生华押至黄村发落。

紫金上义大地主张源和家族是惠紫边区的封建堡垒，张源和的反动武装处处设卡，严重阻碍江南和江北、九连地区的交通联络。紫金人民抗征大队、惠紫人民自卫大队扫北队、江北地区陈江天大队决定联合攻打张源和武装，拔掉这个封建堡垒，使各块根据地连成一片。1947年7月22日，三支部队共400多人在紫金好义文斗坑集结待命。28日，各参战部队向张源和的反动堡垒发起攻击，并很快攻破了张源和的反动堡垒，活捉了反动头子张仲才、张治桓、张华记等8人，缴获步枪100多支、手枪数十支、手提机枪2挺和其他物资一大批。此战扫除了惠紫河边最大的反动势力，打通了九连河东区与江南惠紫区及江北地区的联系，为三区部队配合作战扫除了障碍。

蓝塘李郊田的钟景良是一个极端反动的保长，民愤极大。1947年11月1日晚上，蓝塘人民自卫大队大队长张革带领12名队员悄悄进入李郊田，包围了钟景良的住所，用大木头撞开大门，扑进钟景良家，但狡猾的钟景良恰在入夜时偷偷外出投宿侥幸逃脱。此次战斗虽未能活捉钟景良，但狠狠打击了地主的嚣张气焰，并缴获了1支步枪、50多发子弹以及其他物资一批。

　　龙窝警察所是维护国民党统治的一个顽固堡垒，警察平时作恶多端，民愤极大。为平民愤，紫五人民抗征大队决定端掉龙窝警察所。1947年11月的一天晚上，风雨交加，抗征大队的程健、沈碧祥、黄诏等率部从中坝起程，午夜赶到龙窝，在农民罗造祥引路下包围了警察所，同时把通往县城和各乡的电话线剪断，用机枪封锁住警察所通往圩内的通道。攻击开始后，枪声、冲杀声把警察所的官兵从梦中惊醒，巡官黄汝强在慌乱中下令开枪抵抗。枪声稍停，抗征大队立即喊话进行政治攻势，引起警察所内一阵骚动。当天才由县城回来的财政科科长黄汝保，却自恃房屋坚固，试图负隅顽抗，一边给警察打气，一边拔出手枪，指挥警察开枪抵抗。一阵猛烈射击后，抗征大队佯装撤退，只在两侧用零星火力还击，黄汝保自以为抗征大队已被打退，于是往窗前张望，不料抗征大队机枪手对准窗口一阵扫射，黄汝保当场被打至重伤，倒在地上不能动弹。抗征大队地雷班战士乘机一冲而上，用地雷把墙壁炸开一米多高的口子，随即将一颗手榴弹投了进去，紧接着突击队员从缺口冲进警察所大厅，警察所官兵只好束手就擒。这一仗俘敌20余人，缴获长枪14支、驳壳枪4支、左轮枪1支、子弹2000多发、其他物资一大批。这一奇袭的胜利，大振抗征大队军威，人民群众深受鼓舞，《燎原报》刊出特号，详尽报道了"紫五人民抗征大队一炮打开紫金南天门——龙窝警察所"的情况。

　　为了打击反动地主武装，惠紫人民自卫大队决定拔掉由南山、布心塘、茜坑、下陂、大园田等地反动地主武装联合在留塘组建的反动自卫大队这颗"钉子"。1947年12月4日晚上，风雨交加，寒气逼人，张革率领徐汉民、谢尺等11名队员，神不知鬼不觉地摸到反动自卫大队的驻地——龙头乡公所。随着"轰隆"一声巨响，乡公所大门被炸得粉碎，正在熟睡的反动自卫大队队员被惊醒后，面对一个个枪口，只好束手就擒。这次袭击，只用了10来分钟，俘虏了反动自卫大队队长陈汉文等20多人，缴获长枪18支、子弹1000多发。与此同时，胡施率领扫北队、上好义农军等共200多人，攻打南山地主蓝步陶武装，缴获长枪6支，开仓放粮给贫苦农民，解决了南山大村、布心塘、李郊田、上义、好义等地群众无米过年的困难。

紫金党组织领导紫金地方人民武装，从乡村到城镇，从山上到山下，广泛开展武装斗争，沉重打击反动地方武装势力，并在斗争中不断壮大自己，不断摧毁国民党乡、村反动政权，把紫金人民武装斗争推进到一个新的发展阶段，为迎接解放大军南下，解放紫金全境，奠定了坚实的基础。

第三节 紫金解放战争的伟大胜利

一、紫金人民政府浴火重生

1949年春，遵照上级的指示，紫金地方党组织和人民武装配合粤赣湘边纵队东江第一支队和第二支队，不断摧毁国民党乡、村反动政权，在广大乡村开始建立人民政权。1月，古竹镇人民政府成立，王兆恩任镇长；白溪乡人民政府成立，陈挺珍任乡长。3月，紫五人民抗征大队解放中坝，成立了中山乡人民政府，张国权任乡长；接着，中敬乡人民政府成立，黄朋任乡长。5月，罗汝澄率领东江第一支队七团解放蓝塘，随后成立了蓝塘镇人民政府，甘焕勋任镇长；同月成立的人民政府还有：下黄沙乡人民政府，李一鸣任乡长；龙璜乡人民政府，李翰池任乡长；慎洋乡人民政府，钟德良任乡长；黄子乡人民政府，黄益平任乡长；水墩乡人民政府，彭纯基任乡长；庄田乡人民政府，刘光史任乡长；秋溪乡人民政府，刘幌任乡长；上义乡人民政府，张立任乡长。

乡镇人民政权的建立，为迎接全县解放，建立完全代表广大人民群众利益的县人民政府做好了准备。

1949年5月中旬，粤赣湘边纵队司令员兼政委尹林平率领纵队主力第一团、第三团和独立营共1000多人横扫五华、陆丰国民党残余势力后，转战紫金龙窝，击溃驻龙窝的国民党军一个营，然后挥兵包围紫金县城，指挥部设在乌石荷树湾福音堂。18日凌晨3时，边纵第一团进入紫金县城东面象形山至九田以及北面的状元峰一带，第三团进入西公路秋江河沿岸安良圩教堂一带，独立营进入紫金县城南面沙子坝及黄牛挨磨一带，司令部警卫连进入紫金山带角坑一带，准备解放紫金县城。凌晨5时，边纵司令部发出攻城命令，睡梦中惊醒的国民党守军仓皇应战。

5月19日上午11时30分，边纵各部采取分进合击，反复穿梭的战术向守军各据点发动全面总攻，守军在匆忙应战后开始溃退。20日拂晓，边纵第一团一营从县城东北面发动攻势，并迅速攻破守军防线，冲进了师范学校；第一团二营向紫金城西南方向进击，逼近南门，占领了南门桥。天黑后，战士们抱着20多斤的炸药，炸毁守军碉堡，守军全线溃退。至此，城外东南两翼被斩断，外围据点被彻底攻垮，通往城内的缺口被打开，包围圈不断缩小，守军已成为瓮中之鳖。

国民党紫金县县长彭锐当接到"援军受阻"的来电后，深感大势已去，无可奈何地同意联防大队大队长刘容等人的和谈主张，于22日凌晨6时，派刘容等人启程去荷树湾福音堂，同边纵司令员尹林平谈判，并在协定书上签字。是日，紫金县城获得解放。上午11时，边纵派出一个营进城开始整编国民党紫金县各部队，收缴其枪支弹药。下午1时30分，纵队主力部队浩浩荡荡相继入城。

1949年5月25日，中共紫金县委员会和紫金县人民政府宣告成立。县委由叶锋任书记，潘祖岳任副书记，黎孟持、叶茵任委员；县人民政府由潘祖岳任县长，黎孟持、温敬尧任副县长。同时，由左洪涛起草了以县长潘祖岳署名的《告全县人民书》，任命了紫金县人民政府各部门的负责人。紫金县人民政府浴火重生了。同月，金城镇人民政府成立，钟灵任镇长。6月，好义乡人民政府成立，黄国强任乡长。6月20日南岭解放后，成立了紫金人民政府南岭办事处，陈杰任办事处主任。至此，紫金全境解放。

二、掀开紫金历史新篇章

1949年6月28日，由国民党广东省政府主席薛岳任命的国民党紫金县代理县长黄尚达带领国民党军一九六师从惠阳进犯紫金。7月11日，中共紫金县委、紫金县人民政府和直属单位工作人员以及地方人民武装主动撤出紫金县城，转移到中坝良庄荷树下谦德楼驻扎，边纵政治部直属政工队与文工团则向乌石士贵转移，出师兴宁、五华的边纵第四支队奉命回师紫金。

7月12日，国民党军一九六师占领紫金县城，黄尚达登上"县长"宝座后，烧杀掳掠，无恶不作，并肆无忌惮地残杀革命干部苏丹、谢剧、李文芳、许运湘等人。

28日凌晨5时，全副美式装备的国民党一九六师勾结中坝地头蛇张角耀，分三路"进剿"中坝。9时30分，一九六师占领发昌背后的社官寨顶至字纸姑地、黄泥寨高地后，用机枪、六〇炮、八二炮向良庄荷树下谦德楼后面的洋塞岗背河坑仔前后左右扫射、轰炸，紫金警卫连连长张志雄即组织轻机枪还击。10时30分，前来增援的粤赣湘边纵队第四支队政委郑群、司令员曾天节紧急制订作战计划，部署作战任务，命令各团营以最快速度赶至中坝良庄荷树下摆好战斗阵势。11时整，一九六师300余人从良庄荷树下谦德楼屋背山顶向警卫连阵地冲锋，警卫连边打边退，诱敌进入杨屋背河坑仔，埋伏在榕树下屋背一带山地的边纵第四支队当即用轻、重机枪集中火力扫射，一团和二团从两侧包抄，三团从正面压制，再从一九六师尾部夹攻，使一九六师腹背受敌，动弹不得。下午2时，司令员曾天节下令向一九六师发起总攻，支队指战员、县警卫连及中坝民兵猛打猛攻，打得一九六师丢盔弃甲、狼狈逃命。至晚上7时30分，一九六师残敌全部退出中坝地区，逃回紫金县城。

8月3日凌晨，国民党一九六师一个美式装备机枪连和一个炮兵排气势汹汹地"进剿"石坑。曾天节根据可靠情报，预先命令石坑民兵、文工团等组织群众疏散，边纵第四支队三团兵分三路秘密进驻石坑，并迅速控制了村子的北面、南面及石坑村府背面的高山据点。上午8时，敌人进入伏击圈时，居高临下的边纵第四支队三团和石坑民兵即时开火。经过3小时的激烈战斗，来犯之敌被击溃。石坑战斗沉重打击了一九六师的嚣张气焰，遂于8月4日晚上12时从紫金县城撤退，向河源方向逃窜至黄塘，又想把黄塘作为据点，等待时机反扑紫金县城。

8月6日凌晨，边纵第四支队及紫金地方人民武装进驻紫金县城，紫金县城重获解放。7日，为彻底歼灭一九六师残部，曾天节指挥边纵第四支队追击一九六师至黄塘，经三天三夜的艰苦战斗，迫使一九六师如丧家之犬向河源逃窜，取得了黄塘追击战的胜利。

从1945年至1949年，经历了4年时间，紫金地方人民武装在中国共产党的领导下，在解放大军的帮助下，从小到大，从弱到强，几经艰难险阻，经受住了战火的洗礼和考验，终于推翻了国民党的反动统治，取得了紫金解放战争的伟大胜利，掀开了紫金历史的新篇章。

紫金县地方党组织领导紫金人民在新民主主义革命的征程中历经危难，百折不挠，前仆后继，战斗不息，为了革命的胜利，付出了巨大的代价，作出了重大的牺牲。据不完全统计，紫金地区在新民主主义革命时期为革命而牺牲的革命干部和群众达25000多人，全家惨遭杀绝的有820多户，被烧毁房屋35000多间。烈士们用他们的鲜血染红了紫金大地，用生命铸成了紫金革命胜利的丰碑。他们的丰功伟绩与日月同辉，他们的革命精神与山河共存。

第五章

社会主义革命和建设时期

人民民主政权的建立和巩固

一、中共紫金县委和各级基层党组织的建立

（一）中共紫金县委员会的成立

1949年5月22日，中国人民解放军粤赣湘边纵队和紫金地方部队解放了紫金县城；6月20日，紫金最后的反动据点——南岭被攻克，紫金全境解放；7月12日，国民党军一九六师残部占领金城镇（今紫城镇），8月6日，金城镇重获解放。紫金历史从此掀开了新的篇章。

1949年5月25日，成立新的中共紫金县委员会，由粤赣湘边区党委指派叶锋任县委书记，潘祖岳任副书记兼县长，黎孟持、叶茵任委员，隶属中共江南地委领导。至1956年6月，叶锋、潘祖岳、张日和、王惠远、高毅如、栗恩仲、谢梅天、董自珩先后担任县委书记。

1949年10月，县委工作机关只有县委组织部，县委宣传工作仍由粤赣湘边纵队第一支队七团政治部宣传股负责。1950年1月，设立县委宣传部。5月，增设县委秘书。是年冬，设立县委纪律检查委员会，业务工作由县委组织部兼管。1954年7月，设立县委工业部，9月设立县委农村互助合作部。1956年3月，县委纪律检查委员会改称中共紫金县监察委员会。同月，创办《紫金农民报》，后改为《紫金大众报》。4月，设立县委财贸部。

6月，设立县委秘书室。7月，设立县委统战部（与县委宣传部合署办公）。12月，设立县委党训班。是年，设立县委政法委员会。

（二）基层党组织的建立

1949年5月，紫金县解放后，全县划分为4个区、28个乡（镇）。附城区辖6乡（镇），区工委驻地县城；蓝塘区辖6乡（镇），区工委驻地蓝塘；古柏区辖10乡（镇），区工委驻地古竹；龙窝区辖6乡（镇），区工委驻地龙窝。

1950年5月，全县改设5个区、27个乡、4个镇，辖行政村346个。第一区辖8乡（镇），区委驻地金城镇；第二区辖7乡（镇），区委驻地蓝塘；第三区辖3乡（镇），区委驻地古竹；第四区辖6乡，区委驻地柏埔；第五区辖7乡（镇），区委驻地龙窝。

1952年5月，实行新编区体制，全县设11个区，辖166个乡、4个镇。第一区辖21乡（镇），区委驻地县城；第二区辖13乡，区委驻地中坝；第三区辖22乡（镇），区委驻地龙窝；第四区辖8乡，区委驻地炮子；第五区辖18乡，区委驻地九和；第六区辖23乡（镇），区委驻地蓝塘；第七区辖11乡，区委驻地好义；第八区辖14乡（镇），区委驻地古竹；第九区辖14乡，区委驻地义容；第十区辖13乡，区委驻地柏埔；第十一区辖13乡，区委驻地黄塘。区党委是县委的派出机构，领导班子成员由县委委派。

（三）第一次党员代表会议和第一次党代表大会的召开

1951年2月26日至3月9日，紫金县第一次党员代表会议在金城镇召开，出席代表109人。会议听取了县委书记潘祖岳作的工作报告，总结讨论了紫金解放以后，在各级政权建立、清匪反霸及党的建设等方面的工作情况，指出党内存在上下脱节、纪律松弛、立场不稳、脱离群众等行为及功臣主义思想的问题，以及这些问题给工作带来的阻碍，要求要从上而下地开展批评和自我批评。提出今后要加强党的建设，整顿党内思想和作风，健全支部会议，充实支部生活，密切联系群众，深入开展支援抗美援朝、镇反、清匪反霸斗争和土地改革运动。选举产生以张日和为书记的新一届县委领导班子。

1956年6月9日至14日，紫金县第一次党代表大会在县城召开。出席代表268人，代表全县2748名党员。大会听取和审议了县委范佛榴、张树芳、葛泽勋分别作的《1956年工作检查》《1956年的任务（草案）》《紫金县七年农业建设规划（草案）》和县监委工作报告，并通过了大会决议。会议认为，紫金解放后，党组织经过几年的积极建设和各项工作的锻炼，党员党悟有了很大提高，为首届党代会的召开创造了组织上和思想上的必要条件。1955年以后，通过贯彻党在社会主义过渡时期的总路线，农业合作化运动有了巨大的发展，农业生产有了显著提高，国营经济不断壮大，各项事业得到相应的发展，社会主义因素在日益增长。提出了进一步贯彻落实党的总路线，提高全党的政治积极性，动员和组织全县人民开展以互助合作为中心，以农业生产为重点，全面进行技术改革的爱国增产竞赛活动，加速完成农业、手工业和资本主义工商业的社会主义改造，争取提前超额完成第一个五年计划的任务。大会选举产生了中共紫金县第一届委员会和中共紫金县监察委员会，还选举了出席省党代会的5名正式代表和1名候补代表。

二、县各界人民代表会议与县人民代表大会的召开

（一）县各界人民代表会议

随着人民解放战争不断取得胜利和其他各项革命建设事业的迅猛发展，党和人民政府迫切需要建立一种密切联系各界人民群

众的组织形式，以广泛听取群众意见，组织群众参政议政，体现人民当家做主的权利，而当时紫金刚刚解放不久，一时又不具备召开普选的人民大会的条件，在这种情况下，各界人民代表会议就成为当时充分体现人民民主权利和政府联系群众、依靠群众办事的一种比较好的组织形式。

紫金县各界人民代表会议第一届第一次会议于1950年4月25日至30日在县城举行。这是全省范围内较早召开的县级各界人民代表会议。①出席会议的代表205名。会议听取县农协主席何奇作的《时事报告》、县长潘祖岳作的政府《施政报告》。大会通过生产度荒、完成征粮、推销公债、肃清匪特、巩固政权、解放妇女和加强文化教育等决议案。大会成立紫金县各界人民代表会议常务委员会及生产度荒委员会。大会选举产生常委会主席潘祖岳、副主席黎孟持。会议向毛泽东主席和解放海南岛的人民解放军分别发出贺电，还向全县同胞发出公开信。

至1953年1月，紫金县各界人民代表会议还先后召开了第一届第二次会议（1950年7月27日至31日）、第二届第一次会议（1951年10月14日至19日）、第三届第一次会议（1952年2月1日至3日）和第四届第一次会议（1953年1月9日至11日）。

紫金县各界人民代表会议具有较广泛的代表性。会议代表按照1949年12月2日中央人民政府委员会第四次会议通过的《县各界人民代表会议组织通则》的规定，由县人民政府决定参加的单位与名额，通过群众组织、民主党派及社会知名人士民主协商产生。农民代表由乡农民大会推选，政权代表由正副县长、秘书、各科（局）长、县人民法院院长、各乡长担任，共产党、各民主

---

① 《中国共产党广东历史》第二卷（1949—1978），中共党史出版社2014年版，第264页。

党派、人民团体、解放军代表自行选派，其他方面代表由县人民政府邀请。除第一届第一次会议代表未经资格审查外，以后各届各次会议代表都经会议代表资格审查委员会审查后生效。

各界人民代表会议的召开，对于唤起人民群众关心国家大事，对于党的方针、政策的落实，对于政府做好各项工作起了重要的保证作用。通过召开人民代表会议，使参加会议的代表们认识到自己的职责，促进了政府各项工作的开展。紫金县各界人民代表会议第一届第一次会议召开后，由于发挥了人民代表的作用，促进了公粮、公债、税收任务的完成。当时，紫金县是全省超额完成公粮征购任务的几个先进县之一。[①]

（二）县第一届人民代表大会第一次会议

紫金县第一届人民代表大会代表的选举工作于1954年3月至5月开展。这次选举与中华人民共和国成立后第一次人口普查结合进行。全县选民登记169477人，参加选举151927人，参选率89.6%；剥夺选举权利4102人，停止行使和无法行使权利18人；选出乡（镇）一级人民代表3469人，其中女代表655人。各乡（镇）人民代表大会选出县级人民代表250人，其中女代表43人。

1954年6月23日至28日，紫金县第一届人民代表大会第一次会议在县城举行。出席大会的代表244人。大会审议了副县长侯书元作的《紫金县人民政府工作报告》，听取了中共紫金县委副书记高毅如作的《紫金县1954年的工作方针和任务》的报告和传达学习《中华人民共和国宪法（草案）》的报告。大会决议，为实现国家在过渡时期的总路线、总任务，开展以互助合作为中

---

① 《中国共产党广东历史》第二卷（1949—1978），中共党史出版社2014年版，第266页。

心，以农业生产为重点的全面增产节约运动。大会收到提案1587件，经整理归并为209宗。大会选举出席广东省第一届人民代表大会代表侯书元、赖望能、叶莲、蓝金连、廖钺。

三、各级政权组织与人民团体的建立

（一）县人民政府及各级基层政权组织的建立

1949年5月25日，紫金县人民政府成立。县长潘祖岳，副县长黎孟持、温敬尧。内设秘书室、民政科、财粮科、文教科、保卫科（同年9月改称公安局），及邮政局、电话管理所。1950年5月，成立县人民法院。1955年3月，成立县人民检察院。5月，召开县第一届人民代表大会第二次会议，成立县人民委员会，选举范佛榴为县长，杨道泗、梁金波为副县长。

从紫金解放至1950年4月，全县设28个乡（镇）人民政府，各乡（镇）设乡（镇）长1人，副乡（镇）长1～2人，文书、农协会长、民政委员、财粮委员、武装大队长（1950年初改为武装中队长）、妇联主任各1人。乡以下设村人民政府，设村长、农协会长、文书、民兵队长、妇联主任各1人。

1950年5月，全县划分5个区，31个乡（镇），346个村。各区设区公所，为县人民政府派出机关。设区长1人，副区长1～2人，文书、民政助理、财粮助理、生产助理、文教助理、妇联主任、武装中队长、会计、总务各1人。各乡建立乡（镇）人民政府，设乡（镇）长1人，副乡（镇）长1～2人，文书、民政委员、财粮委员、农协会长、民兵大队长、治保主任、妇联主任各1人。各村建立农民协会，代行村人民政府职权，设农协会长、文书、民兵队长、会计、治保主任、妇联主任各1人。

1952年5月，全县调整为11个区，170个乡（镇），各区公所增设统计员、交通员、武装助理员、总务各1人。乡（镇）人民

政府设乡（镇）长1人，副乡（镇）长2人，文书、农协会长、民政助理、财粮助理、治保主任、调解主任、民兵大队长、妇联主任各1人。

（二）人民团体的建立

1. 工会组织。

1950年6月，紫金县总工会筹备会员会成立，并在金城、蓝塘、龙窝、古竹等圩镇分别组建店员、手工业、搬运、铁锅等工会。至1951年，全县有职工2657人，基层工会42个，会员1529人。

1953年4月，紫金县总工会筹委会召开工人代表大会，选举筹委会领导成员。基层工会44个，会员1627人。

1954年7月20日至25日，紫金县第一次工会会员代表大会在县城召开，出席代表28人，列席代表3人。大会总结了三年来工会工作，交流工会工作经验，选举产生第一届工会联合会委员17人，张发为主席。

2. 农会组织。

1950年春，全县4个区和金城镇等24个乡（镇）分别召开农民代表大会，成立区、乡（镇）农协会，会员共有6万多人。

1950年4月6日至8日，在全县各乡村建立农民协会的基础上，召开紫金县第一届农民代表大会，到会代表179人。大会作出度春荒、保夏收、增加生产、改善生活的决议，动员广大会员组织变工队、互换队、帮耕队、包耕队，有计划地修堤筑坝、兴修水利等。同时，通过《紫金县农民协会暂行组织章程（草案）》，成立紫金县农民协会，选举县第一届农民协会执行委员，何奇为主席。

此后，1950年12月和1951年10月，先后召开紫金县第二、三届农民代表大会。1953年5月，县农民协会取消。

3．青年组织。

1949年元旦，中共中央颁布《关于建立中国新民主主义青年团的决定》。1950年5月，全县各区建立新民主主义青年团工作委员会。6月，中国新民主主义青年团紫金县工作委员会成立，郑沛和任书记。

1953年5月24日至25日，紫金县第一次团代会在县城召开。会议听取了县长刘绍光作的政治报告，审议团县工委书记张金山作的工作报告。会议号召全体团员团结广大青年，积极参加互助组，在生产建设中发挥作用。

4．妇女组织。

1950年5月，紫金县民主妇女联合会成立，徐凤任主任。同时成立中共紫金县妇女运动委员会，陈家碧任书记。

1953年10月，紫金县第一次妇女代表大会在县城召开。大会号召全县妇女积极发展生产支援社会主义建设，并发动广大妇女投身于抗美援朝、清匪反霸、土地改革、镇压反革命等各项政治运动，在社会主义革命和建设中发挥妇女"半边天"的作用。选举产生紫金县民主妇女联合会第一届委员会，主任徐凤，副主任陈家碧。

5．工商业联合会。

1950年冬，全县各圩镇12个商会由县商会及其所属组织接管。1952年8月，紫金县工商业联合会筹委会成立，主任委员王元。

1955年12月8日至13日，紫金县工商联第一届委员代表大会在县城召开，出席代表113人。大会总结了工商联筹委会成立以后的工作，提出今后的任务是大张旗鼓地宣传党的总路线，加强市场监督和管理工作，贯彻国家对私营工商业的社会主义改造。正式成立紫金县工商业联合会，选举产生了县工商业联合会执委

25人，主任委员李锦灵；选举产生了县工商业联合会监察委员会委员。

6．侨联组织。

1953年1月，紫金县成立归国华侨联谊会。同月，召开紫金县第一届归侨、侨眷代表大会。1955年，先后在古竹、义容、青溪、蓝塘、黄塘、苏区、龙窝、水墩、中坝等区（乡、镇）建立基层侨联组织，开展归侨、侨眷各项工作。

农业生产关系的变革

一、土地改革

中华人民共和国成立以前，紫金的土地制度是封建土地所有制，土地大多集中在地主阶级手里。据1950年统计，全县有农户52260户、耕地45.42万亩，每户平均耕地8.69亩，其中占总人口5%左右的地主占有30%左右的土地；广大农民饱受地主阶级的残酷剥削，一般要向地主缴纳相当于年产量40%～50%的地租，最高达60%，在灾歉之年，佃农无法按额交足，地主则可将欠额转为借贷，按高利计息；另还有种种额外负担。贫雇农和大多数中农终年辛勤劳动，却受尽封建地主的盘剥榨取，一年所得多用来缴交租粮，而自己却不得温饱，苦不堪言。

1950年6月，中央人民政府委员会通过由中国共产党提出的《中华人民共和国土地改革法（草案）》。《土地改革法》颁布后，政务院相继公布实施与之相配套的法规、政策。从1950年冬至1952年底，一场轰轰烈烈的土地改革运动在新解放区进行。

紫金县的土地改革从1951年1月开始，分为四个阶段：

第一阶段，宣传发动，组织阶级队伍。召开各种会议，大张旗鼓宣传《土地改革法》和《广东省土地改革实施办法》等，明确土改的目的、意义和基本做法。同时按照"依靠贫农、雇农，团结中农，中立富农，有步骤有分别地消灭封建剥削制度，发展农业生产"的土改总路线和总政策，进行访贫问苦，扎根串联，整顿基层组织，培训土改积极分子；充分发动群众，进行人口、土地、劳力、财产等调查登记，斗争恶霸和不法地主，镇压反革命。

第二阶段，划分阶级成分。按照政务院颁布的《关于划分农村阶级成分的决定》，依据中华人民共和国成立前三年土地占有、劳动或剥削"三把尺子"，采用自报、评议、"三榜定案"的方法，划分阶级，确定地主、富农、贫农、雇农等家庭成分。

第三阶段，没收征收。没收地主的土地、山林、房屋、大农具和其他封建财产（包括祖偿，寺庙的公田、山岭），征收富农的多余土地和房屋。

第四阶段，土地成果分配。对没收征收的房屋、粮食、耕牛、农具、家具等，按等级搭配优先分给贫苦农民，特别照顾雇农。土地则按人口统一分配。分配原则：以村为单位，在原耕基础上，按土地数量、质量及其位置远近，合理搭配，抽补调整；对地主也分给一份土地，使其成为自食其力的劳动者。全县有贫农、雇农和其他阶层劳动者共55908户、195380人，分得土地356556亩、房屋43707间、耕牛3611头、农具58107件，主要家具90980件，稻谷632.5万公斤。第四区的赤炮乡是革命老区，共没收34户地主、征收37户富农的土地共1788亩，全乡每人分得2亩；没收房屋15座、110间，分给58户贫雇农；没收耕牛58头，连同农、家具分给了170户农民。他们从1923年起在共产党领导下闹革命，几经失败，今天土地回了家，人民翻身做主人，欢天喜地庆胜利，庆功大会上写了一副对联"赤炮重光，昔日有仇今朝报；红旗招展，先烈英魂尽归来"。苏区人民都说，千年苦水今朝吐，翻身不忘党恩情。

1952年底，全县土改基本结束。1953年春，开展土改复查。在复查过程中，根据检查的问题进行补课：对成分错划的审核纠正，果实分配不合理的进行调整，组织不纯的进行整顿健全等。同年3月，土改复查结束后，依法确定土地、房产所有权，向农民颁发土地房产所有证。

经过土地改革，彻底废除了农村封建土地所有制，解除了对农民的封建剥削；锻炼、培养了大批干部，建立和健全了县、区、乡农民协会及基层政权，农民在政治上成为农村的主人，巩固了工农联盟和人民民主专政；解放了农村生产力，农民有了自己的土地，生产积极性大大提高。

二、农业合作化

提倡个体农民"组织起来"，走共同富裕的社会主义道路，这是党的一贯主张。土地改革完成后，党引导农民逐渐走上互助合作的道路。农业合作化运动经历了农业互助组、初级农业生产合作社和高级农业生产合作社三个阶段。

（一）农业互助组

1953年春，中共紫金县委根据中共中央《关于农业生产互助合作的决议（草案）》，首先在蓝塘区自然乡星光村试办了李光钦、赖望能互助组。根据试点经验，县委向全县发出通知，号召广大农民按自愿互利原则，开展多种形式的互助合作。据1954年5月统计，全县有互助组5996个，其中常年互助组930个，其余为临时互助组；参加农户占总户数的46.4%。互助组是农民在自愿互利、等价交换的基础上，进行共同劳动，其土地、耕牛、农具等仍属私人所有。临时互助组只在农忙季节自愿组合，进行以工换工的劳动互助；常年互助组，参加的农户、劳力比较固定，实行农副业常年互助合作，采取以工换工或记工计酬结算。

（二）初级农业生产合作社

1954年春，中共紫金县委首先在中坝中心乡和蓝塘自然乡试办初级农业生产合作社（以下简称"初级社"）。至年底，初级社发展到107个，入社农户5813户。初级社是以自然村为单位，在互助组的基础上合并扩展而成，农户的土地、耕牛、农具统一入股（所有权仍属社员个人），由社统一安排生产、劳动和分配；在分配上，按规定完成征购任务、上交粮及留足种子外，其余的收获产品和现金，以入股土地占30%～40%，劳动工分占60%～70%的比例分配；社员按劳力强弱、技术高低评工计分，以分计酬。社内设不脱产或半脱产正副主任、会计、出纳、记分等人员进行管理。1956年夏，全县初级社发展到1260个，入社农户62806户，占总农户数的97.6%。

（三）高级农业生产合作社

1955年冬，紫金县在蓝塘自然乡试办高级农业生产合作社（以下简称"高级社"）。1956年秋，全县掀起初级社并社转高级社热潮。至11月，全县高级社发展到375个。高级社是集体经济组织，山林、茶园、果树、耕牛、农具折价归社，为集体所有；取消土地分红，实行按劳分配。社内设脱产或半脱产正副主任、会计、出纳、记分、保管等人员。下设作业队（组），实行统一经营，分级管理。社对队、组采取"三包一奖四固定"（包工、包产、包成本，超产奖励，固定耕地、固耕牛、固农具、固劳力）办法进行经营管理。劳动收益在全年总收益中扣除当年生产费用、农业税、公积金和公益金后，其余按劳分配，多劳多得。对鳏、寡、孤、独无依无靠者，实行社内"五保"（保吃、保穿、保住、保医、保葬）照顾。1957年，全县高级社发展到445个，入社农户63761户，占总农户数的97.3%。

在农业合作化过程中，由于指导思想上受"左"的影响，急于求成，初级社转高级社时间短促，转得太快太急，工作比较粗糙，在工作中存在着如下问题：有的农业社管理不善，财务混乱，账目不公开，分配不合理，影响社员的积极性；有的脱产干部过多，加重社员负担；有的缺乏生产经营责任制，初级社转入高级社后，权力高度集中，各生产队在生产、财务、管理等方面没有妥善安排好，加上劳动定额管理不严，社员出勤不出力，生产效率低等。但农业合作化的完成，使农村土地由农民个体所有转变为合作社集体所有，解决了土地公有的问题，有利于对土地利用的合理规划、进行农田水利基本建设，改善农业生产条件。广大农村普遍建立起劳动群众集体所有制经济，奠定了中国农村社会主义建设的制度基础，开启了农村社会主义建设的新的历史时期。据统计，从1953年至1957年，全县粮食总产量由77488.5吨增加到102723.5吨，增长了32.57%；粮食亩产从89.2公斤增加到113.6公斤，增长27.35%；水稻总产量由69822.7吨增加到92000吨，增长31.76%；水稻亩产从92.6公斤增加到124.3公斤，增长34.23%；农业总产值由3420万元增加到5065万元，增长48.1%。

三、人民公社化

1958年10月至12月，根据中共中央《关于在农村建立人民公社问题的决议》精神，紫金县撤销区、乡建制，全县成立12个人民公社，实现了人民公社化。人民公社实行"政社合一"，工农商学兵"五位一体"，社内一切山林、土地、耕牛、农具等生产资料归公社集体所有，农林牧副渔统一经营；一切实行"三化"（组织军事化、劳动战斗化、生活集体化）、"六集中"（土地、耕牛、农具、劳力、产品、分配集中）；取消自留地，队队办食堂，实行供给制。同时，浮夸虚报成风，放所谓亩产万斤粮的"高产卫星"。如柏埔公社圩头生产队1958年晚造搞"卫星田",集中300多个劳力,将1亩水稻田深挖1米,施足土杂肥、人粪尿平整后,把30多亩禾苗移植此田,以期实现亩产"万斤稻"。岂料事与愿违,颗粒无收。1959年和1960年,全县粮食产量比1957年分别减少1.89万吨和2.21万吨。由于口粮不足,糠菜替粮,大量社员体质下降,患上水肿病,甚至因此死亡,影响生产。

1960年冬,开展整风整社,纠正"一平二调""共产风",取消公共食堂,赔退平调的钱物,调整公社规模。1961年4月,由原来12个公社、197个大队、2372个生产队,调整为27个公社和1个农场(古竹槎岭),下设428个大队、6153个生产队(1963年3月,又调整为17个公社、223个大队、6121个生产队)。实行体制下放,公社、大队、生产队三级所有,以生产队为基本核算单位。生产队设正副队长、会计、出纳、记分、保管等人员,由队统一安排生产、劳动、收益、分配,恢复评工记分、按劳分配的方法。后又因地制宜贯彻农业"八字宪法",推广先进技术,农业生产迅速恢复和发展。1965年,全县粮食总产达11.63万吨,比1957年增长13.22%,其中水稻增长16.74%。此后,在长达10年的"文化大革命"期间,由于受"左"的影响,片面开展农业学大寨运动,狠抓"阶级斗争",过分强调"以粮为纲",大搞单一生产,限制发展多种经营,不准搞家庭副业;社员出勤推行"大寨式的政治评分",严重挫伤群众的生产积极性,社员出工"一窝蜂",工效低下,农业生产发展缓慢;部分地区农民辛辛苦苦干,而工分值低,收入低,口粮低,"生产靠贷款,吃粮靠返销",大大打击了广大农民的生产积极性。直到20世纪70年代末,这种倾向才逐步扭转。

1983年9月,撤销人民公社,恢复区、乡建置,原公社、大队的财产和企业分别归区、乡集体所有。

农业生产条件的逐步改善

　　紫金是一个农业县，素有"八山一水一分田"之称。全县属亚热带季风气候，气候温和，雨量充沛，土地广阔，为农业生产提供了较好的自然条件。但中华人民共和国成立以前，农业基础设施非常落后，抗御干旱洪涝灾害能力十分薄弱。以水利设施为例，据有关资料统计，中华人民共和国成立前，全县只有大小蓄水塘500多口，其中蓄水灌溉面积100亩以上的只有古竹的孔布新作塘、岸头黄蚁塘、双坑鹅塘和蓝塘的长塘等寥寥数口。加之耕作技术落后，工具简陋，大量土地为封建地主阶级所占有，农业生产发展缓慢，农民生活贫困。

　　中华人民共和国成立后，人民翻身做了主人，他们以主人翁的姿态投身到社会主义革命和建设中来。这一时期，在县委的领导下，全县人民发扬自力更生、艰苦奋斗的精神，大力兴修水利，大力兴办小水电，持续开展农田基本建设，不断推进农业机械化，使农业生产条件逐步得到改善，为农业生产的发展打下了扎实基础。这一时期，虽然由于指导思想上受"左"的影响和管理体制上存在的弊端，农业生产优势条件没有得到充分发挥，农业生产发展缓慢，但从总体上说，还是取得了较大的成就。据统计，从1949年至1976年，全县人口从259442人增加到504762人，而人均粮食占有量从454斤增加到540斤，也就是说，增产的粮食不仅多养活了原来一个县的人口，而且人均粮食占有量还增加了近百斤。现有的中小型水库，绝大部分都是这一时期修建的，至今仍发挥着重要作用，对社会经济，特别是对工业、农业以及人民群众的生活起到了不可或缺的保障作用。

一、大力兴修水利和兴办小水电

（一）水利建设

1950年至1953年，紫金县以民办公助的形式，进行水利工程修复工作。1954年至1959年，掀起了水利建设的第一次热潮。这一期间的水利建设以蓄水工程为重点。1957年10月，紫金县第一宗小（一）型水库（蓄水量100万～1000万立方米）——蓝塘茜坑水库破土动工，1964年11月建成使用，总投资80万元，有效库容459万立方米。同期修建的小（一）型水库还有紫城镇响水磜水库，蓝塘镇马耳坪水库，临江镇斩坑水库、禾坑水库，义容镇鸡公田水库，凤安镇谢塘水库等。至1959年，共建有小（一）型水库7宗、小（二）型水库46宗、小（二）型以下的塘坝594宗，大小塘库总库容共5000多万立方米，灌溉面积4.6万多亩。

1967—1976年，紫金县掀起了水利建设的第二次热潮。这一时期的水利建设，在继续加强小型水库工程建设的基础上，发展引水工程、蓄水配套工程和电动排灌工程的建设，同时加强对水利设施的管理，充分发挥了水利建设在农业生产中的作用。1969年，全县投入133.4万多个劳动日，修筑山塘水库149座，完成258宗引水工程，凿穿了19个山洞，安装了203台水轮泵。1972年11月，以灌溉为主的中型水库——古竹新坑水库动工兴建，1974年1月建成，是当时全县最大的水库。水库集雨面积18.5平方千米，总库容量1452万立方米，总投资185万元。水库建成后，解决了7个村1.7万多亩农田的灌溉用水，其中水田1.38万亩、旱地0.36万亩；旱涝保收面积1万多亩。

在大力兴修山塘水库的同时，还致力于不断改善农田灌溉条件及设施，提高灌溉能力，扩大灌溉面积。1957年冬，以民办公助的形式，动工兴建灌溉面积1000亩以上的好义板子坝引水陂圳和义容伯公坳引水陂。板子坝引水陂横截上义河水，坝高1.1米，坝长56米，浆砌石结构，渠道长16.7千米，使灌区内共3500亩农田均达到旱涝保收水平。义容伯公坳引水渠横截汀村河水，坝高6米，坝长100米，为浆砌石结构，渠道长24千米，灌溉农田4400多亩。

1961年起，根据农田分布的自然条件，继续兴建灌溉面积1000亩以上的引水工程。是年建成古竹黄泥塘社爷陂圳；1963年修筑柏埔引水渠；1965年建成义容汤坑水宫子陂圳和古竹雅色陂圳。

1975年、1976年分别建成敬梓甘坑高桥下陂和柏埔方湖陂圳。1980年建成中坝河九陂陂圳和蓝塘南山水张屋陂圳等。是年止，全县共建有引水陂圳2800多宗，渠道长1470多千米，灌溉面积24万多亩。

至1988年，全县建有大小蓄水工程723宗，其中：中型水库2宗，小（一）型水库10宗，小（二）型水库62宗，小（二）型以下塘坝650宗，库容蓄水量共13465.8万立方米；陂头水圳2963宗，主干渠道长120千米（包括水库配套引水渠），灌溉农田25.15万亩（包括自然水由简易方法引水灌溉的面积）；电动排灌站384个，装机394台，容量3928千瓦，灌溉面积6.37万亩。全县受益于工程设施的灌溉总面积38.88万亩，其中可旱涝保收26.22万亩。疏河与筑堤46千米，保护耕地面积1.27万亩。

（二）小水电建设

1959年，全县开始以民办公助的形式，在好义杨梅塘和黄塘九龙江建起社办水电站，装机分别为10千瓦和9千瓦。同年11

月，县拨款27万元，在附城响水磜兴建水电站，于1962年7月正式蓄水发电，装机容量125千瓦，供县城用电。尔后，全县各地逐步兴建小水电站，供圩镇、农村局部范围的用电。至1970年，共建小水电站58座，装机64台，容量2.96万千瓦。

1971年后，广大群众为改变农村落后面貌，掀起大办小水电高潮。除县办散滩梯级电站外，公社、大队、生产队纷纷兴办小水电站。至1980年，全县乡村建有水电站300座，共安装水轮发电机组314台，容量1.19万千瓦。

二、持续开展农田基本建设

（一）开垦土地

中华人民共和国成立后，紫金县政府执行"熟荒三年，新荒五年不计征农业税"的政策，鼓励农民开荒扩种。至1955年，共开荒6.1万多亩。1970年全县开展"农业学大寨"运动，县革委会从多方面鼓励农民开荒扩种，提出"见缝插针""向山要粮，向水要粮"等口号。不少社队搬山填湖、开荒造田，扩大耕地面积，全年垦荒5.2万亩。

1975年冬至1977年，县组织农民、机关、厂矿干部、职工、学校师生，先后在柏埔河和秋香江的附城、乌石等地段进行裁弯取直，建筑河堤，改河造田。但改河后因过水断面缩小，暴雨时洪流湍急，不少农田被毁坏。

（二）平整土地

中华人民共和国成立初期，紫金县群众结合兴修水利，进行小规模平整土地。1957年始，为适应农业机械化要求，县委按照"渠系配套""排灌分开""田、林、沟、路相结合"的原则，对农田进行全面规划和改造。同年，先在附城城西高级社做出样板，将高低不平、大小不一的田块按原有水流系统和地形环境，进行裁弯取直，改造成适应机械耕作的整齐端正的长方形条田。不久，全县掀起深翻改土、平整土地、大搞田园化高潮。至1958年底，全县共平整土地26万多亩，占总耕地面积的54.8%。但因深翻改土将熟土层、生土层翻乱了，降低了肥力，短期内造成减产。20世纪60和70年代，为实现农业机械化，多次掀起平整土地热潮。据1977年统计，全县土地经平整而实现机耕面积12.08万亩。

（三）改造低产田

紫金县山坑低产田面积大，多数耕地土壤黏结，土层沙瘠，耕作层浅瘦、酸性大，受冷泉铁锈水危害，影响水稻稳产高产。中华人民共和国成立前，农民普遍使用犁冬晒白、开沟排泉，施用石灰、牛骨，担生泥入田等方法，改良土质。中华人民共和国成立初期，全县有低产田31.9万亩，占水田总面积的70%。20世纪50年代起，县委、县人委把改造低产田作为农业增产增收的重要措施来抓。县、区、乡成立改土领导机构，加强督促指导。每年冬春，根据土壤类型、性状和环境条件，发动群众，分别采取深翻改土、积施土杂肥、开沟排泉、整治排灌系统、修渠筑堤、防旱排涝等方法改造低产田。60年代，广种绿肥，扩大水旱轮作面积，不断改良土壤，提高地力，使水稻年平均亩产比50年代增加64.5公斤。1970年至1976年，全县大搞挖沟改土，开沟排泉，完善排灌分家，低产田降至21万亩。1976年比1960年水稻亩产提高67.4公斤。

第四节 工业基础的初步建立

　　紫金工业起源较早，明代已有采矿、炼铁、铸锅、陶瓷、造纸、印刷、缝纫、食品等手工行业。清代至民国初期，手工业者和工场作坊增多。中华人民共和国成立前夕，货币贬值，物价暴涨，一些工场生产萎缩，甚至歇业关闭。

　　中华人民共和国成立后，经过社会主义改造，至1956年，全县有国营企业14家，公私合营企业8家，生产合作社（组）68个，工业总产值1158万元（按1980年不变价）。"大跃进"时期，工业发展步伐加快。1958年，为利用本地资源，新建了地方国营钢铁厂、水泥厂、化工厂、九和煤矿等14个厂矿，并将6家公私合营企业和3家集体企业转为国营企业。至1959年底，国营工业有采矿、炼铁、铸锅、农机、水泥、松香、造纸、印刷、煤炭、陶瓷、食品、粮油加工等10多个行业、41个厂矿（其中地方国营30个），工业总产值1624.59万元，比1957年增长78.5%。但由于脱离实际，急于求成，"全面开花"，摊子过大，不少工厂建起后无法正常生产，很快被迫停产、下马，造成浪费，使全县工业生产处于徘徊起伏状态。1960年后，贯彻"调整、巩固、充实、提高"方针（以下简称"八字方针"），企业实行关、停、并、转，工业逐步恢复和发展。1968年后，为适应支前和战备需要，兴建了一批化学、建材、食品等企业，引进和推广新技术、新工艺，加快了工业发展步伐。20世纪70年代起，林产化工有了长足发展。1973年，紫金县成为全国第一个松香生产万吨县。同时，社队企业也得到较快发展。

一、传统工业的发展

（一）铁矿开采

紫金县铁矿资源较为丰富，主要分布在青溪宝山、黄塘大林峯、义容官田等地，总储量8000多万吨。明代始，在宝山开始开采铁矿，用于炼铁铸锅。清代，全县年产铁矿石达100多吨。民国时期，铸锅业兴盛，进山采铁矿石者有时增至100多人。1949年，产铁矿石600多吨。

中华人民共和国成立后，县人民政府重视矿产资源开发利用，动员农民进山采矿。1950年后，开采铁矿石产量逐年上升，1954年为3403吨。1956年，宝山铁矿生产合作社成立，实行统一组织生产和购销矿石。1957年，铁矿石产量增至5632吨。

1958年大炼钢铁，宝山铁矿生产合作社由县人民政府派员接管，转为地方国营宝山铁矿，有职工287人，有采矿民工2000多人；当年产铁矿石1.68万吨。1959年10月，宝山铁厂开始建设，宝山铁矿同时并入铁厂。后经三年调整，炼铁规模压缩，大批民工返回农村务农，矿区职工大大减少。1965年铁矿产量降为1494吨。1970年后，陆续扩建矿区，不断更新和添置机械设备，开始用水力冲刷剥离土皮，进行露天开采。1976年，修建一条从大林峯至矿区的4000米长引水渠道，装有一台75千瓦水轮发电机组，解决了生产、生活用水和电力不足的问题。1978年产铁矿石1.95万吨。

（二）生铁冶炼

明初，紫金境内始有民工伐木烧炭，采矿炼铁。后各地炼铁工场逐渐增加。直到民国时期，县内铁厂多是冶铸一体，自炼生铁，自行铸锅出售，成为海内外有名的传统产品；生铁外销很少。

中华人民共和国成立后，炼铁、铸锅逐步分开，专业经营。1954年，县投资1.14万元，在青溪兴建县内第一家地方国营炼铁厂——青溪铁工厂，有职工38人，沿用传统设备进行生产。1957年9月，县投资14万元，在古竹大石角兴建地方国营紫金县炼铁厂，有4.5立方米高炉一座，日产能力6吨，开始实行机械化或半机械化操作。是年，全县产生铁2836吨，总产值31.2万元。

1958年"大跃进"，紫金同全国一样掀起了大炼钢铁运动。同年8月6日，中共广东省委召开电话会议，研究和部署发展钢铁生产等工作，决定紫金等22个县为省钢铁生产重点县，要求每县当年产铁3万吨。[①] 9月17日，根据省委指示，中共惠阳地委作出《关于从各县抽调劳动力、动力设备支援紫金县炼铁，迅速把紫金县建设成为我区最大的炼铁基地的决定》，并强调：紫金县资源丰富，有炼铁技术，确定为惠阳地区炼铁基地，年内务必完成4万吨的炼铁任务；对劳动力不足问题，决定由东莞、宝安、海丰3县各抽调500名劳动力到紫金县支援挖煤；设备问题，决定由宝安县抽调20～40匹马力的汽车头15部，东莞县抽调抽水机10部，惠州农业机械厂供应离心式鼓风机20部，地区交通处派出汽车30～40辆，大力支援紫金炼钢铁。紫金县委成立钢铁生产指挥部，下设"钢铁兵团"，抽调大批干部职工，并动员6万名民工投入钢铁生产。县投资先后改造和新建了龙田、衙前、下窖、大鲁、庙前等国营小铁厂；贯彻"小、土、群"方针，全县建立各种小高炉1000多座，当年实际投产821座，炼出生铁1.8万多吨。

---

① 《中国共产党广东历史》第二卷（1949—1978），中共党史出版社2014年版，第344—345页。

但因技术不过关，炼出的多是半生熟的烧结铁；又因用木炭作燃料，许多山林被过度砍伐，耗费大量人力和财力，破坏了自然环境，浪费了大量国家资源，得不偿失。1959年全县土高炉陆续停产。同年，投资30多万元兴建宝山铁厂，翌年6月建成投产，日产能力8吨。1960年，全县产生铁5188吨。11月后，贯彻中央"八字方针"，先后将大鲁、下窖、青溪、衙前、龙田、古竹等炼铁厂关闭，人员及设备并入宝山铁厂。1963年，全县炼铁企业仅留宝山铁厂，职工93人，年产生铁1558吨。1966年后，宝山铁厂经过多次技术改造和设备更新，生铁产量逐年上升。1970年增至3769吨，比1965年增长98.3%。

1974年，宝山铁厂炼铁高炉经多次扩建改造，从4.5立方米扩为8立方米再扩为13立方米，并将管道式热风炉改为烤贝式热风炉，风温成倍提高，焦比大幅下降，产铁量逐年上升。1977年，产铁量8454吨，占全县生铁产量94.3%，被评为全国冶金系统工业学大庆先进单位。该厂生产股长、技术员杨寿渥，在高炉扩建改造中作出了显著贡献，于1978年11月出席全国冶金工业群英会，受到党和国家领导人的接见。

（三）铸锅业

紫金县铸锅业始于明洪武十一年（1378年），第一间铸锅工场在乌石榕林油墩嶂诞生。此后，境内陆续兴办了一批铸锅工场。清嘉庆年间，全县铸锅工场有30多间，分布在附城、乌石、龙窝、青溪、黄塘、九和等地。所产铁锅由于轻便耐用、质量好，远销惠州、潮汕及南洋各地。

1941年，全县有铸锅工场72间，资本额216万元（法币），从业人员864人，年产铁锅86万片，总产值112万元。因当时铸锅靠木炭熔铁，因而工场多设在密林山区；生产设备简陋，一座小土炉配一台木风箱，鼓风、碎矿全靠人力操作。1949年，全县有铁锅厂70间（其中有38间是农闲生产、农忙停产务农的），产铁锅10万片。

中华人民共和国成立后，紫金铁锅业发展较快。1953年，有锅厂79间，产铁锅39万片，总产值14.6万元。1956年，除一些农办厂自行歇业外，40间锅厂参加了公私合营，改组合并为11间锅厂。县人民委员会投资扩建厂房，添置设备，实现机械化半机械化操作，铁锅产量大幅度上升，1957年达85万片，比1953年增长117.95%。1958年，公私合营锅厂转为国营，大部分锅厂转产炼铁。1960年，铁锅产量降为21万片。1961年12月，省有关部门在紫金建立年产百万片铁锅生产基地，派员前来协助制订计划，并拨款16.5万元扶持生产。是年，全县有附城、嶂下、拱桥、在上、衙前、龙田、古竹、黄塘8间国营锅厂和龙窝、九树2间社办锅厂。大部分锅厂添置了机械设备，改革了化铁炉和工艺流程，提高了生产效率。1962年9月，广东省铁锅生产会议在紫金召开，附城、黄塘、嶂下、衙前锅厂在会上介绍了经验。1964年，全县铁锅产量50万片，质量达到轻工部颁布标准。同年10月，轻工部在江苏无锡召开有19个省、市参加的全国铁锅生产经验交流会，紫金铁锅得分95.8分，被评为全国质量第一名。此后，生产稳定，销路畅通。1971年，产铁锅46.8万片，成品率达90%以上，一级品占65%。

（四）陶瓷

瓷土又称高岭土。紫金瓷土资源丰富，主要分布在县境东部。

早在明代，境内已有杯、盘、碗、碟、壶，及缸、埕、钵等土陶器生产。清代中期，烧制技术和工艺水平提高，增加鼓墩、笔筒、磨墨盛水瓶等陶瓷制品生产。中华人民共和国成立前夕，市场变化，生产衰退，仅龙窝、古竹有少量生产。

中华人民共和国成立后，陶瓷工业有所发展。1957年，公私合营县华侨陶瓷厂在龙窝黄田建成投产，主产碗、碟、杯、壶等日用瓷器；1958年转为地方国营，改称紫金县人民瓷厂（1981年更名为紫金县陶瓷二厂），增加了工艺美术陶瓷的生产。同年，乌石公社榕林大队瓷厂建成投产。1967年后，中坝、附城、龙窝、水墩、苏区等公社办起了陶瓷厂6个，从业人员173人，主产日用陶瓷。1970年，全县产日用陶瓷87万件。

1976年3月，地方国营苏区人民瓷厂（1981年更名为紫金县陶瓷一厂）在苏区乡炮子兴建，省、地、县投资61.5万元。建有厂房7301平方米，容积1016立方米的龙窑2条，烤火电炉2条，配有炼泥、打浆、粉碎、搅拌、釉料、烘坯等机械和化验设备28台（套），形成从制坯到彩瓷一条龙的生产线。生产各种规格的花瓶、台灯、箭筒、花插、宝珠埕等陈设瓷和工艺美术瓷。产品莹润，工艺精致，美观实用。1978年，被广东省陶瓷工艺进出口公司定为生产工艺陶瓷的定点厂，产品多次参加中国出口商品交易会展销，并由中国工艺进出口公司广东省分公司经销。产品多销往东南亚、日本、美国及中国香港地区。

（五）食品工业

明清时期，紫金已有饼食、粮果、酒类、酱料等生产。清代，永安椒酱、葫芦茶（今名竹壳茶）远销国内外。民国时期，食品加工业有所发展。中华人民共和国成立前夕，物价暴涨，货币贬值，多数食品作坊关闭，1949年全县仅有15家。中华人民共和国成立后，食品工业逐步恢复和发展。

紫金永安牌椒酱（原名沈鸿昌辣椒酱），创办于清乾隆三十六年（1771年），是紫金的传统名牌产品。产品用优质辣椒、大蒜等20多种原料精制而成，风味独特，营养丰富，有调和气血、助长消化、增强食欲、灭菌防病等功能，曾参加国家轻工业部在北京举办的轻工业产品展销会，深受欢迎，驰名中外。

紫金竹壳茶（葫芦茶），海外侨胞称仙茶，有近400年的悠久历史。产品用山林中采集的10多种珍稀草药，通过特殊加工配制而成，用竹壳包装成葫芦状。其性味甘纯可口，具有清热解暑、消炎去滞、利尿除湿、健脾胃、降血压等功能。产品畅销全国各地和东南亚各国。

二、全国第一个松香生产万吨县

早在19世纪末期，紫金县黄塘、柏埔等地已有农民采割松脂出售。1938年5月，县政府动员农民上山采割松脂，解决军工原料困难，当年收购松脂437吨。1945年8月抗战胜利后，县内停收松脂，大部分香农停采；少量续采者，将松脂运销河源或制作照明松烛出售。1947年1月，河源商人程德君、程新明等，首先在柏埔兴办了华城、建国、新源松香厂；同年4月，河源商人张益初在九和黄沙兴办黄沙松香厂。1949年4月，古竹商人合股兴办的新华松香厂建成投产。年底，全县有松香厂5个，职工40多人；设备简陋，土法生产，产量低，质量差。是年产松香205吨、松节油16吨。

中华人民共和国成立初期，县人民政府在税收和贷款等方面扶持松香生产的发展。1950年后，古竹增办了纪昌松香厂；柏埔3间松香厂并为1间，称东江紫河公司联营松香厂；黄沙松香厂由县供销社接管经营，改称九和松香厂。1952年6月，私营蓝塘松香厂建成投产。是年，全县产松香702吨、松节油98吨。翌年，县供销社在县城秋江路兴建的附城松香厂建成，有职工12人。1954年5月，东江紫河公司联营松香厂转为地方国营柏埔松香厂。此后，其他私营松香厂陆续参加公私合营，并推广"直接火滴水法"新工艺进行生产，使松香产量、质量不断提高。1957

年，全县公私合营松香厂全部转为地方国营。是年全县有柏埔、古竹、九和、蓝塘、附城、洋头6间地方国营松香厂，全年共产松香3317吨、松节油627吨，总产值168.25万元，比1952年增长4.9倍。1959年，紫金县松香产品开始出口，远销欧美、非洲各国。1960年起，国民经济出现严重困难，市场物价上涨，松脂收购价偏低，采脂人数减少，松脂产量下降。1962年，产松香619吨、松节油94吨，总产值30.1万元。之后，提高松脂收购价格，并采取奖售商品和里程补贴等措施，调动了香农的积极性。1965年，产松香5741吨、松节油962吨，总产值282.62万元，比1962年增长8.4倍。

1970年，全县各松香厂合并为紫金松香厂，下设12个车间、1个转运站。1972年5月，附城松香厂车间自行设计，改装了年产4000吨的简易蒸气法煮香生产线，将瓦溪、中坝等上半县（紫金习惯性地按地理位置把全县划分为上半县与下半县）11个公社收购的松脂集中生产。1973年，全县产松香10192吨、松节油1686吨，成为全国第一个松香万吨县。总产值820.70万元，占全县地方国营工业总产值的56.8%，实现利润172.55万元，上交税金100万元，成为县的财政支柱。产品质量好，信誉高，被广东省外贸出口部门定为免检出口产品。是年，出口松香9502吨，为国家创外汇745.9万元。1974年，出口松香1.06万吨、松节油0.17万吨，创历史最高水平。1976年起，被广东省列为松香生产基地。是年，古竹连续化松香车间在郭屋坝东江边建成，占地面积5000平方米。1978年、1979年，县松香厂荣获林业部"创优质高产奖"和全国松香厂"厂际竞赛一等奖荣获者"称号。

三、社队企业的发展

紫金县社队企业兴起于1958年人民公社化运动。当时，地处各圩镇的33个手工业生产合作社（组）下放给当地公社管理。同时，不少公社兴办畜牧场、果林场、农药厂、砖瓦厂和采矿队。是年，有社队企业124家，从业人员7246人，产值650.8万元。

1960年冬，贯彻国民经济"八字方针"后，原下放给公社管理的33个社（组）企业全部由县手工业局收回，社队企业绝大部分停办。至1963年，只剩龙窝红旗锅厂、九树锅厂和古竹、临江的捕鱼队、船队等5个企业，从业人员240人，产值33.4万元。1964年，贯彻"以农业为基础、以工业为主导、全面发展国民经济"的方针，社队企业开始恢复和回升。紫城镇以及古竹、蓝塘、龙窝等公社办起了农机修理、造纸、建筑、小水电站等企业。原关停的陶瓷、木制品企业恢复了生产。1966年，有社队企业42家，从业人员1238人，产值260.7万元。

"文化大革命"期间，社队企业继续得到适度发展，各地因地制宜发展采矿、竹器、木器、陶瓷、农机具制造等行业，陶瓷、算盘、竹器等产品先后打入国际市场。1976年，社队企业发展到626家，从业人员13361人，产值832万元。

这一时期，紫金县社队企业主要行业有：

1. 矿产品采选业。

社队采矿企业的兴办始于"大跃进"期间。1965年，全县社队集体办矿，计有大队办矿6间，从业人员217人，生产队（联队）办矿34间，从业人员359人。1966年，凤安公社在国营鸡笼山钨矿场关停后，办起鸡笼山采矿场，从业人员233人。水墩、龙窝、义容、好义、附城等公社组织采矿队（组），分别在铁嶂、锡山、中兴、小古、解湖和散滩等矿点开采锡、钨、水晶、萤矿等矿产品。至1976年，有社队采矿企业6家，从业人员633人。

2．铸造业。

1958年，紫金县先后办起龙窝、黄塘庙前、青溪龙田、附城衙前、柏埔大鲁等5家社办铁厂。1961年，九和公社办起九树铁锅厂。1964年后，龙窝、九和社办企业生产的铁锅先后打入国际市场。1976年，有社办铁锅厂2家，从业人员49人，年产铁锅4.64万片，总产值13.74万元，

3．农机具修造业。

1966年后，为适应农业机械普及发展的需要，全县在原下放各公社管理的农具（铁木）厂的基础上发展农械（修）厂。1970年，县委提出"小修不出队，中修不出公社，大修不出县"的要求，并逐年从县财政拨款购进金属切削和锻压设备，分期分批拨给各公社。至1978年，全县各公社农械（修）厂都配备了车床、刨床、钻床、电焊机、弹簧锤等设备，实现了农机修造机械化或半机械化，生产能力从过去生产犁、耙、锄、铲等小农具，发展到能生产脱粒机、磨粉机、碾米机和拖拉机配件等中小农具。是年，全县各公社共有农机具修造企业22家，从业人员483人，拥有金属切削设备90台（套）、台钻43台、砂轮机47台、车床29台、弹簧锤49台，生产制造电动脱粒机55台、饲料粉碎机28台、农机具配件2.14万件、其他中小农具10.57万件。

4．陶瓷制品业。

1958年7月，乌石公社在榕林大队开办了全县社队企业的第一间陶瓷厂。1967年，龙窝、中坝、义容、附城等公社先后办起宝洞、黄田、桂山、中坝、义容、新庄6间社队陶瓷厂，从业人员173人，主要产品有碗、杯、壶、缸、钵等。20世纪70年代，紫金陶瓷产品进入兴盛时期。仅1975年至1977年，全县新办陶瓷厂11间，从业人员282人。据1977年底统计，全县社、队企业有27间，从业人员728人。

5. 竹制品编织业。

紫金县农民素有编织竹制品的传统习惯，竹制品加工业长盛不衰。1958年，古竹公社创办古竹公社竹器厂，有工人21人。1971年至1972年，蓝塘公社先后办起竹器厂和桐木厂，从业人员78人，生产的花盆、杯、碟等产品进入国际市场。1977年，竹制品出口需求量增加，蓝塘、敬梓、中坝、龙窝、乌石、附城、凤安、好义、义容、古竹等公社先后办起竹器厂11间，从业人员469人。

6. 小水电业。

1959年，紫金开始以民办公助的形式，建起好义公社杨梅塘陂和黄塘九龙江小水电站两座，分别装机10千瓦和9千瓦，用木制旋浆式水轮机带动发电机发电。此后，逐步兴建小水电站，至1970年有小水电站58座。1971年后，为适应工农业发展和人民生活的需要，紫金县根据自身山区水力资源条件，多以民办公助的形式，掀起大办小水电热潮。至1980年，全县23个乡镇，建有电站300座，其中社办的30座、大队办的47座、生产队办的223座，共装备水轮发电机组314台，容量1.19万千瓦。

第五节

交通网络基本建成

从明清时期至民国初年，紫金县只有古驿道和乡间小道。紫金县的公路建设始于1931年。是年，广东省建设厅投资兴建惠紫五（惠阳经紫金至五华）公路，1933年建成通车。1932年，广东省投资兴建紫河（紫金至河源）公路，1937年建成，因建造技术标准低，部分桥梁未建成，故未通车。1939年，为阻止日军入侵，惠紫五公路被毁，行车中止。

中华人民共和国成立后，紫金县人民政府动员全民修建公路，全县公路建设进入一个新的发展时期。1951年至1956年，以修复原有公路为主。惠水公路始称惠紫五公路，后称乌水公路，现称广下线，起于惠阳乌塘，止于兴宁县水口，途经紫金县好义、蓝塘、九和、瓦溪、县城、中坝、敬梓等乡镇，县境内长108千米。1951年，开展修复工程，总投资72万元，"民工建勤"16万多个工日，公路当年恢复通车。河汕线紫河段，起于林田合路口，止于河源市源城区，县境内长55千米。1950年开展修复工程，投资18万元，"民工建勤"3.5万多个工日，公路当年修复通车。

1957年起，以"民办公助""民工建勤"的形式，掀起以兴修县干线为主的公路建设热潮。1958年2月，中坝至长布（五华）公路建成通车。同年，河汕线紫海段动工兴建。该公路起于乌石三丫角，止于海丰县城，境内乌石三丫角至苏区柏子窝全长49千米，翌年通车（苏区至海丰路段尚未开通），总投资68万多元，"民工建勤"23万多个工日。是年冬，中埔线动工兴建。该线（原称紫古公路，后称紫埔公路）起于紫河公路中洞口，止于河源埔前，全长65.6千米，途经青溪、义容，县境内长55.05千米，次年12月竣工。至1959年，先后建成县道6条，共144.3千米；乡村公路5条，共122.21千米。

20世纪60年代，根据行政区域的调整，陆续贯通各主要集镇的公路，建成黄塘至长岌、高望至临江、板子坝至茅田等县道6条，共80.5千米；乡村公路11条，共56千米。同时，先后投资共109万元，对原有公路进行裁弯、降坡、拓宽等改造。

70年代，在省、地拨款支持下，紫金县动员县道沿线群众"民工建勤"，再次掀起了修筑公路的热潮。1970年，全长22千米的下（石）吉（安）线修通，打通了惠水线与中埔线的联系。1973年，全长25.3千米的拱（桥）水（墩）线建成，同年，全长13千米的合（水）洋（头）线竣工，水墩与洋头结束了不通公路的历史。1976年，全长23千米的蓝（塘）龙（渡）线亦建成通车。这一时期，修筑县道10条、共158.8千米，乡道50条、共219千米，实现了所有公社和60%以上的大队通了公路。

教育事业的曲折发展

一、中小学教育

（一）小学教育

清光绪末年，科举废止，紫金县开始兴办学堂。清光绪三十三年（1907年），瑞士巴色传道会在古竹潮沙集义村开办乐育小学堂。清宣统二年（1910年），在县城紫金山麓原初等师范学堂旧址（即考棚），创办永安县官立高初两等小学堂。1912年改学堂为学校。次年，政府明令取缔私塾，大力兴办学校；县设劝导所，劝导与发动群众集资兴办私立小学。至1920年，全县办起私立小学96所，学生2752人，女生甚少，教师181人。在此期间，德国基督教会和天主教会也分别在荷树湾、安良圩、腊石、九和、下石、龙窝等地，开办乐育小学或民生小学，共9所，学生1100多人。

五四运动后，紫金县小学教育进一步发展。1923年起，古竹、龙窝、蓝塘等地先后创办9所县立高等小学。1926年，县城创办紫金县立女子小学。1936年起，由省政府下拨经费，开设流动于穷乡僻壤旨在扫盲的短期小学，先后共设短期小学19所。1939年，省政府发布实施"国民教育五年计划"的政令，要求乡办中心小学，保办国民学校，强令适龄儿童入学，小学教育得到发展。1948年，全县有小学263所，其中中心小学14所，教会小学3所，学生19170人，教师1045人。

中华人民共和国成立后，1949年秋，各小学校由乡政府、农会接管。群众热心办学，自筹经费修建校舍。农民渴求"文化翻身"，适龄儿童入学率提高。1952年8月，学校全部由国家接管，教育事业进入一个新阶段。是年，全县361所小学合并为172所公办小学，学生30280人，比1948年增加57.9%，适龄儿童入学率达88.37%，教师1196人。

1958年，贯彻"公办、民办两条腿走路"的方针，发挥群众办学积极性，在公办小学内附设180个民办班，在边远地区设120个民办教学点，共有学生14390人，占在校小学生总数32055人的44.89%；民办教师390人，占小学教职员总数1262人的30.9%。1964年，推行"两种教育制度"，即全日制学校和半工半读、半农半读同时推行、互相补充的制度，推进义务教育的发展，全县山区办起半农半读的耕读班159个。1965年统计，全县有小学196所，学生48656人，在校学生占7～12岁学龄儿童50308人的96.72%，其中民办班、耕读班学生14498人；教师1893人，其中民办班、耕读班教师549人。

"文化大革命"开始后，各校停课闹革命，学校一片混乱。1968年，全县小学下放到大队去办，由贫下中农管理。1969年，提出"读初中不出大队"的口号，全县228所小学全部附设初中班，其中有25所小学还附设高中班；学校规模普遍扩大，学生人数增多，原有小学骨干教师升为初中、高中教师，小学部教师奇缺，由生产队推荐、大队聘任大批民办教师，教育质量严重下降。1977年起，拨乱反正，全面整顿学校，撤销小学附设的初中、高中班，恢复设立23所中心小学，设县重点小学1所、公社重点小学23所，小学教育走上正常轨道。

（二）中学教育

清光绪三十三年（1907年），瑞士巴色传道会把设在五华源坑的中书院（中学部）及兼设的师范班迁至古竹虎头山，改名为乐育中学。这是紫金中等教育的开端。1926年，创办紫金县立初级中学；1943年秋增设高中班，成为完全中学。尔后，龙窝、蓝塘、中坝、柏埔等地相继开办初级中学；古竹乐道中学（原乐育中学）增办高中。1948年，全县有中学6所，其中完全中学2所，初中4所；在校学生1331人，其中高中7个班208人，初中41个班1123人，教师125人。

1949年秋至1952年8月，县人民政府先后接管紫金中学、古竹乐道中学、蓝塘中学、中山中学、柏埔中学、琴江中学（于1952年冬并入紫金中学）6所中学。1957年秋，琴江中学复办，改名为紫金县第六中学。1958年"大跃进"，先后兴办九和、乌石、苏区、黄塘、好义、青溪6所初中；古竹中学（原古竹乐道中学）复设高中，柏埔中学和中山中学增设高中部。1959年，全县有中学12所，其中完全中学5所，初中7所，其中高中生936人，初中生3264人，教职员158人。这一时期，根据"公办民办两条腿走路"的方针，全县先后办起农业中学或民办中学共15所，27个班，学生783人。

1961年，贯彻调整方针，先后压缩中山中学、柏埔中学的高中部及各校的班级与人数，劝退超龄生回乡劳动，撤销或下放大多数农业中学。1962年，全县普通中学12所，其中完全中学3所（紫金中学、蓝塘中学、古竹中学），初中9所，在校学生从1960年的6246人缩减到3845人，教职工从1960年的432人缩减到334人。农业中学压缩为4所（凤安、上义、附城、龙窝），学生528人。

1968年，在"教育要革命"的浪潮中，提出"读初中不出大队，读高中不出公社，读大学不出县"的口号，出现盲目大发展。除紫金中学外，原有的普通中学和4所农业中学改办成高级中学，初中下放到大队小学作为附设。1969年，全县有高中19所，高中学生42个班2268人；228所大队小学附设的初中班280个班学生15167人；高中、初中学生共17435人，比1965年的学生数4104人增加3倍多。1970年，25所大队小学在附设初中的基础上，增加高中25个班，学生1075人。1977年至1978年，对中学布局进行调整，撤并小学附设高、初中班。调整后，县办完全中学5所（紫金中学、蓝塘中学、古竹中学、龙窝中学、柏埔中学），社办初中18所。

二、业余教育

（一）农民教育

1924年起，紫金县掀起农民运动，县城、龙窝、苏区等地陆续开办农民夜校，教农民识字明理，唱《劳动歌》；教师多由农会领导兼任。1925年，全县有15所农民夜校，有农民500多人接受扫盲教育。1927年4月大革命失败后，夜校停办。1930年，恢复扫盲运动。据20世纪40年代《广东年鉴》载，1941年7月，全县有小学民办教部104个班，内有妇女52个班，学员共2800人，其中高级成年班男750人、妇女班625人，初级成年班男800人、妇女班625人。但全县文盲比例仍然很高，计全县有文盲143954人，占全县总人口的72%。

中华人民共和国成立后，贯彻教育为工农服务、学校向工农开门的方针，广大农民迫切要求"文化翻身"，人民政府大力开展扫盲识字运动，全县迅速掀起办夜校的热潮。1951年起，全县各小学都开办夜校，教师由小学教师兼任。农村基层干部带头，民兵、妇女踊跃上学，自带灯火，免收学费。夜校以识字为主，也学简单的珠算、时事政策、生产科学知识及唱歌跳舞等，教材由小学自编自印。每晚上课2小时，风雨无间。蓝塘流传着赞美夜校的一首民歌："农民夜校搞扫盲，六十阿婆也报名，男女老少学文化，处处传来读书声。"1953年底，全县有农民夜校272所，学员3.5万人。1954年后，结合农业合作化运动，发展农民业余教育，各乡镇配备业余教师或辅导员1~2人。乡乡有业余夜校，以自然村为单位，按学员水平分班教学，初设初小班，后增设高小班，采用省编统一教材。夜校坚持常年学习，农闲多学，农忙少学。1955年底，县召开扫盲积极分子会议，200多人参加。1957年统计，全县有夜校218间，学员33120人；有22300人脱盲，占青壮年文盲半文盲人数的53%。

1958年"大跃进"期间，因全民炼钢，劳力大集中，夜校无法正常上课。1959年至1961年国民经济困难时期，全县农民夜校停办。1962年体制下放后，各公社、大队办起文化室，组织农民学政治、学文化、学科学。1964年，县、公社、大队成立扫盲指挥部及扫盲协会，各公社配备1~2名扫盲专职干部，全县223个大队复办了农民业余夜校。是时，全县13~40岁的人口中，有文盲8092人，半文盲47868人，参加夜校学习的有18193人，占文盲半文盲总数的32.51%。"文化大革命"期间，全县农民夜校改办"政治夜校"，学习毛泽东著作，搞"斗私批修"，扫盲教育遭受挫折。

1978年5月，县教育局恢复工农教育股。同年10月，县工农教育委员会成立。随后，各公社相继成立教育委员会，各大队成立领导小组，建立起县、公社、大队、生产队四级农民教育网，配备一批专职或兼职的教师和干部。全县组织了一支由公民办教师、小学高年级学生、社队干部、回乡知青等1.22万人组成的扫盲队伍，实行包教包学办脱盲。1980年，全县有农民夜校229

所，参加学习的有141257人，原文盲、半文盲脱盲者众多，经省、地有关部门验收，实现"基本无盲县"，受到奖励。

（二）职工教育

1922年8月，共产党人刘尔崧从广州返回紫金，与贺济邦、刘琴西等一起开办紫金劳动半夜学校；校址在县城天后宫，招收店员、手工业者80多人，免费入学，由学校提供文具和课本。夜校连办4年，培养了一批革命力量，学员全部参加了1927年紫金"四二六"武装暴动。1927年4月大革命失败后停办。

中华人民共和国成立后，党和政府重视职工教育。1950年，紫金中学附设夜中学，招收店员、工人、机关干部等。设1个班，学员50人，免收学费；教师由紫中教师兼任，义务教学。翌年，招2个班，学员100人。1953年冬停办。

1951年7月，县工会筹委会在县城南门口举办职工业余学习班，学习内容有政治、文化和科学技术等，有店员、手工业者、建筑工人参加学习，设4个班，学员178人，教师由县一小教师兼任。1952年，改办职工业余学校，开设扫盲、初级、高级、财会4个班。蓝塘、古竹、龙窝、中坝亦办起职工业余学校。至1955年，县内较大的圩镇陆续开办职工业余学校，全县增至10所，学员678人。1958年，职工业余学校增至25所，学员2292人。1959年2月后，全县职工业余学校相继停办。

1961年，为扫除青壮年职工中的文盲、半文盲，以扫盲为重点，组织各种文化层次的人员进学习班。全县共举办扫盲班72个班，有1211人脱盲；半文盲班28个班，学员621人；小学43个班，学员1548人；初中25个班，638人；高中2个班，51人；中专2个班，48人；大专1个班，9人。参加学习的共有5000多人，文化水平普遍得到提高。"文化大革命"期间，职工业余学校全部停办。

　　1980年9月，复办县职工业余学校。1981年，全县有56个基层单位办起职工学习班，有专职教师2人、兼职教师54人，参加学习的职工3613人，其中小学班66人，初中班113人，高中班45人，中专班162人，大专班125人，技术训练班952人，外语班255人，各种短训班1895人。1983年起，根据中央《关于加强职工教育的决定》，开办各种类型的职工学校，组织职工开展初中文化补习和初级技术补课。1985年，全县应参加初中文化补习的4820人中，经考试合格的有4692人，合格率97.34%；应参加初级技术补课的5165人中，考试合格4081人，合格率为79.01%。

　　在社会主义革命和建设时期，紫金的教育事业虽然经历了挫折，但在曲折中发展，取得较大成就。以1977年与1948年相比较，全县人口增加将近一倍，而小学在校人数增加3.27倍，小学教职员增加2.72倍；中学在校人数增加17.48倍，其中初中生人数增加16.25倍，高中生人数增加22.36倍，中学教职员增加13.52倍。经过28年持续发展，1980年基本上扫除了青壮年中的文盲，实现了"基本无盲县"目标。

第七节 医疗卫生事业的长足进步

紫金县中草药资源丰富。历史上，民间很早就用中草药医病治伤。明清时期，县城和集镇已有私人开业行医，但农村缺医少药，疫病流行频繁。清末，西医始由基督教会传入紫金。1925年起，县内陆续开设西医私营诊所，开办县城平民医院，但医疗设备简陋，技术力量薄弱。

1952年县始设立卫生科，主管县卫生行政工作，并设立县爱国卫生运动委员会，坚持开展群众性的爱国卫生运动，逐步建立起县、乡、村三级医疗卫生保健网；大力挖掘社会技术力量，培养各类医务人员，卫生医疗队伍不断壮大，医疗设备不断更新充实；采取中西医结合和防治结合的办法防治疾病，医疗技术不断提高。20世纪70年代，农村全面实行合作医疗制度，公社卫生院的技术力量、医疗设备发展较快。人均寿命大幅提高，人民健康水平显著提升，卫生事业取得长足进步。

一、医疗卫生单位逐渐增加

中华人民共和国成立以前，紫金的医疗单位只有始设于1937年的县城平民医院一家，有职员9人，设有留医室、数张简易病床，能做简易的外科小手术。中华人民共和国成立后，党和政府重视卫生事业，医疗单位不断增加，逐步建立起覆盖城乡的卫生网络。

（一）县属医疗卫生单位

1949年5月，县人民政府接管县城平民医院。1956年县平民医院更名为紫金县人民医院。至1964年，有工作人员127人，病床75张。此后，工作人员逐渐增加，医疗设备逐年完善，可实施的外科手术渐次增多，成为全县医疗技术指导中心。

1956年，紫金县卫生防疫站成立。建站后，逐步开展传染病、地方病的监测和预防及食品、饮水、环境、学校卫生的监督、监测工作，人员、设备逐年充实，业务范围逐步扩大到劳动保护、儿童保健及计划免疫等方面，成为全县综合性卫生防疫检测中心。

是年，紫金县妇幼保健站成立。1958年更名为妇幼保健所，主要负责妇科病查治、妇幼保健、孕妇产前产后检查及剖宫产、男女节育手术等，成为全县妇幼保健技术指导中心。

这一时期，还建立了专门收治麻风病人的甘洞医院、县皮肤病防治站（后改为慢性病防治站）和县卫生学校。

（二）基层医疗卫生单位

1. 乡镇卫生院。

中华人民共和国成立以前，农村中医多数分散独自开设药店，行医兼售药。1952年7月，炮子设立第一个区卫生所，有医务人员5人，负责全区医疗和预防任务。1953年4月，九和区首先组织社会上的中、西医药人员10多人设立联合诊所。至1957年，全县设有炮子、好义、蓝塘、中坝、柏埔、龙窝、古竹等7个区卫生所及中、西医联合诊所54间。

1958年冬，推行政社合一体制，各区卫生所与联合诊所合并，全县设立12个公社卫生院。公社卫生院属集体所有制单位，经济上实行独立核算，自负盈亏，国家给予定额补助。院内一般设西医内、外科及妇产科、中医科、检验科等科室，担负全社医疗、防疫、妇幼保健等任务。1961年4月，全县分设27个公社卫生院。1970年5月，调整为23个公社卫生院。

在建设基层卫生院的同时，1960年县选定古竹、蓝塘、龙窝3间基础较好的公社卫生院为中心卫生院，在人力、财力、设备三方面给予重点扶持。

2. 村医疗站（室）。

1954年农业生产合作社兴起，开始在合作社内建立保健室，每个保健室一般设两位由县培训的保健员。保健员不脱离生产，就近为群众治小伤小病，深受欢迎。1957年，全县先后设立119个保健室，有不脱产保健员309人。1958年冬，县在人口较集中的大队，设立119个卫生所（站），每个所（站）配医生或保健员1～2人，业务上归公社卫生院管理，初步建成县医院、公社卫生院和大队卫生所（站）三级医疗卫生保健网。

1968年11月，好义公社吉田大队首先设立由社员集资兴办的合作医疗站。次年10月，全县农村228个大队有226个办起合作医疗站。原各公社卫生院下属的大队卫生所（站），绝大多数并入当地医疗站（室）。合作医疗基金由社员交纳一部分（人均0.3～0.5元），从生产队和大队的公益金中提取一部分。用药以自种、自采、自制中草药为主。社员看病免收药费。实行合作医疗制度后，县卫生局免费为200个大队合作医疗站配备了全套小型手术器械包，充实合作医疗站的设备。县卫生学校先后培训5批"赤脚医生"，提高医技水平。1971年，全县共有"赤脚医生"726人，1976年达到1090人。

1965年冬起，贯彻执行毛泽东"把医疗卫生工作的重点放到农村去"的指示，县、社两级医疗单位组织医务队，分期分批深入农村巡回为群众防病治病。1966年夏，广东省卫生厅派2名医生协助紫金县组织"六二六"眼科医疗队，分赴17个公社，历时

4个月，为2000多名患有眼疾的群众进行治疗，使100名盲人重见光明。1969年7月，全县组织44个巡回医疗队共216人，深入边远山区为群众防治疾病，历时3个月。

二、医疗卫生队伍不断壮大

清末至民国初年，县内无西医生。散居农村的中医生（俗称火脉先生）多数为半农半医，行医方式大多是自由定点开业，有的行医兼售药，少数走江湖，跑圩场、码头流动行医。行医者不少，而真正精通医术的不多。中医传授主要靠祖传、从师等。1925年，紫金籍西医生傅晋淮在县城首设西药房行医。1937年，设立紫金县平民医院，有中、西医生各1人。此后陆续有西医人员在县城及较大的圩镇开业行医。据统计，中华人民共和国成立前夕，县内开设中西医私营诊所的医生有66人。

1952年7月后，县政府组织社会上的中、西医药人员陆续成立区卫生所或联合诊所，为群众防治疾病。年底统计，全县有345名中、西医药人员参加联合诊所。尔后，县逐年选送中医人员到省、地中医院校或县卫生学校进修培训，提高中医队伍素质。1956年8月，首次吸收16名中医药人员到国家医疗卫生单位工作。此后，国家陆续分配大中专医学院毕业生到县，逐步充实各级医疗单位的技术力量。1958年冬，人民公社成立，联合诊所和区卫生所合并成立公社卫生院，个体中、西医药人员全部纳入公社卫生院工作。1976年，全县各医疗卫生单位共有工作人员993人，比1951年的49人增加19倍多，其中中医163人，西医师69人，医士97人，护士135人；共有病床650张，比1951年25张增加25倍，其中县属医疗单位160张，乡镇卫生院490张。

三、中西医结合治疗疾病取得成效

1956年，紫金县医疗单位开始采用中西医结合方法治疗疾病。是年，贯彻党的中医政策，国家医疗单位首批吸收了16名中医参加工作。中西医生一起查房，共同制定医疗方案，互相学习，取长补短，提高了诊疗效果，实践中逐渐形成了中西医结合治疗疾病的新方法。

为了扩大结合面，从1964年起，陆续从县、社医疗单位中选送5名西医医生到省、地医学院校进修中医。1969年10月，全县农村实行合作医疗制度，普遍推广中草药治病；县卫生局在龙窝举办县、社、工矿医疗单位的西医学中医学习班。1970年，县人民医院举办为期一年的西医学中医业余学习班，每周讲课两节，并选定内科、传染科为中西医结合治病的试点科。同年3月，县人民医院首次采用中西医结合的方法，治愈烧伤面积50%以上、其中二度烧伤达20%的松香厂工人张某。不久，古竹中心卫生院用中西医结合治疗方法接活了4岁小孩胡某的两个断指。在此之后，普遍开展用中西医结合治疗乙型脑炎、流行性脑膜炎、急性坏死性肠炎、阑尾炎、白喉、痢疾、肠梗阻等疾病，取得良好效果。是年，全县取得中西医结合、中草药、新针疗法临床科研成果60项，其中4项在中央展出，6项、40项分别在省、地展出。龙窝中心卫生院总结出14项中西医结合治疗疾病的科研成果资料，1970年12月被广东省卫生厅评为中西医结合先进单位，出席省中西医结合交流会议，并派代表参加惠阳地区中西医结合巡回报告团。1971年，全县西医学中医达到高潮，分期分批举办脱产、不脱产西医学中医学习班，共有119名西医医生参加学习，占全县西医医生总数的61%。尔后，县人民医院和各中心卫生院成立中西医结合研究小组，开展医疗、教学、科研活动。1976年

1—9月，蓝塘中心卫生院收治坏死性肠炎28例，用自制的草药"协定处方"结合西药治疗，全部治愈出院。同年，县在蓝塘公社召开中西医结合现场会议。1977年1—6月，县人民医院内科用中西医结合方法治疗坏死性肠炎104例，其中死亡10例，病死率为9.62%，比1976年全用西药治疗同种病患者的死亡率下降了7.3%。这一经验后来在省卫生工作会议上作了介绍。

四、公共卫生明显改善

中华人民共和国成立以前，紫城镇环境卫生由警察所兼管，有2名清道夫。城镇街道每天打扫一次，未设公共厕所，私人粪缸破漏不堪，污水横流，蚊蝇丛生；农村多数农户人畜混居，环境卫生很差。

中华人民共和国成立后，县设专职人员管理。1952年，县成立爱国卫生运动委员会，贯彻毛泽东主席"动员起来，讲究卫生，减少疾病，提高健康水平"的指示，开展以消灭蚊蝇、治理环境为主要内容的爱国卫生运动。1956年县拨款在紫城镇新建吊楼式公共厕所3间、垃圾池8个，拆除一些私人粪缸。同年设立县城环境卫生管理所，有清洁工5人。翌年，全县首批建立的农业生产合作社及紫城镇、龙窝、蓝塘、好义、上义、中坝、古竹、柏埔8个圩镇的厕所采用密封加盖方法。

1958年冬，全县开展以除"四害"（蚊、蝇、鼠、麻雀）消灭疾病为中心的爱国卫生运动。紫城镇出动3000余人，突击3昼夜，填平秋香江边历史遗留下来的3个污水塘，整修改建街道下水道，拆除有碍市容卫生的蓬棚厕所畜舍120多处，新建垃圾焚烧池10个。龙窝、蓝塘、古竹等圩镇闻风而动，动员群众，清理垃圾，拆除破烂棚厕，兴建垃圾焚烧池，粉刷墙壁等，城乡旧貌初步改观。

1959年，全县推广龙窝公社黄田大队改建三级无害化粪池的做法，改建三级无害化厕所22359间，其中2918间与猪栏配套。经检验，粪池中大部分钩虫、蛔虫卵失去活力。1961年后因体制下放，无害化厕所大部分被拆毁。1960年起，实施《农业发展纲要》中规定的除害灭病计划，每年进行突击卫生行动3～5次，形成制度化。1963年5月，全县统一用磷化锌毒鼠，历时15天，毒鼠15万多只。同年8月至次年4月，先后两次在好义灭蚊，用去"六六六"粉9吨。持续的群众性卫生运动，提高了群众的卫生意识，城乡卫生面貌大为改观，各种传染病逐年减少。1971年，贯彻中央除害灭病的指示，全县开展群众性的爱国卫生运动，共整修沟渠5000多米，填平洼地350处，修建厕所244座，灭鼠3.4万只，46%的农户实现人畜分居。1976年5月及1977年10月，全县两次统一灭鼠保粮，灭鼠9.85万只。

黄坑排生产队的"分田到户"——广东省农村实行家庭联产承包责任制的先声

长期以来，由于受"左"的思想影响，广大农村推行单一的集中统一的经营管理体制。这种体制在分配上存在着严重的平均主义倾向，严重束缚了农民的生产积极性，致使农业生产的发展和农民生活的改善都比较缓慢。在紫金山区农村，"吃粮靠返销，生产靠贷款，生活靠救济"，一些生产队成为响当当的"三靠队"。

穷则思变，落后要图新。一场变革正在紫金老区悄然萌发。

1975年大年初一，紫金县上义公社光辉大队黄坑排生产队队长孙木林吃过早饭，来到保管员孙壬的家里，召集生产队会计、出纳、记分员等6人在上厅开会。孙木林首先严肃地对大家说："这次会议大家要保密，不准说出去。"他提出："现在大家都搞不到吃的，肚子填不饱，要想办法。我想留下（孙壬家）门前的20亩水田作为集体田，集体耕种，共同管理。上面分配下来的尿素等肥料全部放到集体田去，所收获的稻谷全部作为公余粮，保证完成国家任务。其他田地按89人来分下去，谁家管理谁家所得。"大家议论后，一致认为"可以实行"。说干就干，黄坑排生产队的"分田到户"开始悄悄进行。

选择孙壬家门前20亩水田作为集体田，是因为这片田连成片，土地肥沃，阳光充足，产量有保障，便于管理。农民群众都知道，国家公余粮不能少。为了对外掩饰，他们暗地里定了几条"规矩"：（1）把田地分到各家各户，但竹箩、犁耙、打禾机等主要生产工具不分。由于是山区，家家户户养有牛，畜力好办。（2）种植番薯、水稻插秧以及收获时，还是队长一声令下，全队社员集体行动；收工时，大家依然同时回来。（3）在具体耕作的先后上，社员在队长带领下，无论是插秧、田间管理，还是收割，都是先集体后私人，集体的稻谷归集体仓库，由保管员负责保管，会计、出纳掌握账目，私人的稻谷收进各自家里。（4）其他田地的具体分配，采取简化做法：番薯垄用竹篙丈量，稻田按块计算，分下去由各家各户管理。

这样一"分"一"包"，原来的集体管理体制实际上被完全打破。当时黄坑排生产队共有18户、89人，每人可分到七八分地耕作。大家的干劲都调动起来了，自觉出谋出力，各显奇招，大力积土杂肥，烧草灰、火土，拾狗屎牛屎，保证作物肥料充足。黄坑排的禾苗长势好，稻谷产量高、收成好，路过的郊田村民都觉得纳闷，心起猜疑。当时的郊田大队河背生产队队长赵火茂，经过一两年的私下观察，终于发现了黄坑排水稻丰产的"秘密"。1977年，他把河背生产队一分为三——河社、河中、河上3个小组，然后分田各自耕种，搞"分田到组"，结果也取得好收成。光辉大队党支部书记刘佛听到风声，也私下去调查过，但是探不出究竟；问当地社员，他们都守口如瓶。后来刘佛知道了底细："瘦田能丰收，全靠分田单干，分户经营。"他不声张，也不上报，睁只眼闭只眼，静观其变。还有一些生产队也悄悄地学，番薯、小麦等作物种下去以后，就分到各家各户去管理。各家各尽所能，加强施肥、管理，效果立竿见影，番薯、小麦获得大丰收。

当时也有人"告状"，说黄坑排生产队"搞单干"。上面派人调查，也查不出什么证据，反正每年七八千斤公粮，他们一两不欠，也就不了了之。

黄坑排生产队实行"分田单干，分户经营"责任制取得显著效果，上义公社部分生产队陆续仿照实行。

1978年8月底，原在古竹公社工作的张启文调任上义公社党委副书记、革委会副主任，不久，上级决定由他主持公社全面工作。刚上任不久，他经过调查，了解到黄坑排生产队的情况，有了自己的主张。这年农历九月的一天，上义公社在圩镇饮食店召开全体脱产干部和大队支部书记会议。张启文在会上动员各大队仿照黄坑排生产队的做法，搞"分田单干，分户经营"。原则是：在作业组基础上，将水田以好、中、差搭配，按人数划分，责任到户，暂定实施一年。他的讲话得到大家的一致拥护。随即，上义公社各大队、生产队迅速行动，"分田分地"，秩序井然。

黄坑排生产队及上义公社的"分田单干，分户经营"的自发尝试，成为紫金老区农村实行家庭联产承包责任制的前奏。因此，紫金成为广东省最早推行家庭联产承包责任制的地方之一。①

---

①　《中国共产党广东历史》第二卷（1949—1978），中共党史出版社2014年版，第729—730页。

第六章

改革开放和新时代中国特色社会主义建设时期

第一节 **农业经济稳步发展**

一、农业发展综述

紫金县是典型的"八山一水一分田"的山区农业大县。1979年统计，全县总人口530066人，其中农业人口491929人，占总人口的92.81%；全县可耕地面积97万亩，其中粮食面积52万亩，有45万亩用于种植水稻。改革开放后，紫金县结合自身农业资源的优势，围绕"水稻、蔬菜、水果、茶叶、药材"五大特色品种，以规模化为基础，以效益为中心，集中力量扶持革命老区优势特色农产品生产和销售，打造农业优势特色产业区域，形成具有紫金特色、空间上连片且具有相当生产经营规模的三大种植农业发展区和特色养殖基地，农业产业化、区域化生产初具规模，革命老区面貌焕然一新。其中：西北部柏埔、黄塘、义容、凤安4个镇为优质稻、中药材主产区；中西部瓦溪、九和、蓝塘、上义、好义5个镇为水果、蔬菜主产区；东部紫城、中坝、水墩、敬梓、龙窝、苏区、南岭7个镇为茶叶主产区。蓝塘、好义等镇为蓝塘猪、蓝野猪养殖基地；南岭、苏区、龙窝等镇为肉用牛养殖基地；好义、上义等镇为"三黄鸡"养殖基地；柏埔、黄塘和义容等镇为"温氏鸡"养殖基地；义容"天翔达白鸽"为种鸽养殖基地。

"十一五"期间，紫金县坚持以"自主创新，加速转化，提升产业，率先跨越"为指导方针，以促进"三农"发展为核心，以构建现代农业产业体系为抓手，以打造现代农业强县为战略目标，全面落实各项强农惠农支农政策，不断加大革命老区"三农"扶持力度，加快转变农业发展方式，立足生态优势，大力发展特色优势产业，大力推进城乡一体化建设，农业现代化水平不断提升，农业综合发展水平明显提高，区域产业带不断壮大，农业农村经济持续较快发展。县级以上农业龙头企业发展到50家，农民专业合作经济组织发展到157个；建成国家商品粮基地和袁隆平两系法超级杂交稻示范推广基地；完成国家东江上游特色水果产业带项目建设，紫金春甜橘、柠檬、茶叶、油菜等特色林果种植发展到7.07万亩，紫金春甜橘被评为"岭南十大佳果"之一，国家农业部建设项目蓝塘猪品种资源保护核心场立项建设；无公害农产品和绿色食品生产基地发展到17个，国家级无公害农产品认证企业发展到13家。2010年，全县农村经济总产值26.54亿元，农村人均收入5341元，农业经济平稳发展。

"十二五"期间，紫金县致力加快农业转型升级，建设生态农业强县，提出实现"两个千方百计"（即千方百计实现农业粮食生产稳定增产、千方百计实现农民稳定收入）和"两个确保"（即确保农业生产安全、确保农产品质量安全）的目标，突出抓好"六个着力"：着力抓好稳定粮食生产不放松，每年粮食播种面积62万亩以上，其中水稻53.2万亩，蔬菜基地3000亩；着力抓好调优结构，培育主导产业，继续抓好优质粮、果、菜、茶、药五大主导产业；着力抓好生态农业，以保护农业生态、发展循环农业为重点，推进农业结构调整，大力发展无公害和有机绿色优质特色产品，打造一批市场前景良好的生态农业示范基地，促进革命老区农民增收和农村经济的发展；着力抓好农产品安全质量不放松，对种植基地建立严格的农产品监督检测制度，使各种植基地生产的农产品的质量安全水平得到更加可靠的保障；着力发挥农民专业合作社的作用，以"专业大户牵头、龙头企业带动、农技人员引导"，拓展服务领域，整合现有产业，提升产品竞争能力，实现小农户与大市场的对接，为社员的农资统购、产品销售、技术统一提供指导服务，鼓励合作社申请"三品一标"认证，打造特色名优产品；着力抓好惠农政策的全面落实。全县农业生产总值由2010年的26.54亿元增加至2015年的41.5亿元，年平均增长9.2%；农村居民可支配收入从2010年的5341元增至2015年的10777元，年平均增长15.5%。

　　2016年，紫金县投入各类农业发展资金2300万元，为优势特色种养产业的发展壮大提供资金保障。特别在扶持茶产业发展方面，紫金县紧抓东江上游茶叶产业带项目建设的优势，出台加快茶产业发展促进精准脱贫工作实施方案（2016—2018年），投入1500万元，将茶产业打造为全县农业龙头产业和革命老区人民群众脱贫奔康支柱产业。2017年，紫金县全面贯彻党的十八大和十九大精神以及中央、省、市农村工作会议精神，提出全力打好农业产业发展等"四大会战"的工作部署，深入推进农业供给侧结构性改革，以农业增效、农民增收、农村增绿为主要目标，提高农业供给质量为主攻方向，在稳定和促进粮食等主要农产品生产的同时，加快转变农业发展方式，促进农业农村发展由过度依赖资源消耗、主要满足量的需求，向追求绿色生产可持续、更加注重满足质的需求转变，推进农业规模化、标准化发展。2017年，现代农业取得新成效，农村土地承包经营权确权登记颁证工作基本完成，粮食播种面积52万亩，总产18.97万吨；建成1000亩以上水果、茶叶、蔬菜等特色农产品种植基地17个；生产了17.97万吨的优质蔬菜、2万吨水果、15万头生猪和87万只家禽等绿色产品，成为珠三角"菜篮子"工程重要基地。县级以上农业龙头企业、市级以上农民专业合作社、家庭农场分别发展到62家、116家、44家，辐射带动农户9985户，户均增收5100元。2017年实现农业总产值46亿元，同比增长4.5%，农村居民可支配收入1.33万元，同比增长10%。

二、农村经济体制改革

家庭联产承包责任制全面推行。1979年，上义公社有半数以上生产队冲破"左"的束缚，在农业组的基础上，将水田以好、中、差搭配，按人数划分，责任到户，暂定一年。这一举措受到广大农民的欢迎，结果增产显著。1980年，县委总结上义公社的做法，在保障土地集体所有制前提下，在全县积极推行包产到户、包干到户的家庭联产承包责任制。1980年六七月间，省农委主任杜瑞芝带工作队到紫金蹲点调查两个月，向省农委党组汇报，肯定紫金县这一做法。报告得到省委书记杨尚昆的充分理解，批示将报告发给省委和正在省里开会的各地（市）委书记。

1981年，紫金县贯彻中共中央《关于进一步加强和完善农业生产责任制的几个问题》的指示，全县有5819个生产队实行包干到户。生产队的耕牛、农具、仓库等生产资料折价给农民使用，国家征购任务和上调社队任务合理分摊到各户承包。1984年，县委确定继续稳定和完善家庭联产承包责任制，土地承包期延长到15年以上不变，给农民吃了"定心丸"。随着家庭联产承包责任制的不断完善，农村产业结构发生了深刻变化，以发展商品生产为主的专业户、重点户和联合体不断涌现。是年，有各种专业户483户，年纯收入189.21万元；新经济联合体55个，年纯收入达56.4万元。农村经济中，以工业、手工业、建筑业为主的第二产业和以商业、服务业、运输业为主的第三产业的比重明显提高。同时，农作物结构也不断合理调整。

1990年6月6日至7月10日，紫金县在九和镇进行完善家庭联产承包责任制的试点工作。9月4日，县委下发《关于完善联产承包责任制的工作意见》，严格贯彻落实"大稳定、小调整"，从实际出发，分类指导的原则，避免土地撂荒和维护农村社会稳定。

1999年3月22日至4月22日，根据中共中央、国务院《关于当前农业和农村经济发展若干政策措施》的精神，紫金县在革命老区苏区镇进行农村土地延长承包期的试点工作。是年6月，在县城召开全县农村土地延包工作会议，对全县铺开农村土地承包期进行总动员，下发《关于开展农村土地延长承包期工作的实施方案》。第二轮土地承包期按照"增人不增地、减人不减地"和"大稳定、小调整"的原则，在1990年调整后签订的合同的基础上再延长30年不变。为解决极个别农户人地矛盾突出的问题，按照小调整原则，在极个别农户之间小范围进行适当调整。同时与农户签订承包经营合同和发放农村土地承包经营权证，进一步稳定和完善农村土地承包关系，确保农村家庭承包经营权制度的长期稳定，保证农村各项事业的健康发展。

农村基层经济管理体制变革。党的十一届三中全会后，由于落实了家庭联产承包责任制，土地分到各户经营，生产管理形式由"公社—大队—生产队"的三级管理转为"公社—大队"的二级管理。1983年9月，根据国务院和省政府的统一部署，撤销公社建制，恢复区建制，设立区公所，为县政府派出机构。1984年2月，大队改称为乡政府，成为一级政府。区公所、乡政府既是农村基层政府管理机构，又是农村经济管理组织。1987年4月，区公所改为乡镇人民政府，成为一级政府；乡政府改为行政村。1989年12月，行政村改称为管理区，1999年改称为村民委员会，是村民自我管理、自我教育、自我服务的基层群众性组织，实行村务公开和财务公开。

农民专业合作经济组织的建立。2006年，根据国家、省政府关于农村经济改革的工作要求，紫金县成立农民专业合作经济组织，在全县范围形成"专业大户牵头、龙头企业带动、农技人员引导、农村能人领办"的合作社良好发展格局。为发展农民专业合作社，紫金县从2008年起，出台了一系列扶持和引导农民专业合作社发展的具体措施，加大对农民专业合作社支持的财政投入。2008年，县政府拨出74万元支持全县农民专业合作社建设和产业发展。从2011年开始，连续三年增加农业发展资金50万元，用作建设农民专业合作社示范县的配套资金。在服务农民专业合作社上，从单纯的资金支持，转向资金支持与技术培训、人才培训、信息服务等方面相结合。至2012年12月底，紫金县注册登记农民专业合作社共412个，其中创建省级示范社19个，市级示范社53个，县级示范社340个。全县入社成员11399户，资金总额达5.2亿元。生产经营范围涉及紫金春甜橘、紫金蜜李、蔬菜、荔枝、药材、竹子种植以及生猪饲养等。至2017年12月，紫金县共有农民专业合作社1275个，其中，国家级5个、省级39个、市级79个，全县入社成员1.14万户，资产总额达5.2亿元，产品年销售收入3.2亿元，户均每年纯收入7100元，比当地非入社农民增收900元。

土地确权与土地流转。根据中央、省政府农村土地承包经营权制度改革的精神，紫金县认真抓好农村土地承包完善工作和土地流转工作，使农民土地承包经营权依法得到落实，土地流转进一步规范化、制度化。2007年，全县开展第二轮土地承包经营权证书发放。当年，核发农村土地承包经营权证书11810份，发证率94.1%；土地流转面积31691亩。2008—2012年，第二轮土地承包经营权工作基本完成，全县土地承包农户115663户，共发放经营权证书109667份，占应发放的94.89%。至2017年底，全县基本农田面积388461亩，农户100119户，完成农村土地确权颁证率99.03%，农民自愿流转农村土地49102亩，占承包耕地面积的12.52%。紫金县农村土地承包经营权得到有序流转，进一步促进高效生态农业发展。

三、特色农业的发展

紫金县宜林土地面积29.67万公顷，其中25度以下山坡地14666.7公顷，可开发"五荒"地5200公顷。1989年后，全县大力调整农业生产结构，发展高产、优质、高效农业，按区域化、规模化、专业化、集约化原则，建成一批具有一定生产规模的"三高"农业基地。

1990年，全县三级干部会议上，县委、县政府提出"八五"期间全县"三高"农业、"三带四点八基地"的总体规划目标。经过几年的实施，至1995年，荔枝、龙眼经济带种植荔枝2463.3公顷、龙眼563公顷；三黄鸡经济带饲养三黄鸡116.5万只；柚橘经济带种植沙田柚169.3公顷、柑橘2978.8公顷；青梅经济点种植青梅210公顷，甜竹经济点种植甜竹213.3公顷，水鱼经济点养殖甲鱼44.1公顷；建立优质稻谷基地8533.3公顷，蚕桑基地319.8公顷，甘蔗基地659.2公顷，鱼茶基地养殖四大家鱼133.3公顷，种植蔬菜216公顷，三元杂交猪基地养殖杂交猪12.42万头，木薯基地4054公顷，松脂基地、林业基地都有较大的发展。

1996年，中共紫金县委在总结"三高"农业发展情况的基础上，根据市场的变化，确定了"九五"期间紫金县发展"三高"农业的总体思路，提出要以市场为导向，充分利用本地资源，以优质水果种植为重点，围绕淡水养殖、禽畜饲养、优质果茶种植三大方面和荔枝龙眼、春甜橘、梅李榄三大种类，实行区域化布局、专业化生产、企业化经营、社会化服务，形成一批强有力的拳头产品，提高市场竞争能力和综合经济效益；强调要把发展"三高"农业作为农村工作重点，实行"政治上鼓励，政策上扶持，资金上帮助，技术上指导"的工作方针，促进革命老区经济发展和农民收入提高。同年8月，县委、县政府在全县三级干部会议上，下发《紫金县"九五"期间三高农业基地规划》，对全县发展"三高"农业做出全面规划。县、镇、区三级和县直单位率先办点示范，创办"小庄园"。至1996年底，全县23个镇、304个管理区和75个县直单位办场分别完成种果面积1.23万亩、17105亩和5205亩，初步形成具有本地特色的农业开发新格局。

为鼓励干部职工和农村专业户、吸引外部资金参与"三高"农业开发，紫金县委、县政府先后出台《关于鼓励干部参与农业开发的决定》《关于鼓励扶持个体工商户、私营企业、农村专业户发展"三高"农业的决定》《紫金县土地承包流转机制》《紫金县鼓励创办农业龙头企业的规定》等一系列的文件，提出具体的优惠政策和激励措施。规定对在"三高"农业生产和农业产业化经营中的用水、用电、通信、资金、税收等给予优惠；对在规划区内的山岭、荒地、水面实行流转机制，由当地镇、区、村负责调整落实，租赁期可达50年等。这些优惠政策的实施，在全县形成全民性、常年性的基地建设大行动，出现了千家万户上山种果的可喜局面。至1998年，紫金六大"三高"农业基地初具规模，建成一批具有本地特色的优质农业商品生产基地。至2004年，全县已建成东江沿岸古竹、临江一带的荔枝、龙眼基地，以蓝塘为中心的春甜橘基地，以龙窝为中心的梅李基地，上义、好义一带的三黄鸡基地，以临江、义容、青溪镇为主的瘦肉型猪基地，附城的单丛茶基地，九树的青梅基地，临江的蔬菜基地和九和的甲鱼基地，"一县数品""一镇一品"的农业开发新路健康发展。当年，全县共办小庄园4.85万个，种养面积20.85万亩。水果种植面积32.54万亩。全县农林牧渔总产值17.29亿元，其中种植业产值10.73亿元，畜牧水产产值4.8亿元；农村年人均纯收入3273元。2006—2010年，完成国家东江上游特色水果产业带项目建设，紫金春甜橘、柠檬、茶叶、油茶等种植面积发展到7.07万亩。2011—2015年，紫金春甜橘、茶叶等特色农产品全省驰名，五年分别新增种植1.95万亩，特色农业产值达22.56亿元，占农业总产值的比重提高到56%。2017年，农业总产值46亿元，比2016年增长4%，农村居民可支配收入1.33万元，比2016年增长10%。

蓝塘春甜橘基地　春甜橘落户蓝塘镇已有30多年历史。1996年起，蓝塘镇重点抓好以春甜橘种植为主的"三高"农业开发，"九五"期间种植春甜橘1000公顷（1.5万亩），以元吉、汉塘管理区为中心，辐射带动惠水公路沿线7个管理区、蓝石公路6个管理区，横向牵引其余各管理区发展，全镇28个管理区均办有春甜橘基地。1998年全镇春甜橘种植面积336.7公顷（其中6.67公顷以上基地20个），挂果面积186.7公顷，产量3000吨，产值2000多万元。2008年4月15日，县委、县政府印发《关于加快紫金春甜橘产业化建设的意见》，决定加快紫金春甜橘产业化建设，把其发展成为县域经济的特色支柱产业。2011年11月，紫金春甜橘成功入选"岭南十大佳果"，紫金春甜橘的影响力得到进一步提升。2017年，紫金春甜橘种植面积5.4万亩。

古竹万亩荔枝基地　古竹万亩荔枝基地主要由槎岭、四维、上联、新围、平渡5个管理区组成，占地1.8万亩。1990年起形成规模，1996年被省政府列为"一乡一品"重点基地。1998年镇政府成立东江荔枝发展有限公司和荔枝专业研究会，形成"公司+基地+农户"的经营模式。同年，东江荔枝发展有限公司被省政府定为全省31家农业龙头企业之一。2017年，全县荔枝、龙眼种植57320亩。

"菜篮子"工程　"九五"期间，县委、县政府把"菜篮子"工程当做民心工程来抓，落实领导工作责任制，制订发展规划，筹集资金，在县城、乌石建设多处蔬菜生产点。为提高蔬菜生产商品率和科技含量，又规划了临江、柏埔、蓝塘、乌石4个常规蔬菜生产基地和南岭、白溪2个反季节蔬菜生产基地。1998年，全县蔬菜种植面积9.33万亩，总产量15万吨，分别是1989年的1.5倍和2倍。2000年后，蔬菜生产基地不断扩大。2016年，紫金县投资120万元，在瓦溪镇四联村建设80亩无公害蔬菜基地。2017年，全县大型蔬菜基地6个，主要分布在好义、凤安、上义、瓦溪等镇，种植面积11.6万亩，蔬菜总产量18万吨。

四、农业基础设施建设成效显著

（一）中小型水库除险加固

紫金县中小型水库和小山塘大多数都是在1949年至1978年间建设的，因使用年限普遍较长，存在不同程度的安全隐患。为彻底解决中小型水库的安全隐患问题，县政府决定采取有效措施进行除险加固。1988年，县人大八届五次会议通过的《关于解决小型水库安全隐患问题的决议》实施后，紫金县根据省的安排对全县12个镇的20宗存在安全隐患的小型水库进行除险加固。2002年12月，广东省人大九届常委会第三十八次会议通过《关于解决小型水库安全隐患问题的决议》，2003—2004年，紫金县积极争取省政府解决小型水库安全隐患除险加固专项资金3742万元，县镇、群众自筹资金1625.17万元，共投资5367.17万元进行除险加固工程建设。白溪水库建于1980年，运行20年后，大坝、溢洪道、输水涵管等主要建筑物存在较多的安全隐患。2004年，投资2416万元，完成除险加固建设。同年3月，对新坑水库投资864.69

万元进行灌溉区改造，完成渠道建设总长54.74千米。至2004年12月，列入议案计划内的39宗险情突出、隐患严重的水库得到安全加固达标建设，取得明显的综合效益，有效改善灌溉面积44450亩。

2005—2017年，根据省人大《关于继续解决小型水库安全隐患问题的决议》，紫金县政府再次采取一系列有效措施，持续实施省、市、县人大水利议案工程建设。至2017年底，争取省、市资金补助和自筹资金共12530.9万元，对全县61宗中小型水库进行除险加固，继续发挥其灌溉效益，为农业生产的持续稳定发展提供了安全保障。

（二）基本农田建设

1998年起，紫金县开展大规模的农田水利建设，主要是"三面光"渠道建设和木石陂改造以及水库工程除险加固安全达标，做好水土流失整治和重点堤围建设。同年，县政府与各镇签订农田水利建设责任状，实行领导负责制，纳入政绩考核，促进农田水利建设事业持续稳定发展。1999年，紫金县获省政府"大禹杯"竞赛活动优秀奖，1998—2002年连续5年被河源市政府评为农田水利建设先进县。

2001年，河源市人大三届第三次会议审议通过《关于加强我市农村水利基础设施建设的议案》，市政府印发《关于农村水利基础设施建设议案办理方案》，计划用3年时间（即2001—2003年）每个镇安排1宗，个别重点镇安排2宗水利设施建设。紫金县列入市人大水利议案工程26宗，预算310.55万元。其中，市补助201.5万元，县、镇、村配套资金109.05万元。至2003年年底，全部工程验收交付使用，发挥效益。

在"十一五"期间，紫金县加快农田水利基本建设和省级基本建设农田改造，对全县耕地进行整治，地力培育得到改善，增强了农业抗御自然灾害的能力，提高了农业综合生产能力。2007—2012年，紫金县又投资1650万元，对全县基本农田进行整治，面积1.65万亩，地力培育1.65万亩，修筑"三面光"渠道38776米，修建陂头27座、机耕路2012米。

2012—2015年，河源市政府下达紫金县高标准基本农田建设任务10.84万亩，总投资14502万元。2012年完成建设任务3.26万亩，项目总投资3911.98万元。2013年完成建设任务2.6万亩，项目总投资3120万元。2014年完成建设任务2.49万亩，项目总投资3735万元。2015年完成建设任务2.49万亩，竣工后经省、市验收合格交付使用。

（三）实施省级水利工程示范县建设

2012年10月18日，紫金县通过参与省财政竞争性资金竞争，成功竞得省级水利建设示范县项目。该项目主要建设工程共171宗，其中中小型灌区改造101宗、机电排灌站改建54宗、中小河流治理4宗、小流域治理6宗、小型水库除险加固6宗。实施时间为2013—2016年，工程项目总投资8.42亿元，其中中央安排资金0.39亿元、省安排4.8亿元、地方配套3.23亿元。

2013年，实施省级水利示范县建设工程44宗，工程总投资15252.82万元，其中省级投资10760.43万元，地方配套资金4492.39万元。主要项目有龙窝小流域治理工程，工程投资4811万元；秋香江（九和段）治理工程，工程投资2399万元；义容河（义容段）治理工程，工程投资2899万元；中小型灌区改造工程18宗，工程投资386万元；小型水库除险加固6宗，工程投资476.43万元。

2014年，实施省级水利示范县建设工程52宗，工程总投资26524.63万元（其中省级以上投资16687.09万元，县级配套资金9837.54万元），完成小流域综合治理1宗，中小河流整治5宗，中型灌区建设1宗，小型灌区改造22宗，机电排灌站23宗。

2015年，实施省级水利示范县建设工程总投资1.57亿元（其中省级以上投资1.24亿元，市、县配套资金3300万元），完成小流域治理1宗，中型灌区建设1宗，小型灌区改造25宗。

2016年，实施省级水利示范县建设工程总投资19941万元，完成小流域治理1宗，小型灌区改造32宗。

（四）基本农田保护

改革开放后，紫金县域经济发展较快，非农建设用地不断增加，造成耕地逐年减少。为保护"饭碗田"，紫金县严格坚守红线，保护有限耕地。1991—2016年，紫金县先后实施5期耕地保护目标责任制，县与镇、镇与管理区（村委会）签订耕地保护目标责任书，规定基本农田保护区一经划定，任何单位和个人不得擅自改变农业用地结构或者占用；特殊情况需要占用的，必须按照法定程序进行严格审批，并坚持"以垦补占"或"以费补失"的原则补偿基本农田的流失。

1991—1992年，实施第一期耕地保护目标责任制，全县划定基本农田保护面积1.64万公顷（24.6万亩），占全县耕地面积57.3%。

1993—1997年，实施第二期耕地保护目标责任制，全县划定基本农田保护区1671个，面积2.59万公顷（38.85万亩），占耕地面积91.03%。1997年10月，河源市政府组织考核验收，全县第二期耕地保护达标。

1998—2002年，实施第三期耕地保护目标责任制，全县划定农田保护区1157个，面积2.59万公顷（38.85万亩）。其间，县政府投入水利建设资金16960万元，改造低产田面积1.23万公顷（18.45万亩），小型水库除险加固20宗，水毁工程修整长堤502千米，改善灌溉面积7.95万亩。2002年10月，开发整理耕地

13653亩，耕地净增面积2533亩，经省、市检查验收，以97分验收合格。

2003—2010年，实施第四期基本农田保护目标责任制。为确保耕地平衡，完成河源市下达的基本农田保护任务，县国土资源部门按照"十一五"规划，调整划定基本农田保护区1157个，面积约38.9万亩（水田约35.3万亩，旱地约3.6万亩），其中一级保护27.88万亩，二级保护11.02万亩。

2011—2016年，实施第五期基本农田保护目标责任制。2011年，河源市人民政府下达紫金耕地保有量41.28万亩，基本农田36.98万亩。县国土资源部门除执行最严格的耕地保护制度，全面落实责任，严守红线外，还严格落实基本农田保护经济补偿制度，有效保护耕地。2012—2016年，紫金县及时足额下拨基本农田保护经济补偿资金6349.35万元。对确须占用耕地的建设项目，在用地报批、用地预审时，按照"占一补一""先补后占""占优补优"的要求，采取由建设用地单位缴交耕地开垦费，购买紫金县开发补充耕地储备指标的方式进行占补，确保耕地总量动态平衡。2014年，全县落实占补平衡11宗面积714.8亩。至2016年，紫金县耕地保有量实现45.86万亩，比市政府下达的41.28万亩多4.58万亩，基本农田面积38.67万亩，比市政府下达的基本农田保护任务36.98万亩多1.69万亩，实现耕地总量不减少，基本农田保护率100%，守住了耕地保护红线。

（五）土地开发

2004—2009年，为确保紫金县耕地面积不减少，县国土资源部门积极争取国家和省的大力支持，在全县范围内开展土地整理、补充耕地等土地项目开发，所有项目都依照法定程序进行招投标，由中标单位实施工程建设。至2009年底，共投资9433.33万元，完成土地整理、补充耕地等土地开发项目130个，共新增耕地28601亩。

2004年，由国土资源部门组织实施的柏埔复兴村、龙窝光明村的省级对口补充耕地项目，总投资315万元，新增耕地539.7亩，经省国土资源部门验收合格。2005年，由国土资源部门组织实施的国家级紫金县古竹镇土地整理项目，总投资2503万元，项目涉及4个行政村，土地面积1.4万亩。该项目于2005年11月26日竣工，新增耕地1824亩，并经省、市国土资源、农业部门验收合格。2005年，省级补充耕地项目总投资1075.45万元，涉及8个镇、17个补充耕地项目，于2005年11月30日竣工，12月28日经省国土资源部门验收合格，共新增耕地3072.7亩。2006年，龙窝镇省级土地开发项目投资122.73万元，新增耕地250亩；2006年全县省级补充耕地项目投资2021.29万元，涉及14个镇，该项目共新增耕地5775.1亩。2007年，省级补充耕地项目投资1023.82万元，项目涉及15个镇，共新增耕地6192.1亩。2008年，省级补充耕地项目投资2811.736万元，项目涉及18个镇，共44个项目。该项目于2008年11月30日竣工，新增耕地6853.33亩。2009年，省级补充耕地项目投资561.03万元，项目涉及12个镇，共41个项目。该项目于2009年12月10日竣工，共新增耕地4094.1亩。

（六）水毁工程修复

2006—2012年，紫金县因受强台风影响，基本农田累计被毁面积9775.5亩。为加快灾毁农田复垦，县国土资源部门对全县受灾镇进行灾毁基本农田调查立项，报省国土资源厅、省农业厅批准，对比较严重受灾镇实施复垦。至2012年，共立项540个，复垦农田10273亩，修筑河堤3004米，修复渠道27398米，修筑道路35708米，修复水陂35座。

2005年6月，紫金县遭受百年一遇的特大暴雨袭击，全县最大降雨量达684毫米。由于降雨强度大，柏埔河和义容河河水暴涨，加上东江河洪水水位升高，造成临江、古竹等镇28个村遭受洪水严重威胁。全县损坏小（一）型水库3宗、小（二）型水库7宗；冲毁塘坝17座，损坏74座；冲毁、损坏引水陂475宗，冲毁灌溉渠道103.3千米；毁坏堤围、护岸114处34千米；损坏机电排灌泵站11宗、小水电站23座。2006年5—7月，紫金县遭受"珍珠""碧利斯""格美"台风袭击，全县最大降雨量657毫米，暴雨造成山洪暴发、山体滑坡、交通中断、村庄受浸等灾情。全县20个镇不同程度受灾，受灾人口16.3万人；冲毁河堤6.9千米、中型水库1座、小型水库4座、水利设施83处；损坏陂头422座，损坏小水电站12座；农作物受灾面积7.9万亩，绝收面积1.6万亩，全县因灾造成直接经济损失5617万元。2007年6月8日，"帕布""蝴蝶""圣帕"强台风来袭，造成农作物受浸1万公顷，冲毁河堤8.9千米，损坏河堤16处1.9千米，堤防决口14处4.25千米，"三面光"渠道损毁12.83千米，损坏山塘2宗，损坏水电站2座，全县直接经济损失6100万元。2008年7月29日，受8号台风"凤凰"影响，水毁水利工程损失3310万元。2013—2014年，强台风使农田水利设施不同程度上受到严重损毁，直接造成了严重的经济损失。

2005—2014年，面对严重的自然灾害，紫金县政府发动各界社会人士、群众自筹资金4417万元，争取省、市补助资金4047万元，共投资8464万元，修复水库31座、堤围87.43千米、护岸292千米、塘坝307座、陂头1337座、"三面光"渠道2875千米、灌溉泵站29座、水保拦坝62座。

第二节 工业经济增量提质

一、工业发展综述

党的十一届三中全会以后，紫金县工业企业通过深化改革，工业增速较快，经济总量明显增大。1979年，全县工业总产值4397.5万元（1980年不变价），其中，国营企业占68%，集体工业占28%，私营个体工业占4%。主要工业门类有造纸、印刷、爆竹、化学、食品、粮食加工、冶炼、竹木制品、采矿等十多类。1981年后，紫金县贯彻中央"调整、改革、整顿、提高"的新八字方针，对企业进行整顿，对产业、产品进行调整，逐步扩大企业自主权，在企业中推行各种形式的经济责任制，使企业增添活力；在抓好公有制企业改革的同时，允许和鼓励个体私营企业的发展，全县工业经济增长较快。1995年，全县工业总产值4.7亿元，比1990年增长155.4%，年均增长20.6%。其中县经委系统1.2亿元，镇企业3.5亿元，产值超千万元工业企业由1990年的2户增加到8户。电力、建材、矿冶、造纸、陶瓷、缫丝、食品加工等成为紫金县工业的支柱。随着国家改革开放的进一步深入及社会主义市场经济体制的初步建立和不断完善，紫金县坚持以资源为依托，走多形式、多层次、多元化发展工业道路，通过转换经营机制，强化内部管理，加强技术改造，调整产品结构，深化国有企业改革，使工业产值大幅上升，固定资产成倍增长，创税能力稳步增强。1998年全县实现工业总产值5.82亿元，比1989年增长3.5倍；工业总产值占全县工农业总产值的36.1%；各类工业企业达4292家。1998年以后，紫金县确立和实施"工业立县"战略，全县继续以深化改革为契机，以技术改造为动力，以招商引资为突破口，以资源为依托，以市场为导向，全面实施国有企业产权制度改革，走新型工业化道路，大力培植和发展民营经济，努力推进全县工业化进程，基本形成六大产品系列的构架：以县东江纸业有限责任公司为龙头的糖、纸系列；以县矿冶总公司为主的采、冶、铸系列；以宝山水泥厂、紫金县水泥厂和金山陶瓷有限公司为骨干的建材产品系列；以县陶瓷一厂为主的日用陶瓷系列；以县食品厂、玉轩食品有限公司为主的农副产品加工系列；以县饮料食品厂为主的"竹壳茶"保健系列。至2004年底，全县工业企业开发的新产品有30多种。其中：县二轻饮料厂开发的"保健茶"系列产品，1993年获首届中国保健品国际交流推荐会"国际推荐保健品"资格；传统紫金椒酱不断增加品种，提高质量；宝山生铁产品质量上乘；县东江纸业有限责任公司生产的纸袋纸，县水泥厂和宝山水泥厂生产的"石王牌"和"秋江牌"水泥，县矿产总公司生产的石英玻璃管，县冶炼厂生产的金刚石及制品，金山陶瓷有限公司生产的玻化砖系列产品等质量稳定，知名度越来越高，实现工业总量的新突破。2000年，县政府出台一系列鼓励发展民营经济的政策和措施，民营企业发展势头迅猛，成为县域经济的主要力量之一。非公有制经济在规模以上工业经济中占绝对优势。2000年全县工业总产值7.175亿元，其中非国有经济占87.5%，2004年上升至98.1%。随着民营经济的快速发展，全县工业总量直线上升，2004年全县工业总产值达到15.90亿元（当年价），比2000年增长2.21倍，比1979年增长36.157倍。至2017年，全县工业总产值达到150亿元。

二、工业（企业）经济体制改革

（一）经营改革

1979年后，紫金县工业经营管理体制经历了承包经营责任制、风险抵押承包制、厂长（经理）任期目标责任制、企业扭亏增盈工作目标责任制、股份合作等多种形式的经营模式。

1. 承包经营责任制。

1979年，紫金县工业企业全面推行经济责任制。1980年，县经济委员会对国营工业实行承包责任制，以一年一定的形式对企业下达承包任务。各企业则实行承包任务与工人工资直接挂钩，改按时计工资为按件计工资。1986年，全县有10家国营工业企业实行承包责任制。

1988年，执行国务院《全民所有制工业企业承包经营责任制暂行条例》，全县国营工业企业实行厂长负责制和承包经营责任制。

2. 风险抵押承包制。

1992年以后，紫金县不断探索国有企业改革的路子。制订实施《紫金县国有企业改革转制总体方案》，全面实行国有企业经营改革。至1998年，县内工业企业实行抵押承包或租赁经营的有8家，实行全员持股的有东江纸业有限责任公司和宝山水泥有限责任公司，实行法人持股的有竹壳茶生产企业，转制为责任公司的有宝山矿冶总公司和县林产化工公司，县金联食品工业公司则实行一厂多制。2000年，国有企业停止实施风险抵押承包经营办法。

3. 企业兼并改制。

1993年，紫金县按照国务院颁布的《全民所有制工业企业转换经营机制条例》精神，制订县国有工业企业改革方案和配套实施措施，逐步推进经营改革。至2000年，全县工业企业实行各种形式改革的共有23家。其中实施破产的企业8家：县陶瓷一厂、铁嶂锡矿、县林产化工公司、县矿产总公司、古竹铁锅厂、县缫丝厂、县宏兴印刷厂、县合成材料厂；实施关闭的企业8家：县冶炼厂、县农机厂、县粉酒总厂、县汽修厂、县金达矿产品公司、县宏达精细化工总厂、县食品厂、县机电总厂；实施生产经营权转让的企业5家：县糖厂、县矿山冶金总公司、县金山陶瓷有限公司、县水泥厂、宝山水泥有限责任公司，利用所得承包款安置补偿职工；实施股份制改制和产权整体转让的2家：东江纸业有限责任公司和永安制药厂。

（二）产权改革

1996年，紫金县工业企业实行以产权改革为重点的深层次改革，全面开展固化债务、租赁经营和股份制改革。是年，县糖厂实行"固化债务、重建机制"改革。1997年10月，县造纸厂转制，成立东江纸业有限责任公司；12月，宝山水泥厂转制为宝山水泥有限责任公司。1998年11月，县金联食品工业公司拆分为县粉酒总厂和县食品厂；12月，县水泥厂、县粉酒总厂、县矿山冶金总公司、宝山水泥有限责任公司、县糖厂等国有工业企业进行引资嫁接改造，租赁承包经营。2003年，全县继续推进工业立县的战略，深化国有企业产权改革，建立国有资产管理和运营体系，鼓励非公有制企业参与国企改革。全县23家国有工业企业引进项目3个，资金5300万元。分别为县糖厂引进800万元，转让生产设备、租赁厂房；县矿山冶金总公司引进广州天高集团3500万元，在宝山矿区经营采矿；金山陶瓷有限公司引进1000万元，由外地商家承包经营。此后，紫金县国有工业企业完成产权改革，逐步退出市场。

三、国有和集体企业的发展变化

（一）国有企业

1979年，紫金县对国营企业进行产业和产品结构调整，扩大企业自主权。1982年，开展以提高经济效益为中心的企业整顿，对原材料缺乏、生产不正常、亏损大的县铁锅厂、县陶瓷厂、县木器厂等企业实行关、停、并、转，对原料充足、产品适销对路、经济效益好的企业进行扩建和设备更新。1983—1986年，宝山铁厂、水墩锡矿、县林化总厂、县冶炼厂、县造纸厂、宝山水泥厂、县粉酒厂、县印刷厂等企业进行技术更新改造，新增采矿、炼铁、金刚石、结晶硅、浅色松香、彩色胶印、水泥袋纸、压铸铁锅、食用酒精、食品饮料等生产线10多条。1988年5月，总投资2146万元的县水泥厂在附城林田动工兴建，总投资650万元的县缫丝厂在县城杨屋墩兴建。至1989年，全县有国营企业58家（其中独立核算31家）。

1989—1993年，县内国有工业企业经过治理整顿后，经济环境转好，工业投资增大，产销两旺，效益显著。其间，县缫丝厂和县水泥厂相继建成投产，全县国有工业产值大幅增加。1993年，全县国有工业企业总产值达到1.25亿元，实现利润767.7万元，上缴税金9774万元。1994—1997年，由于国家实行宏观调控政策，银根紧缩，市场疲软，产品价格下跌，县内国有企业更新改造资金和流动资金不足，企业经营机制滞后，企业产值逐年下降。1998年起，县委、县政府对县属国有企业全面实施产权制度改革，并大力招商引资，发展外资企业、合资企业等，鼓励个体私营企业发展，注重发展以本地资源为依托的工业。2004年后，县国有企业逐步实行关、停、并、转等改革后，实行个人承包管理。

（二）二轻工业

1979年，紫金县二轻工业局贯彻"调整、改革、整顿、提高"的方针，落实经济承包责任制发展生产。1981—1983年，县二轻工业局新建爆竹厂、古竹红砖厂、工艺制镜厂。1984年，县二轻工业公司办起一批采矿、铸造、食品、金属制品、竹木制品企业。同时，积极扶助私营、个体工业发展。1986年，县内二轻企业引进外资及港澳台资兴办"三来一补"（来料加工、来件装配、来图来样制作和补偿贸易）企业，生产服装、毛织、表链、炉具、腐竹等产品。1989年，县二轻工业公司以市场为导向，增加产品技术含量，提高效益。1998年，县二轻总公司辖下有烟花爆竹工业公司、五金钢铲厂、饮料食品厂、专用机械厂、古竹农械厂、古竹红砖厂等企业。2004年后，二轻企业进行产权制度改革，采取股份合作、租赁、转让经营、关闭拍卖资产等形式发展生产，主要生产竹壳茶、龙须茶、爆竹、铸件、表链、表壳和红砖等产品。

（三）镇（社）办集体企业

1979年，紫金县各公社办有集体企业124家，从业人员3414人，年产值663.7万元，上缴税金33.69万元，实现利润46.38万元。1980年，全县各公社利用农村剩余劳动力，发挥当地资源优势办集体企业，主要经营项目有矿产采选、铸造、金属制品、竹木制品、采石、砖瓦制造、运输、商业服务和小水电等。1984年，全县镇（社）办集体企业173家，其中农业企业21家、工业企业95家、交通运输企业10家、建筑企业2家、贸易企业38家、饮食4家、旅业3家。1985—1990年，镇办集体企业改革封闭式经济和所有制结构，采取多种优惠政策和灵活措施，引进外资和先进技术与设备改造企业，提高企业经济效益。1990年，镇办集体企业优化投资结构，改革单一投资主体。1998年，县内镇办集体企业进行清产核资，改风险抵押承包为产权赎卖制度改革。2004年，全县镇办89家集体企业转型升级为控股公司，产权改革基本完成，逐步转制为民营企业；余下的70家镇办企业以经营小水电站为主。

（四）村（队）办集体企业

1979年，紫金县有村（队）办集体企业525家，主要有碾米厂、小竹器厂、小榨油厂、小糖厂和小矿场，还有小农场、小果园等；集体企业有从业人员3977人，总产值258.3万元。1984年，乡（村）办企业363家，其中农业企业36家、工业企业182家、交通运输企业37家、建筑企业18家、贸易企业16家、饮食企业4家、旅业3家，另有其他企业67家。1985年，青溪区上窖乡、义容区均安锡田村、九和区芜芬乡先后办起采矿场，蓝塘区加元乡、元吉乡、自然乡办起竹器厂。1987年，村办集体企业488家，从业人员1980人，总产值816万元。1988年，村办集体企业采用承包方式经营，大部分企业承包给农民经营。是年，村办集体企业有533家，从业人员2097人，产值1168万元。1996年起，集体企业以股份合作、抵押承包、租赁经营等形式推进产权改革，对破产企业实行关停、清算和转让。但由于受技术、设备和资金等因素影响，村办集体企业产值下降，企业数量减少。

四、民营经济异军突起

紫金县的民营企业是从私营联产、个体手工业发展而来的。1984年，全县联户、个体私营企业有2557家，从业人员7418人，总产值1170万元，上缴税金33万元，实现利润321万元，产值、税收、利润分别占乡镇企业经济的42.3%、35.3%和63.2%。1985年起，联户、个体私营企业以挂靠和承包企业的形式发展。1989年，县委、县政府把发展个体私营经济作为新的经济增长点，个体私营企业发展迅速，至年底，全县联户、个体私营企业11809家，从业人员23522人，实现总产值13039万元，占乡镇企业总产值的72%。1993年后，对联户、个体私营企业放开资源，并扶持、引导进行资源整合，个体企业挂靠集体企业自立门户，联户合作和雇工的企业增加，个体私营经济逐步成为民营经济的主体。1995年，县政府制订《关于鼓励扶持个体工商户企业和农业专业户重点户发展的决定》，支持个体私营经济发展。1999年，县委、县政府利用国家把民营经济列入国民经济组成部分的有利时机，加快个体私营企业发展。县内个体私营企业改变家族式经营模式，向公司式经营模式发展。2001年，全县民营企业产值7.1亿元，同比增长20.3%。2002年，县政府出台《紫金县鼓励民营工业发展若干规定》。2003年，县政府对科技型、外向型、吸纳下岗人员就业型、从事农产品加工型四类民营企业进行扶持，积极为民营企业营造良好发展环境。2004年，民营企业年总产值96048万元，上缴税收3498万元，实现利润10078万元。

2005年，全县个体私营企业8082家，产值131055万元，增加值44662万元，产值和增加值分别比2004年增长36.5%和47.3%，占乡企经济71.6%，民营经济成为县域经济主要力量。2010年，全县实现工业总产值85.3亿元，比2009年增长18.9%；实现工业增加值22.3亿元，比2009年增长19.5%；其中民营企业产值49.87亿元，比2009年增长29%，占乡企经济82%，上缴税金22608万元。

2011年，紫金县大力抓好临江工业开发区、紫金古竹经济开发试验区和紫城工业园建设。三个工业园区规划面积33.12平方千米，累计投入资金7亿多元，建成区10.2平方千米，落户企业109家。古竹经济开发试验区已形成以汇骏光学城、新泰工业园为龙头的光学眼镜生产制造基地；临江工业开发区形成以电子、五金、建材、制药为主导的产业基地；紫城工业园形成以制药、五金、水泥、建材、木制品、制衣为主导的工业基地。2015年，全县规模以上民营工业企业发展至67家。全县工业经济提速增效，至年底，工业总产值150.7亿元，比2010年增长76.67%；工业增加值44.16亿元，比2010年增长98.03%；其中规模以上民营企业工业总值136.83亿元，工业增加值39.23亿元，同比分别增长5%、6.8%。

2016年，紫金县继续开展招商引资，积极承接珠三角产业转移，新上规模民营工业企业8家。全县实现全社会工业总产值162.2亿元、增加值40.02亿元。至2017年底，全县规模以上民营工业企业发展到69家。民营经济成为全县工业经济发展的支柱。

五、"三来一补"企业与"三资"企业的发展

改革开放以后，紫金县实施"工业立县"，相应出台了一系列扶持工业发展的措施，着力营造良好的投资环境，吸引一大批海内外客商前来投资置业。1979年，紫金县开始引进"三来一补"企业。是年9月，县二轻专用机械厂引进香港智力公司合办企业，生产燃气炉头。1983年8月，县机电厂与香港嘉诚毛衫厂业主颜烈生、陈嘉正合办县城毛织一厂，引进设备2502台（套），来料加工毛衫。尔后，县内"三资"企业（中外合资企业、中外合作企业、外资企业）逐年发展，逐步形成以"订单生产，来料加工"为主的工业发展模式。1979—1986年，全县先后引进"三来一补"项目21宗，其中来料加工项目12宗，补偿贸易项目9宗；合同项目金额249.68万美元，实际利用外资及港澳台资92.6万美元；兴办企业11家，"三来一补"工缴费收入49.11万美元。1987—1989年，对外引进合同47宗，利用外资6062万港元，引进各种设备1715台（套）；新办"三资"企业、"三来一补"企业45间；工缴费收入平均每年311万港元，比1986年增长76.7%；对外贸易收购出口商品总值平均1985.3万元，比1986年增长39%；创外汇1495万美元。至1998年，引进"三来一补"企业累计出口274万美元，主要出口产品有服装、塑料制品、五金制

品、玩具、针织服装、电子产品、通信器材、工艺陶瓷、文体用品、医药原材料和制成品、食品等13大类100多种产品，产品主要销往日本、美国、英国及中国香港、台湾地区。

　　紫金县最早的招商引资企业是乡镇"三资"企业。1986年，紫金县革命老区蓝塘、古竹、柏埔、临江等区引进来料加工乡镇企业4家，引进设备价值131.92万元，主要加工针织品、表链、腐竹、炉具等产品。尔后，各乡镇继续引进"三资"企业。1988年，全县乡镇有"三资"企业7家，从业人员746人。1990年后，各乡镇引进的外资企业以合资合作为主。是年，古竹镇与台商合作投资90万美元的华发电子厂建成投产，年产值达1300万元。1992年1月，古竹镇与台商合资120万美元，新办华威铜线厂，当年实现产值522万元；与港商合资200万美元的金辉电子厂建成投产。1993年8月，附城镇与港商合作，新办富亿电子塑胶制品有限公司。1995年，龙窝镇引进外商兴办玉轩凉果厂，合作投资800万元，年产值260万元。是年，全县"三资"企业发展到15家，从业人员1557人，产品出口378万美元，实现利润734万元。1996年，总投资430万美元的古竹镇圣仙丽针织有限公司建成投产，年产值达1900万元。是年，蓝塘镇引进加拿大籍华商兴办广东立国制药厂，总投资16772万元，生产先锋霉素中间体和先锋霉素系列药品，1998年试产，当年产值1亿元，税利1100多万元。2000年，附城镇引进外商投资385万元的润通木制品公司建成投产，年产值达1800多万元。是年，全县乡镇"三资"企业15家，从业人员1205人。2004年，有乡镇"三资"企业13家，总产值1.98亿元，占乡镇企业总产值的15.6%。

六、工业园区建设

　　为加快招商引资发展工业的步伐，大力促进乡镇企业、中小型企业和民营企业向小城镇工业园集中发展，1988年，紫金县决定筹办工业园区进行"筑巢引凤"，制定鼓励外商投资的优惠政策，加大招商引资力度，促进各类中小型企业向城镇聚集，打造一批上规模、造血型的企业，形成具有紫金老区山区特色的中小型企业群体格局。2003年，工业园区建设全面启动。2004年3个工业园区规划面积28.2平方千米，首期开发规划占地总面积10平方千米，由县政府投入建设为主。采取自主开发和引进外资自办工业园两种模式开发。累计投入资金6.4亿多元，建成区10.95平方千米，落户企业109家，投资总额74.9亿元。2009年，紫金县全力加快推进工业园区建设，坚持把临江、古竹、紫城3个工业园作为"工业立县"的主战场，进一步完善园区投资环境，扎实推进西部带动战略，致力建设效益园区，发展园区经济，促进全县工业经济快速发展。

（一）紫金古竹经济开发试验区

1992年10月，经广东省人民政府批准，成立紫金经济开发试验区。同年11月，县政府成立紫金古竹经济开发区管理委员会，负责开发区具体业务工作和工业园区基础设施建设。工业园区规划面积10平方千米，以古竹圩镇为基础，外延上联等10个行政村的全部或部分土地。1992年12月2日，中共中央政治局委员、省委书记谢非为开发区题词"办好经济开发试验区，加速发展山区经济"。1998年后，开发区投入资金征地、拆迁，完善"三通一平"（路通、水通、电通、平整土地）等基础设施建设，优化投资环境，引进外资项目逐步增多。至2002年，开发区建成区面积为3.1平方千米。2003年3月，县委、县政府成立紫金县东江巨龙工业园。该园区设在紫金经济开发试验区已征地范围内，首期规划面积为2平方千米，并以紫金县东江巨龙工业园名义对外招商。至2004年，紫金经济开发试验区与古竹圩镇连成一体，建成区面积达4.2平方千米，总人口3.68万人。

1990年10月，开发区与台商合资兴办的华发电子厂，为首家进园企业，当年投资90万美元。至2002年，园内企业有古竹腐竹厂、大鑫电镀厂、亿龙五金厂、东宇香厂、新华发电子厂、四维电子塑料厂、岸头盛花厂、圣仙丽丝袜厂、光业金属加工厂、嘉毅针织厂等12家，年总产值达8000万元以上。2002年9月28日，县政府与香港汇川实业有限公司举行签约和奠基仪式，在东江巨龙工业园内设立新泰工业园发展有限公司，投资1.8亿元，主要生产金属五金配件、眼镜架及其他配套产品。2004年，县政府投资2200万元用于园区的土地及基础设施建设，是年落户工业企业22家，投资总额8.12亿元。引进香港新生集团兴建五金压铸厂，投资5000万元，建成厂房8万平方米。同年6月，香港雅视集团有限公司投资1.5亿元，兴建汇骏光学城，占地面积700亩，2005年开始动工建设，首期工程占地面积2万平方米，建筑面积9万平方米，主要生产眼镜光学产品及配套五金、塑料配件产品，年产各类高档眼镜1000万副以上，年产值超过10亿元。至2017年，东江巨龙工业园扩建园区面积3.7平方千米，主要产业为电子、眼镜、五金、塑胶、建材、纺织等。主要企业有汇骏光学城（河源）有限公司、东江建达金属制品有限公司、汇联眼镜制造厂（河源）有限公司、汇龙眼镜五金配件（河源）有限公司、连发金属厂、河源海升纽扣制品有限公司等22家企业，工业园区企业年总产值8.5亿元，就业人数4000多人。

（二）临江工业开发区

1992年10月，河源市政府批准成立临江工业开发区，规划面积2平方千米。2002年4月，县政府在临江工业开发区划出1.2平方千米设立紫金县东江金珠工业园，该工业园领导小组办公室与原工业开发区实行两块牌子一套人马，并以紫金县东江金珠工业园名义向外招商引资。2003年，县政府把临江工业开发区作为实施"工业立县、借外发展"战略的主战场，在东江金珠工业园重新规划工业园区招商用地，首期开发3平方千米。

1992年，临江工业开发区成立后，抓住机遇，多渠道引资开展各项基础设施建设。县政府先后投资1000多万元，对河汕线紫河路段临江过境路段进行上等级改造，兴建了4幢共1.2万多平方米的工业厂房、3300平方米的东江市场、1500平方米的开发区办公大楼；投资500多万元在开发区内兴建临江第二中学。1998年6月，深圳布吉捐资30万元，建成面积500平方米的临江镇布吉幼儿园。县政府投资800多万元兴建江东110千伏变电站，投资20多万元建成电视差转台，投资400多万元建成日产2万吨的自来水厂，投资600多万元建成开发区内2平方千米的排水排污工程。引进外商投资500万元建成高望度假山庄。县有关部门投资兴建的银行、邮电、公安、粮食、税务、工商、供电、交管站、加油站等服务单位及市公安教育培训基地相继建成使用。2002年8月，投资近200万元，新建直供开发区工业用电的3.5万伏专用变电站。是年9月，总投资800万元的开发区东西向和南北向的两条园区大道破土动工。2004年，平整80万平方米的项目用地，完成1.5千米排水、排污工程，两条园区水泥路修筑完成，改造临古路船窝凹水泥路段，建成德润钢铁厂110千伏变电站，解决园区拆迁户安置。工业园的基础设施日臻完善。

2002年，东江金珠工业园掀起新一轮招商引资热潮，当年进园的企业有20多家，利用外资达9500万元，工业总产值达6800万元。2003年，开发区制订《临江镇鼓励投资若干规定》，增强招商引资竞争力。是年，投资10亿元的河源德润钢铁厂落户园区，投资6800万元的河源富达制衣厂和投资4000万元的临江文容钢厂二期改造正式投产。2003年园区工业产值突破1亿元。2009年，县政府投入配套建设资金3500万元。至2016年底，园区已平整土地面积7.61平方千米，完成固定资产投资约86.85亿元，工业园内共落户企业77个，实现合同投资额132.83亿元，初步形成以电子电器、机械制造、医疗制品、包装制造、商务服务为主的多种行业的产业格局。2017年，签约落户园区项目3个，项目总投资2.45亿元；新动工项目6个，项目总投资10亿元；投产项目3个，项目总投资8500万元。全年实现规模以上工业企业总产值40.99亿元，比上年增长46.3%；实现规模以上工业企业增加值11.09亿元，比上年增长42.5%；实现税收总额2.25亿元，比上年增长78.5%。

（三）紫城工业园

2002年4月，经河源市政府批准，紫金县政府在原附城镇城西村、林田村成立紫金县金山工业园，2003年7月更名为紫金县金山民营工业园。园区规划面积3.12平方千米，首期规划面积2平方千米，县政府投入建设资金1000万元，完成"三通一平"基础设施配套建设。当年，香港商人投资3000万美元，办起东美（紫金）人造板有限公司。2009年8月，紫金县金山民营工业园更名为紫城工业园。当年园内落户工业企业11家，合同投资总额5.94亿元，主要产业为制药、五金、建材、工艺、木制品、制衣。建成投产且上规模的企业有：紫金县金棋陶瓷有限公司、广东永安药业有限公司、紫金县华丰国际食品有限公司、紫金县金圳米业有限公司、东美（紫金）人造板有限公司、紫金县金珠陶瓷制品有限公司、紫金今品五金塑胶有限公司、紫金县石王水泥有限公司、紫金县润通工艺有限公司、紫金县水昌制品厂等。园区工业企业年产值6.6亿元，安排就业人员2000多人。2013年，引进台资企业龙川兴菜鞋业有限公司投资800万元成立紫金分公司，建成制鞋生产线12条，并正式投产。引进香港京基国际控股有限公司投资的紫金京基混凝土有限公司，用地面积2.4万平方米，建设厂房1.8万平方米，总建筑面积2.05万平方米，设计年生产混凝土100万立方米。

2014年5月20日，中共河源市江东新区委员会、河源市江东新区管理委员会挂牌成立，古竹、临江两镇被纳入规划范围。紫金县调整了工业园区建设的重点，提出"四个三"（实施工业立县、旅游旺县、科技兴县"三大战略"；借助珠三角地区辐射带动，高速公路建设拉动以及临江、古竹和紫城等核心地区的建设驱动"三大动力"；构建西部重点发展，中部优化发展，东部保护发展"三大主体功能区"；实现经济、生态、文化"三大崛起"），把紫城工业园定位为以新电子、新材料、新能源、矿产资源深加工为主，承接河源市高新区、临江产业转移园产业链企业。2016年，对紫城工业园控制性规划进行修编调整，将总规划面积调整扩大为10.6平方千米，其中首期开发2.7平方千米。

2016年10月，紫城工业园新一期建设正式启动，次年5月9日举行基础设施建设动工仪式，全面打响紫金工业发展大会战。紫金县将紫城工业园基础设施建设列为"一号工程"，狠抓落实。2017年，紫金工业园投入3亿元，其中基础设施建设1亿元，完成土方400多万立方米，平整土地80万平方米，建成路基3500米，完成路面铺设600米，供水、供电、排污排水等配套设施已完成建设，是全省57个产业转移工业园中第一个实现"当年开工、当年建设、当年建园"的工业园区，创造了"紫金速度"，展现了紫金力量。

2017年9月29日，紫城工业园正式开园纳企。至2017年底，已有18家企业落户紫城工业园，其中首批入园企业8个，总投资21亿元，企业总用地面积24万平方米。还有已签约项目10个，合同投资总额40亿元。

基础设施逐步完善

一、交通设施跨越发展

（一）公路建设

1979年，紫金县有省道公路4条、县道公路22条、乡道64条，全县公路通车里程823.8千米，公路密度22.71千米/百平方千米。1988年起，在省、市支持下，动员群众"民工建勤"，拓宽改造县主干线，贯通至邻县出境公路。1988年秋，总投资7080万元、全长55千米的河汕线紫河公路动工改造，至1992年冬全面竣工，成为紫金历史上第一条柏油路。此后，相继开通革命老区炮子圩至柏子窝、蓝塘至惠东石塘、上义至惠东松坑等出境公路。至1989年底，全县通车里程1128千米，但仍有108个行政村不通车。

20世纪90年代初，为打开山门、畅通公路、发展经济，紫金人掀起大规模的群众性农村公路建设热潮，取得公路建设大飞跃，被省交通部门誉为山区公路建设的"紫金模式"。1991年9月，全县25万干部群众投入公路建设行列，对现有公路按省道12米、县道10米、乡道6~8米的路基标准进行扩宽改造。1992年春，"民工建勤"改为"以资代劳"，每个劳动力每年按10个工日，折款35元"以资代劳"，转由机械化专业队施工。至1995年，全县"民工建勤"投入劳动工日达470万个，多渠道筹集公路建设资金1.1亿元，完成土石方160万立方米，经交通、公路部门验收合格的扩改公路230千米。

1991年10月，投资4400多万元、长10.5千米的县城一级过境公路开始动工。1992年11月，投资1800万元、全桥长922米的古竹东江大桥动工兴建；投资9429万元、长62千米的惠水线下段二级路改造进场施工。1994年，投资7820万元、长49千米的河汕线紫海段，投资5300万元、长35千米的惠水线上段二级路改造工程又相继动工改造。此外，县道高古线、城白线等也动工改造。在省没有预先安排资金、做出计划的情况下，紫金先自行筹集资金做好路基工程，主动争取省、市交通、公路等业务部门和领导的支持，结果，原"八五"期间省只安排紫金20千米三级路改造计划，调整为142千米二级路和10.5千米一级路省道改造计划，并且全部按全国山区特困县补助标准补助，共补助资金8582.4万元，为紫金的省道上等级改造打下坚实的基础。

2000年，实施省委、省政府提出的"两大会战"，开通了南岭山背、黄塘铁嶂、好义吉田和双全等行政村公路。全县20个乡镇、301个行政村实现村村通机动车。

1979—2004年，全县投入资金8.96亿元，相继开通紫金至惠东、陆河、五华等县的5条跨县公路，改造惠水线、河汕线2条主干省道211.5千米，县道13条、247.2千米，开（修）通乡道145条、1008千米，完成村道硬底化322千米，解决了包括老区村在内的99个村不通车问题，实现"村村通机动车"目标。至2004年，全县通车里程2100千米，其中省道288千米、县道240.6千米，形成以紫金县城为中心，以上等级的省、县道为主骨架，连接各镇、村的交通网络。

2004年起，省、市、县提高通村公路水泥硬底化建设补助标准，合计每千米补助从6万元提高到16万元，激发了全民集资建路的热情。是年，全县群众捐资1400多万元用于村道改造，全县完成169千米村道改造。至2007年底，全县20个镇中有13个镇的行政村公路全部实现水泥硬底化；全县273个行政村的村道已有255个村完成了改造，占93.40%，全县通行政村公路改造实现新跨越。

2008年，完成12个通行政村公路水泥硬底化改造项目，共102.3千米，累计完成投资3170万元，其中桥梁、涵洞等附属工程约250万元，全面完成全县通行政村公路水泥硬底化改造。"村村通工程"期间，共投入资金4.29亿元，其中上级补助2.74亿元，自筹1.55亿元，共完成行政村道改造544.5千米，自然村道改造1063.7千米，2008年率先在全市实现了通行政村公路水泥硬底化改造的目标。

"十一五"期间，累计投入交通基础设施建设资金约5.98亿元，完成县养省道改造13.3千米、县道99.6千米，全面完成通行政村公路水泥硬底化改造，建设桥梁55座2082.5延米，建设四级客运站场1个、候车亭218个，紫龙公路、江口大桥建成通车，北面出口、西南出口打通，全县交通基础设施建设再上一个新台阶。

"十二五"期间，全县完成交通基础建设固定投资100.7亿元，较"十一五"增长15.8倍，其中高速公路建设投资96.5亿元。全县公路通车总里程达到3587千米，较"十一五"增加698.8千米；等级公路增加559千米，建成高速公路83.9千米，实现高速公路零的突破。基本形成了以汕湛高速公路为主骨架，覆盖各乡镇的省、县道为主干线，通达所有500人以上自然村的农村公路为补充的交通运输网络。

2017年，紫金县被交通运输部确定为"城乡交通运输一体化"全国示范县第一批创建县和"四好农村路"全国示范县，成为全省唯一一个示范县区；全面完成了200人以上自然村村道路面硬底化改造。至2017年底，全县通车总里程达3219千米，其中高速公路83.9千米，国省道422千米，农村公路2713千米。

（二）县城开行公交车

2009年3月，成立紫金县苏川公共汽车有限公司。2017年9月，全面完成县城63个城市公交车停靠站点建设并及时投入使用；12月底，紫金苏川公交公司新购置80台新能源公交车辆。规划运行公交线路7条，实际运行4条。

紫金县润安小汽车出租有限公司成立于2011年6月5日，投放出租车75辆。

（三）高速公路建设

汕湛高速公路揭博项目紫金段建成通车。汕湛高速公路紫金段2012年动工建设，2015年建成通车。汕湛高速公路揭西大溪至博罗石坝段，在紫金县境内经过8个镇、40个行政村，都是革命老区。主线全长83.9千米，设置7座互通立交、1个服务区和2个停车区。全线采用六车道高速公路标准，设计速度120千米/小时，路基宽34.5米。概算投资额为98.8515亿元。2016年，汕湛高速公路紫金连接线顺利建成，累计完成投资3.34亿元。

河惠莞高速公路龙川至紫金段开建顺利。河（源）惠（州）（东）莞高速公路龙川至紫金段路线全长151.7千米。桥梁160座、总长53763.93米，隧道8座、总长9663米，桥隧比例41.8%；互通式立体交叉12处、服务区3处、停车区1处、治超站1处。总造价约160.93亿元。2015年12月开工建设。至2017年底，土地征收和房屋拆迁工作已基本完成，已转入土石方工程、防护排水、桥梁桩基础、隧道建设等项目施工。

河惠莞高速公路紫金至惠阳段项目开工建设。2016年12月26日，河惠莞高速公路紫金至惠阳段项目开工建设。全路段始于河源市紫金县瓦溪镇，设有瓦溪枢纽互通立交与汕湛高速公路揭博段相接，终于惠州市惠阳区平潭镇粟岗附近，与广惠高速公路、河惠莞高速公路平潭至潼湖段相接。项目路线全长75.8千米，全线双向六车道，设计速度100千米/小时，工程结算总投资为91.14亿元。至2017年底，已基本完成土地征收工作，正进行房屋拆迁等相关工作。河惠莞高速公路紫金至惠阳段的建成将缓解莞惠区域与惠河通道等交通压力，促进沿线地区矿产和旅游等资源的开发利用，加快沿线地区特别是革命老区经济社会协调发展。

二、邮政通信迅猛发展

（一）邮政基础设施建设

1. 县际邮路。

1977年，开辟紫金至樟木头自办汽车邮路，负责沿线紫金、惠阳、惠州等两县一市和瓦溪、九和、蓝塘、凤安、好义、大岚、横沥、平潭、马鞍、陈江、沥林以及惠东的梁化、东莞的谢岗等16个局（所）的邮件交换，每天往返一次。1988年，紫金县邮路划归河源市管辖。调整自办汽车邮路，改为紫金—河源—惠州—紫金环形汽车邮路，途经本县黄塘、柏埔、临江，河源市源城区，博罗县杨村，惠州市，惠阳县的马鞍、平潭、横沥、大岚，惠东县梁化，以及本县的好义、凤安、蓝塘、九和、瓦溪等地，跨2市、4县、18个邮件交换点，每天环绕一圈。2003年11月，撤销青溪邮政支局建制后，调整为县城至瓦溪、九和、蓝塘、凤安、义容、古竹、临江、高望、河源，再由河源经柏埔、黄塘到县城。

2. 县内区间邮路。

1989年开始，紫金县区间邮路改为自办。开通了县内的"邮客并运"形式的自办汽车邮路4条：紫金县城—宝山、敬梓线；紫金县城—古竹、河源线；紫金县城—南岭、水墩线；紫金县城—九树、上义线。邮路全长401千米,行程802千米,其中单程最远至上义80千米。从此,紫城、附城、乌石3个镇邮件可以在当天到达,其他20个乡镇邮件可以在第二天上午前到达,缩短了邮件的传递时限。

3. 县内农村邮路。

1979—1988年,紫金县内邮路发展较快。至1988年底,全县农村投递邮路从1979年的56条发展到85条,投递路线总长从1979年的1242千米增加到1610千米。全县23个镇,310个管理区、15个居委会,1827个自然村中,有23个乡镇,303个管理区(含居委会),1517个自然村通邮。1998年9月底邮电分营后,对农村投递邮路进行全面调整、优化,从原来的85条调整合并为77条。1999年,紫金县实施村村通邮路工程建设,对全县城乡邮路实行以委托代办形式承包经营,解决了部分村通邮难问题。2000年7月,全县行政村实现100%通邮。

(二)电信网络建设

1. 长途电信网络建设。

1979年,紫金县邮电局开通省内二级长途线路10路,分别为紫金至惠州3路、至河源2路、至兴宁1路、至揭西3路,柏埔至河源1路。1982年,增开紫金至惠州载波电路1路。1984年,紫金至河源、紫金至兴宁、紫金至揭西、紫金至五华等县的长途电话线路再次进行改造,出口长途电话电路增至11路。1985年开通紫金至深圳载波电路1路,增开紫金至惠州载波电路2路。1987年,增开紫金至广州、紫金至深圳载波电路各1路,紫金至惠州载波电路4路。1988年,增开紫金至兴宁载波电路1路。是年,紫金县改隶属河源市,增开紫金至河源载波电路4路,开通紫金至惠东、古竹至惠州、古竹至河源载波电路各1路。至1989年底,县邮电局出口长途电话电路增至42路。此后长途电话电路快速增加,至

1994年共有长途线路399路。

1995年后，紫金邮电进入新的发展时期，先后筹资1.5亿元投入光缆建设。1996年，紫金县城扩容程控电话6000门，开通DDN分组交换设备。1997年完成南沿海国防通信光缆干线途经紫金境内的铺设任务。1998年全县完成S-1240远端模块工程换装任务。2001年启动数据通信。2002年扩容县城交换机4500门。2004年，完成县城交换设备扩容5792门，换装2560门；扩容中继模块20个；完成县城接入网传输扩容工程和小灵通配套扩容工程，安装1688个基站。

2．市内通信电话建设。

1979年，紫金县城市话线路明线改架电缆、木杆改为水泥杆，增设用户线路69条。1984年，将主街道的架空电缆局部改为地下电缆。1989年，有用户交换机中继线1对，用户线对数4200对，其中实占线对1810对。市内电话线路16杆公里，电缆长度30.7皮长公里。1992年10月，开通紫金县城S-1240数字程控交换机6000门。同年，全县电话号码由5位数升至6位数，可直拨世界各地。2001年数据通信正式启动。至2004年，市话网络有电缆长度13万线对公里；中继光缆56皮长公里、1.28万纤芯公里；用户线对5.68万对。尔后，全县程控电话呈饱和状态。

3．村村通电话建设。

1989年，紫金县有管理区（办事处）303个，通电话的仅有26个。1990年，紫金县把加快发展通信建设作为打开山门、发展山区经济的重要措施来抓，投资43万元，为41个管理区架通电话。1991年，投资53.6万元，为30个管理区架通电话。1992年，进行管理区通电话工程扫尾工作，投资35.13万元，架通5个管理区，全县除南岭山背、黄塘铁嶂外实现区区通电话。1993年继续加大通信建设力度，投入8000多万元，架设紫金经九和、蓝塘至上义光缆78千米，先后完成全县23个镇的程控电话建设和全县60%的管理区程控电话安装任务。至1994年8月31日止，率先在河源市实现城乡程控电话一体化，提前一年零四个月完成"八五"通信建设目标。1994年，有201个管理区开通程控电话，其中九和等12个镇实现全部管理区开通程控电话。1995年，根据省邮电部门建设"电话村"（在一个自然村内有60%以上的农户装上电话）的要求，至1998年，共筹集资金6200万元，完成247个电话村建设。2000年6月，按照省委、省政府关于"两大会战"（村级"四通"会战、贫困户"四个一"会战）的要求，县电信局开展村村通电话工程建设，投资37.2万元，开通县内最后一个村——南岭镇山背村电话。至此，全县301个村实现村村通程控电话。

（三）互联网络建设

1. 电信网络建设。

2009年，紫金电信部门完成县城及部分乡镇23个C网基站传输电路割接工作，C网信号及3G信号基本覆盖全县各大行政村。同时，完成村村通第一、二、三期宽带工程，为县委、县政府做好农村党员现代化远程教育、农村信息化建设提供网络和技术保证。至2014年底，CDMA2000（3G）移动通信网络信号覆盖全县所有行政村。同时，进一步优化3G网络，对原有网络补点建设12个基站，全县C网基站235个，并在县城公共场所辅以Wi-Fi热点分布，以"3G+Wi-Fi"的高速无缝覆盖方式为整个城市提供优质的无线宽带服务。积极推进4G网络建设，以混合组网搭建无缝高速移动网络，做好4G、3G和宽带业务的协同发展，打造全场景网络优势，加快4G商用的步伐，为客户提供更快更好的天翼4G服务体验。2014—2017年，紫金电信不断推进"光网紫金"建设。共投入资金4066.12万元，建设光网工程618个，光端口规模为8.63万口。完成156个行政村光改，全县有201个行政村实现通光纤。对新报建的住宅小区（楼盘）配备光纤通信设施，实现县城及各乡镇街道光纤覆盖，完成全县所有新建楼盘FTTH（光纤到户）全覆盖及重要街道薄覆盖改造。启动"光纤进村"工程，大力建设"全光镇""全光村"，让信息高速公路通往农村。加快"光进铜退"步伐，为县城区域、圩镇区域、"全光村"居民提供百兆光纤通信服务，全县光纤用户户均速率已达64.35M。通过"4K高清电视"和"粤想家"业务的推广，让千家万户实现"智慧家庭"。在开展"平安紫金"治安视频监控建设中，投资2800万元，完成"平安紫金"一期、二期、三期工程建设，安装摄像头383个，在县城、龙窝、古竹、义容、临江区域建成投入使用，进一步提高了治安防控能力和应急处理突发事件能力。至2017年底，全县基站（含3G基站）470个，实现县城区域及各圩镇4G信号覆盖。

2．移动网络建设。

中国移动通信广东有限公司紫金分公司（简称"紫金移动"）成立于1999年1月，前身为成立于1994年的紫金县邮电局移动通信站，1998年8月从县邮电局剥离。1994年，县移动公司在县城建有模拟基站1个，后陆续投入资金完善基站设施建设。至1998年，相继在紫城、九和、蓝塘、古竹、义容、黄塘、柏埔建有7个数字基站，在紫城、柏埔、古竹、蓝塘建有4个模拟基站和4个模拟直放站。移动信号覆盖紫城、九和、蓝塘、古竹、义容、黄塘、柏埔等乡镇。

1998—2002年间，共投入建设资金3886.47万元，连续进行4期GSM网络扩容，完善网络信号覆盖。至2002年，全县开通40个基站和8个直放站，移动通信信号覆盖全县23个镇，覆盖率达95%。

2004年，紫金移动有数字移动通信基站76个、直放站15个。

全县20个镇实现国道、主要交通干线信号无缝覆盖，网络覆盖率达98%。

2005—2015年，紫金移动公司加快网络建设速度，扩大网络发展优势，加强网络维护质量，提升网络服务能力。至2017年底，全县已入网基站的物理站点共计725个，逻辑站点共计1086个，县城及各圩镇4G综合覆盖率达99%，家庭宽带覆盖全县18个乡镇和30个行政村，网络覆盖客户数达到10万户，在网用户数达到2.5万户。光缆网络覆盖全县18个乡镇及部分大型行政村。同时加快实施"无线紫金"提速工程，实现全县城、各行政镇区及重点旅游景区、主干道路4G网络连续覆盖，党政军办公、公共服务区域等重点场所室内深度覆盖。

3. 联通通信网络建设。

1991年12月，紫金县邮电局开通县城无线寻呼，总投资34.1万元，首期用户51户。1992年5月，县邮电局无线寻呼台积极开拓乡镇农村市场，本地网（988台）寻呼信号覆盖全县。1994年6月，县城开通无线寻呼126／127全省联网台。1996年12月，开通128／129全省联网传呼台。1998年10月，微波台纳入电信寻呼旗下。1998年10月，无线寻呼业务综合管理系统从原移动公司的移动通信业务分署独立。本地寻呼台发射基站达到20多个，发射机64台。

2000年10月，中国联通与电信寻呼有限公司河源分公司紫金支公司融合成立中国联通河源分公司紫金经营服务部（简称"紫金联通"）。

2000—2002年，紫金联通共投资1亿元，架设传输光缆1000多千米，铺设县城管道光缆100多千米，先后建成GSM130基站32个、直放站3个，网络覆盖全县大部分镇和省道、县道、旅游景点，覆盖率达88%；新建CDMA133基站27个、直放站1个，覆盖率达83%。

2004年，投资1000多万元，在县内增设GDMA基站20个，扩大网络覆盖面。至年底，GSM网开通基站42个、直放站1个，G网县城覆盖率为98%，乡镇覆盖率为91%。GDMA网开通基站52个、射频拉远站1个、直放站6个；C网县城覆盖率为99%，乡镇覆盖率为96%。

从2005年起，紫金联通进一步加大网络建设力度，加大投资完善固网宽带互联网和GSM网络覆盖，提高宽带家庭客户接入能力，大大提升GSM网络的整体覆盖率。2012年，新开通基站20个，覆盖范围有紫城、古竹、瓦溪、上义、义容等16个镇以及重要交通道路。对全县18个镇增加3G设备；对紫城、龙窝、古竹、义容、蓝塘等中心地区进行FTTH工程建设，总投资规模为300万元。2017年，紫金联通强化4G网络的广域覆盖及深度覆盖，全县宽带网络进行全面光纤改造，实现100M光纤进家庭，1000M专线进企业，加速打造联通的精品网络。

三、供水供电日臻完善

（一）饮水工程建设

1. 县城供水建设。

1979年后，随着县城规划不断扩大和居民人口的增加及工业、个体企业的发展，原来的县城自来水厂供水不能满足需求。1984年11月至1985年1月，县投资35万元，对主管道进行扩建，增加铺设直径400毫米主管道2.2千米。1987年10月至1988年12月，紫金县自来水公司投资32万元在响水磜水库扩建的日产1万吨的水厂投产，共铺设输水管道13.67千米，日供水量由1978年的2000吨增至4500吨，供水户5100户，确保了城区范围内的生产、生活用水。1996年，县自来水公司筹集资金970万元，引进先进设备，在响水礤水库扩建日产3万吨的紫金县城水厂，并铺设直径600毫米供水主管道4千米，1988年12月建成投产。供水面积由原来的5.5平方千米扩大到全城8.6平方千米，供水用户数由1.3万户增至2万多户，县城自来水普及率为99%。管网压力由原来的2.5公斤增至4.2公斤，水质浑浊度由原来的50度降至3度内，水质合格率为100%，达到国家II类饮用水卫生标准；水厂生产能力可满足30万人的用水需求。2011年，紫金县政府为长远解决县城工业用水和居民生产、生活用水，决定兴建白溪引水工程，以白溪水库为水源点，以散滩三级电站引水渠道为取水口，采用直径800毫米输水涵管，通过自流式供水输送到县城附近的黄花岗水厂。工程总投资6347.83万元，一期工程主要建设日供水规模为3万立方米的水厂一座，铺设输水管道9100米，供水管道1810米，2012年建成投产。尔后，县城供水日臻完善。

2. 乡镇饮水工程建设。

1982年起，紫金县加强农村改造饮用水工作，解决农村饮水困难。各乡镇在加快小城镇建设中，把通水、通路、通电列入重点设施建设项目，先后有古竹、蓝塘、龙窝等乡镇建成自来水厂，农村改造饮用水取得较大进展。2004年，县政府把解决农村饮用水难问题列为民心工程组织实施，全县解决农村饮用水工程涉及9个镇、共20宗，完成工程投资885万元，其中省补助495万元，镇、村、群众自筹资金390万元，完成土方4.83万立方米、石方1.26万立方米、混凝土2200立方米，铺设供水主管道82千米、供水管网75千米、新建蓄水池19个，解决2.6万人饮水难问题。

2016年，紫金县全面启动村村通自来水工程建设，项目分三年实施（2016—2018年），规划解决全县16个镇、245个行政村、46.65万人的饮用水问题，总投资2.62亿元。2016年，村村通自来水工程投资6060万元，完成工程38宗，解决17.76万人饮用水问题。2017年，投资10497万元，完成工程78宗，解决19.9万人饮用水问题，全县村村通自来水的村达95%以上。

（二）供电基础设施建设

1. 电站建设。

紫金县水力资源丰富，具有发展小水电的天然优势。1979年，紫金县制定发展小水电的各项优惠政策，实行"以电养水"的策略。1980年起，紫金县采取多种形式集资和贷款等办法兴建水电站，先后建起散滩二级、九和西湖、古竹新坑二级、白溪文塘水、临江斩坑、好义高尚、散滩四级、南岭富坑、乌石白水礤等100千瓦以上的小水电站，并与国家大电网连接运行。至1988年，全县共建小水电站312座（不含微型站），装机336台，装机容量2.18万千瓦。

1996年3月，国务院批准紫金县为全国第三批农村水电初级电气化建设县，县委、县政府制定一系列政策和措施，调动全县上下办电的积极性，充分开发利用水力资源，提高电气化管理水平，完成了电气化规划的各项建设任务。1996—2000年电气化建设期间，全县共建设水电站22宗，装机容量1.026万千瓦，年增加发电能力4342万千瓦时。全县23个镇325个行政村（居委会）全部通电，村通电率100%；全县14.7万户中已通电的14.58万户，户通电率99.18%。

1979—2004年，全县共建设水电站81座，装机容量3.71万千瓦，相当于1950—1978年间总和的3.5倍。2004年，全县小水电装机容量从改革开放初的1.3万千瓦增至4.25万千瓦。其中：建有与小水电相配套的输变电工程110千伏变电站3座，线路80千米；35千伏变电站9座，线路184千米；110千伏输变电线路800千米。至2004年底，全县城乡通电率达到99%，并通过广东省农村水电初级电气化建设验收达标，实现电气化县。

2006—2012年，紫金县继续加大投资力度建设小水电站。共投资8633万元，建成小水电站41个，装机容量1.1575万千伏安。至2012年底，全县小水电总装机容量6.6396万千伏安，小水电年发电量2.2亿千瓦时。

2．电网建设。

2000年底，紫金县电网有110千伏变电站3座，分别为紫城、古竹、江东，总容量为6.6万千伏安；35千伏变电站有8座，总容量为2.59万千伏安。

2002年至2004年底，紫金县投资建成35千伏九和变电站；积极协助德润钢铁公司建成了德润110千伏变电站，该工程是河源市第一个采用箱式5万千伏安的110千伏变电站。对古竹、临江两个工业园区所在地的两个变电站、好义35千伏变电站、苏区35千伏变电站、紫城110千伏变电站＃1主变进行了扩建。2005年，完成了临江110千伏变电站＃3主变扩建及河源经南城—临江—紫城110千伏线路工程项目，该项目新增4万千伏安主变压器一台，架设河源经南城—临江—紫城110千伏线路58千米。同时，为适应义容天鸥矿业有限公司用电需求，新增了天鸥临时35千伏变电站一座，容量0.18万千伏安。2006年，新建成南岗110千伏变电站、中坝35千伏输变电工程，天鸥35千伏变电站增设了一台主变0.32万千伏安的变压器。投入35万元更换了九和35千伏主变容量，由用户自筹80万元对好义35千伏变电站主变扩容增加到0.25万千伏安。随着用电负荷的增长和电网建设的需要，根据"十一五"期间电网改造规划，建成投运了220千伏升平输变电工程项目、110千伏琴江输变电工程项目、110千伏黄塘输变电工程项目、35千伏水墩输变电工程，扩建改造了110千伏紫城、古竹变电站。

3．农网改造。

1982年起，紫金县以政府和社、队共同集资等办法，对质量较差的输变电线路有计划地进行改造。至1985年，改造10千伏二线一地制线路200千米。1991年，县政府筹集电网基础建设资金176万元，兴建蓝塘35千伏输电线路20.4千米。1994—1995年，县供电部门筹集近200万元，架设10个较偏远管理区的10千伏高压线路。至1995年底，全县管理区一级实现区区通电。2000—2003年，利用国家农网改造贷款，先后进行了三期农村电网改造，共投入资金8340万元，完成建设与改造10千伏线路项目50个307.87千米，建设改造低压线路1117.27千米，更换变压器171台容量7350千伏安，改造台区363台。2006年，为满足全县工农业、第三产业和城乡居民的用电需求，完成了投资3100多万元的110千伏南岗输变电工程，投资1700万元的35千伏中坝输变电工程于11月初投运，完成了800万元的农网改造工程。2008年，改造与建设10千伏线路61.972千米、低压线路601.763千米，同时依期完成了无电地区建设和无电户建设的任务；完成了110千伏临古线解口入联禾变电站输电线路建设，紫金电网实现了由110千伏城南站、榄坝站供电转为220千伏联禾站直接供电的飞跃，供电质量、供电能力大幅提升，缓解了紫金县110千伏供电线路和变电站"卡脖子"的紧张局面，满足德润钢铁厂、临江金珠工业园区、古竹工业园区等新报装用户目前用电容量需求。2009年，完成投产了总投资48888万元的220千伏升平输变电项目，安装主变压器2台，容量36万千伏安，新建升平至河源电厂、升平至博罗仰天、升平至东源热水220千伏线路55.379千米，新建升平至南光、升平至临江和解口古天线、古蓝线110千伏线路78.45千米。

4.配网升级改造。

在"十五"期间，紫金县电网改造朝着精细化方向发展，全县18个镇供电所实行"一镇一册"管理，镇级供电管理进一步完善。2010—2011年，共投入资金1.42亿元升级改造农网，全县农网改造面积已达78%，其间，完成110千伏临江变电站、110千伏古竹变电站"三化"综合改造。完成220千伏升平变电站与多个110千伏变电站的负荷割接。新建或改造10千伏线路321.934千米，新增及改造台区452个，新增容量11720千伏安。2012—2014年，配网建设投资2.29亿元。其中，2014年，安排配网项目151个，解决中低压问题126个，完成技改项目15个，完成修理项目124个。完成110千伏城临线和临德线迁改工程，扎实推进新建110千伏好义输变电和扩建35千伏中坝站工程，完成220千伏柏埔方湖输变电工程。2016年，完成220千伏紫城、110千伏柏埔、35千伏敬梓输变电工程站址的选址工作。完成农网改造升级投资1.45亿元，年度投资计划完成率111.54%。新增台区165台，配变容量4万千伏安，10千伏线路112.9千米，0.4千伏线路1070千米。其中完成中心村建设项目124个，定点贫困村农网改造65个。2017年，完成500千伏甲湖湾送电线路跨越自然保护区调整等前期工作。110千伏瓦溪、35千伏上义输变电工程和35千伏九和主变扩建工作实现当年开工当年竣工投运。中低压业扩延伸项目完成立项233项，投资7940万元，全年完成配电网建设投资1.26亿元，投资完成率100.8%。全年完成配网基建项目276个，新建变电站出线13回，新建10千伏线路158.765千米，新建及改造台区167台，新增容量3.3964万千伏安。做好新农村示范片和贫困村农网升级改造专项规划，完成25个贫困村农网项目的建设。

城乡面貌显著改变

一、县城扩容提质

（一）县城总体规划

1983年，紫金县首次进行县城总体规划，规划面积3.38平方千米（上至三丫角，下至杨屋墩）。1992年，对县城总体规划进行第二次修编，规划面积17.1平方千米，其中规划区为8.6平方千米，控制区为8.5平方千米，规划范围：东至乌石；西至张八岭；南至城南教场和乌石南光、荷光；北至山排下至北门背山脚。该规划由县人大常委会审批后，于1992年7月11日经河源市政府批准实施。1996年，根据全县经济和社会发展状况，对县城总体规划进行第三次修编。规划期限为：近期1995—2000年，远期2001—2015年；人口规模近期为12万人，远期为20万人。县城在规划期限内按20万人控制，总用地26平方千米，控制区106平方千米。规划范围：东至乌石凉亭岗、书田岗；西至附城荷树坪；北至白溪水库；南至七木寨山脚。城镇绿化覆盖率近期为35%，远期为45%。该规划于1999年12月27日经河源市政府批准实施。1998年，对附城杨屋墩小区（5586平方米）、乌石福船岗（81720平方米）进行规划设计；2001年，对城南教场村小区（15万平方米）、林田张八岭（30万平方米）、城西工业区（40万平方米）进行现状测绘和规划设计，进一步完善县城第三次总体规划。

2004年，根据全县经济和社会发展状况，开展县城第四次总体规划的修编工作。该规划委托中山大学规划设计院进行修编。修编自2004年11月至2005年11月完成，耗资135万元。规划目标把紫金县城建设成为全县的政治经济中心，集工业、商贸、交通和信息为一体的林城结合、山水结合、自然环境优美的现代化山区城市。县城规划范围：东至大坡，南至乌石，西至林田，北至猫眼塘，规划区面积定为26平方千米。规划期年限：近期1996—2000年，人口规模为12万人，用地规划13平方千米；远期2001—2015年，人口规模为20万人，用地规模26平方千米。

2011年，组织修编和审议紫虹苑（城西下河）、怡和花园（冶炼厂）、熙城（城西下河）、江岸华府（城西加油站上侧）、紫荆豪庭、御城、博美皇家花园（水保站）等规划方案，做好县城秋香江两岸道路贯通的相关工作，做好紫城工业园的控制性详细规划编制工作。

2015年，紫金县向河源市人民政府提出县城总体规划第五次修编申请，并得到批准，于2016年启动修编工作。紫金县城乡建设规划委员会讨论并通过了《紫金县城市总体规划修编（2016—2030年）》。县城规划范围：第五次总体规划修编范围根据涵盖内容的不同，分为县城、城市规划区（中心城区）和城市集中建设区三个层次。城市规划区为紫城镇镇域范围（含2009年撤并的乌石镇、附城镇），面积为380.96平方千米；城市集中建设区为城市规划区的核心区范围，北至横径、黄花村，东至石陂村，西至中埔村，南至七木寨，面积共计100.68平方千米。

此次规划结合经济社会发展的趋势和政策导向，特别考虑新型城市化背景下县域发展趋势、乡村振兴战略、绿色健康宜居城市建设的技术等条件，以及紫金本身具备的良好的生态资源优势，围绕建设宜居山水城市的设想，把县城未来发展的目标概括为：繁荣现代、绿色宜居，即繁荣富饶的现代城市、森林环绕的宜居城市、都市人的休闲度假地、退休者的养老目的地。为达成上述规划目标，提出"绿色引领、创新驱动、产业兴县、强心互融"的总体战略。2017年，县城建成区面积约为11.5平方千米，县城核心区规划范围从1983年的3.38平方千米，扩大到100.68平方千米。

（二）市容市貌改观

1. 街道。

1979年后，县政府不断加大县城市政建设的投入，城区建设不断发展。1979—1988年，响水路、响水一路至四路、米行街一巷至七巷、东风路一巷至五巷、广场一路至七路、黄花路和沙子坝新村路等泥石路面的街道建成并命名；东风路西段分道（车行道与人行道）改造，并设花草绿带。同时，投资80多万元，为东风路东段、东风路三巷等13条街道铺设混凝土或沥青路面。1992年，投资670万元，铺设城南大道（永安大道南）、农科路（长安大道）、秋江路及响水路（永安大道北）水泥混凝土路面。1996年，长10.5千米、宽24米，4车道柏油、混凝土路面，中间设路灯、花带的金山大道全线贯通。1997年，对环城路、广场路、新紫路西段、香江路东段和县城老城区街道进行水泥混凝土路面改造，面积5130平方米。1998年，启动县城"形象工程"，投入2000多万元，将新紫路、秋江路中段等总长3600米的主干道分别改造成机动车道9—24米、两边人行道宽4—6.5米，并铺上彩色道板砖的标准样板路。是年，投入50多万元完善老城区"七街四巷"水泥混凝土路面建设。1999—2004年，县投资400多万元，完善新紫路、东风路、永安大道等13条道路的标准化道路改造，并投入45万元，完善东风路西段、建国路的柏油路面铺设。2004

年，香江中路畜牧局段和规划局至城西桥段改造工程动工，长1372米，宽20米，铺筑砼路面、人行道、排水管，安装河堤石栏杆，工程造价710万元。同时，为配合上述路段的改造开展拆迁工程，拆迁面积1.91万平方米。至2004年，县城街道共有146条，总长83368米，基本实现水泥硬底化，主要街道两旁人行道铺砌彩色水泥地板砖。

2005年，县政府加大县城市政建设的投入，改造老城，建设新城，进一步提升县城品位和档次。是年，投资41万元，完成县城主街道交通标线工程，标线面积7510平方米；投资3万多元，在秋香江两岸的人行道上安装石凳100套，方便市民休息，同时在县城主街道安装果皮箱120个；投资100万元，完成县城老市场工农街和环城路改造，解决了多年市民反映强烈的"水浸街"问题；投资431.7万元，完成东风路、建国横路、黄花路等9条道路的改造，总长2625米。此外，投资7万元，完成山排下、永安大道北地税局周围小区排水沟清理，总长2078米。加强市政沙井盖、集雨井的管理，全年共更换下沉沙井盖121个、集雨井185个、修复路面621平方米、人行道板砖3200平方米、水沟盖板196块，总投资8.5万元。

2005年9月26日，紫金商业步行街开工建设。该项目以紫金县城西栅街原县城粮所粮仓为主，属县城中心地段，是紫金县该年旧城改造重点建设项目，占地面积1.2万平方米，总建筑面积2万平方米，由紫金县光浩房地产开发有限公司投资4000万元开发建设。

2011年，完成永安大道北铺设沥青路面工程，投入资金58.8万元；完成交警中队下侧18米大道出口路面工程，投入资金20.1万元；完成金山大道（幸福花园侧至安良大道口）排水工程，投入资金39.5万元；完成新园一、二街道路改造工程，投入资金

18.1万元；完成县城道路标线及设置交通标志牌工程，投入资金479万元。

2016年，县城城东市场、西门垅市场、杨屋墩市场、建国路临时市场改造建成投入使用。对县城新紫路、秋江路、东风路等12条道路的砼路面、人行道开展修复工程。完成建国路沥青路面改造和南岗路、建国路及工农街周边管道清淤。对陶坑小区道路、米西墩至石陂桥道路、原乌石镇政府后面道路、永安大道北一街一巷道路、乌石紫海路一巷道路开展改造工程。对县城秋江路、东风路、金山大道等9条主要街道进行重新标线标识，新划摩托车、汽车停放车位10600个，规范车辆停放。

2．桥梁。

至1988年底，县城桥梁共有13座，总长293.6米。是年，投资44万元动工兴建石砌结构秋江桥。1994年7月，利用东莞市捐赠扶贫资金124万元兴建的金莞大桥竣工通车。1997年3月，利用深圳市龙岗区无偿捐款120万元，拆除属危桥的农场桥重建的金龙大桥建成通车。是年，投入43万元将响水河桥从原来的7.5米扩宽至15米。1998年，由县城私营企业家江运昌捐资120万元兴建的昌盛大桥和由外出人士捐资150万元兴建的怀生大桥动工，2001年建成通车。至2004年，县城建成的主要桥梁有19座。2011年5月，由紫金县金盛房地产开发公司、紫金县诺腾房地产开发公司和乡贤温兆丰等捐款120万元兴建的金发大桥（杨屋墩大桥）建成通车。同年，贯通永安大道至县一小的响水河桥建成使用；完成锡塘桥路面改造工程，投入资金24.5万元；完成县城桥梁维修工程，投入资金27.2万元。至2016年，县城建成的主要桥梁有23座。

3．绿化。

1984年7月，县城绿化管理服务范围仅限老城区。此后，县政府逐步加大对县城绿化建设的投入。至1988年，修建街心花坛、花池2100多个，植树20多万株，绿化率达25.6%。1996年，绿化范围由老城区逐步扩展到东至乌石、西至林田的县城规划区17.1平方千米。1996—1998年，县投资150万元首次在紫城出入路口建造林田岔路口绿岛（2500平方米）、乌石三丫角绿岛（1863平方米）、永安大道南出口路绿岛（1500平方米）和安良大道绿岛（1000平方米），完善一批花坛、花岛等绿化设施；并按"一路一（种）树"规划，分别在金山大道、秋江路、永安大道南、长安大道、安良大道、香江路、永安大道北种植荫香、麻楝、黄槐、芒果、柳树、榕树等不同的绿化树种；完善金山大道中间花带长10.5千米的绿化建设。1999—2004年，县投资300多万元对五湖桥头绿岛、大厦花坛、城南绿岛、城西广场、河滨公园、枇杷园绿岛、城南园盘出口7处绿化设施以及县文化体育广场、中山公园等进行绿化、美化建设。

2005年，完成安良大道、五湖桥头、枇杷园、紫金大厦花坛、城南圆盘花坛和安良外经小区、中山公园门前两侧的绿化种植任务，完成金山大道3.6千米两边花带的种植任务。对县城5000棵树木进行粉刷，做好越冬保护；重新安装城西广场、枇杷园、河滨公园的绿化维护栏，尔后不断加大对绿化资金的投入，做到开发建设到哪里，绿化到哪里。至2016年，县城绿地面积3156158平方米，绿地率28.69%。

4. 城市照明。

1984年10月开始在县城老城区的秋江路、东风路、中山路、广场路、新紫路、响水路（永安大道）、沿江路（香江路）等13条街巷安装125～250瓦的悬臂高压式水银荧光路灯120盏，其余街道安装白炽灯。至1986年，县城共安装路灯206盏（其中高压水银灯120盏、白炽灯86盏），总功率26千瓦，年耗电7.5万千瓦时。1996年，县城路灯管理所成立，负责县城照明管理、维护。尔后，县政府逐步加大对县城照明设施的投入，启动包括照明设施改造、街道改造以及绿化建设等"城市形象"工程。至年底，全城路灯增至900盏。1996—1998年，累计投资405万元，按"一路一（品）灯"的规划，对县城各街道进行标准化路灯建设，并对老城区路灯进行更新改造或维修，县城路灯总盏数增至1893盏，总功率267.5千瓦。1999—2004年，紫金县实施"亮化工程"，累计投入城市照明设施资金500多万元，在县城各大街小巷共安装各式路灯4000多盏，在城南入口、枇杷园绿岛、城南圆盘、林田入口、城西广场、紫金大厦坪、乌石绿岛等处架设7座25米高杆灯，在秋江路河滨公园安装节日礼花灯杆（组）3座，在永安大道、长安大道、秋江路等主要街道安装永久性灯箱广告41座，在国税大楼、财政大楼、电信大楼上面安装200瓦空中彩色射灯3座，并对秋江桥、金龙桥、金莞桥、五湖桥、中兴街桥的桥灯进行全面更新改造。至2004年底，全城路灯总数5977盏，总功率605千瓦。路灯开启由手动改为自动控制，县城主干道通宵亮灯，亮灯率常年保持在95%以上，年用电量170万千瓦时。至2016年，县城路灯照明范围达11.5平方千米，路灯总数约1.1万盏，其中主要街道约3500盏、小街小巷约7500盏。

5. 生活垃圾无害化处理。

1989年，紫金县环管所有东风牌自卸车3辆、手扶拖拉机3辆、木板斗车29辆、垃圾吊桶160个。此后10年间，县政府共投入资金192.8万元，用于环卫设施购置、维修。至1998年，环卫设施有东风牌垃圾吊车4辆，多功能洒水车1辆，自卸手扶拖拉机14辆，铁船、玻璃钢船各1艘及其他工具一批。1989—1998年，县投资40万元，先后对县城11间公厕进行维修改造，其中2间公厕改造成上档次水冲式标准公厕，并有专人管理，提高环境质量。1999—2002年，县政府投入62万元，新添置东风牌垃圾吊车2辆、手扶拖拉机3辆、改装洒水车2辆、铁制垃圾斗车100辆及其他工具一批。同时，新建城南和城西垃圾中转站2个。2002年，新建城南公厕。2004年，青河径垃圾处理场二期配套工程完工，完善了道路、排水、堤坝、污水处理池、配套厂房等设施。

2005年，共有环卫员工162人、洒水车2台、垃圾车4台、拖拉机13台，平均日清垃圾30吨，全年共清理垃圾10950吨。环卫工人居住面积人均15平方米，月平均工资逐年提高。

2014年，县政府投入5123万元，启动城区生活垃圾无害化处理场建设，选址在紫城镇蓝坑村月坑，于2015年12月建成使用。生活垃圾按标准用复合膜覆盖和药物消杀，渗透液经净化排出，垃圾场管理达到了无害化的标准，日无害化处理生活垃圾量约120吨，县城生活垃圾无害化处理率达100%。城西100吨环保型垃圾压缩中转站正式投入使用。

二、房地产业的发展

（一）房地产开发

1987年6月，紫金县第一家房地产开发企业紫金县城市建设综合开发公司成立，主要经营县城房地产开发业务。1989年，紫金县华侨住宅建设公司成立，并开发了全县第一个住宅小区——华侨新村。1990年后，房地产开发开始升温，带动房地产产业发展，促进房地产开发企业的增多，全县增加8家房地产开发企业和1家中外合资开发企业，在县城、古竹、蓝塘、乌石、附城、临江及惠州等地经营房地产业务。开发企业的开发资金大多数靠银行信贷解决。1995年，国家对金融行业采取宏观调控后，房地产开发陷入低潮，从事房地产开发的企业大多数处于停产、半停产状态。1998年，县建荣房地产开发公司、县华侨住宅建设公司等7家企业未参加资质年审，被取消房地产开发经营资质。2000年开始，随着经济形势的好转，带动房地产开发新热潮，商品房销售不断增长。1989—2004年，县城共建成华侨新村、永安花苑、紫金花园等12个商品房项目，建成住宅814套，住宅面积8.89万平方米。2004年4月，首家物业管理公司——紫金县辉鹏物业管理有限公司成立。2005年，县城秋江小区改造项目动工。

"十一五"和"十二五"期间，全面实施建设工程招标投标法，开放建筑市场，外地企业不断涌入，本县主要企业有县建筑工程总公司等7家企业，进驻企业有广东臻畅工程管理有限公司等6家企业。外地企业的进驻，为本县房地产市场的发展注入活力。2011年，扎实抓好全县22家房地产开发企业的资质审查工作，严格依照房地产登记的有关规定做好房地产权测绘、交易、权属登记发证、商品房预售许可等工作。抓好住宅专项维修资金管理，与房地产开发公司签订住宅专项维修资金监管协议，当年缴交住宅专项维修资金的小区有8个共352户，缴交金额为321.1万元。

2016年，全县有房地产开发企业38家，其中外地开发企业1家；批准商品房预售许可5宗、393套，预售面积4.59万平方米，竣工确权面积32.65万平方米，在售项目共38个。

2017年全县有房地产开发企业41家，其中外地开发企业1家；批准商品房预售许可11宗，3935套，预售面积51.96万平方米，竣工确权面积6.87万平方米。在售项目共41个，其中紫城24个。

（二）住房公积金管理

1995年，根据国务院和省政府有关文件精神，紫金县政府颁布《紫金县住房公积金试行办法》，规定自1995年4月起，在全县党政机关、企事业单位实行住房公积金制度，建立国家、集体、个人三结合筹资建设住房新体制。住房公积金储存标准为个人按工资总额2%，单位每人每月10元，存入干部职工个人住房公积金账户。1997年7月1日起，由在职个人和所在单位分别提高到按工资总额的5%交纳。2001年9月，住房公积金归集面扩展到全县各镇、机关、各中小学干部职工。

为解决干部职工住房困难问题，正式实施个人住房贷款业务，凡参加缴存住房公积金的干部职工，在购买、建造、翻建、大修个人住房时，均可以向住房公积金管理中心申请住房公积金低息优惠贷款。至2004年底，全县发放干部职工贷款累计563户，合计2980万元；干部职工（含离退休人员）个人提取住房公积金累计达312万元。

尔后，住房公积金最高缴存比例调整在12%以内；相继建设了城南、乌石和林田等保障性住房小区；在县公共服务中心设立服务窗口。至2016年，公积金归集总余额44076万元。

三、文明、卫生城乡创建

（一）创建文明城市

从2015年起，紫金启动广东省县级文明城市创建工作。在创建过程中，牢牢抓住社会主义核心价值观建设这条主线，把它贯穿于文明县城创建工作的各个环节。先后打造了祠堂文化示范街、"道德讲堂"示范点和中山公园"家训谚语"主题公园、紫金龙华文体广场"紫金好人榜"、社会主义核心价值观主题广场等。开展"点赞最美家庭·倡扬最美家风"巡展巡讲活动，组织评选表彰"最美家庭"。广泛征集优秀家谱、家训和村规民约，整理数十篇紫金传统家训，传承弘扬"紫金精神"。每年投入专项资金100万元，传承与发展国家级非物质文化遗产——花朝戏。广泛开展家训文化进祠堂、进学校、进家庭等活动，精心组织以"讲文明·树新风"为主题的中华经典诗文朗诵晚会、征文、演讲比赛等系列活动，常态化开展花朝戏等各种客家文化艺术展演、送戏下乡。组织开展了紫金"四二六"武装暴动90周年学术研讨会、重走革命路、演讲比赛等系列纪念活动。开展以"大力弘扬紫金红色文化·积极践行社会主义核心价值观"为主题的宣讲活动。由县直机关干部、党团员带头，发动群众和社会组建志愿服务队伍，广泛开展支持创建文明城市志愿服务活动。凝聚乡贤力量助力创建文明城市，2015—2017年，外出乡贤累计捐资近10亿元。

2017年，为整顿县城的摆卖秩序，县政府出台《紫金县城市容环境综合整治行动实施方案》和《关于开展县城市容环境综合整治行动的通告》，抽调公安、住建、交通、消防、紫城镇府、市场监管等部门人员组成综合执法队伍，从4月开始，开展紫金县城人居环境综合整治攻坚战。发放市容市貌整治通告和宣传资料，通过电视台、网站、宣传车、宣传标语进行广泛宣传，通过志愿者发放《给县城市民的公开信》，开展"文明劝导志愿行动"，签订"门前三包"责任书。对县城30条街道的"六乱"进行全面整治，整治门店1000多间，清理占道的广告招牌，清理"牛皮癣"。县城工农街老市场周边乱摆乱卖的区域得到治理，取缔华侨新村和新紫路中医院路口的两个临时市场。环卫大队安装环保果皮箱48个，并购置了一辆洗扫车。在县城主要街道和中山公园、乌石三丫角设置公益广告，宣传"创文"和社会主义核心价值观。2017年11月，紫金县城获"广东省县级文明城市工作提名城市"。

（二）创建卫生城乡

从2001年起，按照广东省和河源市全面深化新时期爱国卫生运动实施方案的要求，紫金县持续开展卫生镇村创建活动。

至2017年，创建省卫生社区12个、市卫生镇8个、省市卫生村89个，省市卫生镇覆盖率达56%，省市卫生村（社区）覆盖率41%，覆盖人口371468人，人口覆盖率为48.7%。8个镇被市命名为"河源市卫生镇"，同时被省命名为"广东省卫生先进镇"。2015年9月，县委、县政府印发《紫金县创建省文明县城和国家卫生县城总体工作实施方案》，启动"国家卫生县城"的创建工作。

教科文卫事业的发展

一、从"普九"到创建教育强县

1979年，紫金县有中小学校377所，学生108269人。其中，小学354所，学生83339人；初级中学18所，学生22787人；高中5所，学生2143人。2017年，全县共有小学（含教学点）272所，初中26所，完全中学、高级中学共5所，中等职业技术学校1所，特殊学校1所，幼儿园60所。其中，义务教育完小以上标准化（规范化）学校77所，规范化幼儿园40所。全县中小学生87823人，在园（班）幼儿22797人。

1987—1988年，全县评聘为专业技术职称初级教师2197人，中级教师595人，高级教师38人。1988—1998年，全县"民转公"教师共有3140人。2017年，全县公办中小学和幼儿园教师编制数6644人，实际在编在岗6953人，专任教师专科以上学历的占93.2%；全县教师取得专业技术职称初级的2129人、中级的4037人、高级的718人，全县教师月平均收入达6424元，与当地公务员工资水平相当。

自1977年全国恢复高校招生考试制度以后，至2017年，全县共有9人考上清华大学，6人考上北京大学。2017年，全县普通高考报考人数5074人，重本上线264人（含农村重本，单考单招）；本科以上上线1571人，本科上线率30.96%；专科上线3047

人，上线率达91.01%。3+证书报考人数187人，上线100人。

1979年，全县教育经费支出308.40万元，占全县财政支出的28.61%。1981年后教育经费实行包干，包干基数为375.96万元。尔后，教育经费逐年增加。1985年，教师工资改革，教育事业经费增至658.27万元，占全县财政支出的34.5%。1990年，教育事业经费达1331万元，占全县财政支出的33.5%。1994年，全县开始普及九年义务教育。至1997年，全县教育事业经费突破亿元。2000年，教育事业经费支出1.26亿元。2004年，教育事业经费支出1.38亿元，占全县财政支出的27.97%。2016年，紫金县支持教育优先发展，启动创建广东省教育现代化先进县工作，改善学校办学条件，保障学校基本建设及运行维护等经费，促进教育优先发展，全年教育支出9.38亿元，比1979年增加9.35亿元。

（一）普及九年义务教育

1979—1985年，紫金县重点抓普及小学教育。1986年，继续巩固和提高普及小学教育，做到有计划、有步骤地扫除青壮年文盲和普及九年义务教育（简称"普九"）。1993年9月，省政府与县政府签订"普九"责任书。尔后，县、镇两级政府采取一系列措施，加快推进"普九"进程。1993—1996年，全县累计投入资金1.5亿元，按省规定的"普九"标准兴建一批校舍，增加实验室、仪器室、图书阅览室、体育器材室和运动场，以改善办学条件。至1996年，小学适龄儿童入学率达99.38%，辍学率0.3%，毕业率99.68%；"三残"（肢残、体残、智残）儿童入学率达80.6%；15周岁初等教育完成率98.65%；初中适龄少年入学率96.17%，辍学率2.18%，毕业率96.92%；17周岁初级中等教育完成率95.57%。经国家教委和省教育厅检查认定，紫金县"普九"的各项指标基本达到省和国家规定的标准。1997年1月，国家教委批准紫金县为"基本普及九年义务教育、基本扫除青壮年文盲"达标县。

（二）改造薄弱学校和创建省教育强县

1997年，紫金县中小学有薄弱学校154所。县政府制定改造薄弱学校（即"改薄"）建设规划，计划投资1亿元改造、新建校舍20万平方米。各镇政府与县政府签订改造薄弱学校责任合同书。至1998年，全县共投入资金1657万元（其中社会集资453万元），改造薄弱学校38所，建筑面积32695平方米。1998年，紫金县成立薄弱学校核查工作小组，落实"改薄"工作，计划用5年时间，增加资金投入，分期分批完成154所薄弱学校改造任务。2000年，受清退和取消涉农收费影响，"改薄"资金紧缺，进度放慢。至2002年，全县共投入资金8008万元（其中社会集资1661万元），完成134所学校的改造任务，占"改薄"任务的87.01%。2003年，县"改薄"评估验收组对3所中学和4所小学验收合格，全县"改薄"工作全面结束。2011年，启动创建广东省教育强县工作；2011—2014年，按国家、省教育工作部署，启动"全面改薄"，96所学校被列入改造项目，按照"一校一案"的原则实施，与同一时期实施的创建广东省教育强县工作共同推进。2011—2015年，"全面改薄"新增校舍建筑面积约14万平方米，建成规范化学校77所、规范化镇中心幼儿园16所，全县标准化学校和规范化镇中心幼儿园覆盖率达100%，教育强镇覆盖率达100%，于2015年12月通过广东省教育强县督导验收组督导验收。

（三）幼儿教育

1979年，紫金县22个公社开办幼儿园22所，加上县直属机关幼儿园，全县有幼儿园23所。公社幼儿园经费由属下各单位分派和收学费解决。1982年，县商业局在紫城镇东门巷开办商业幼儿园。1984年，县经济委员会在紫城镇黄花路开办经委幼儿园。各幼儿园使用省编教材，开设语言、计算、唱歌、美工、游戏等课程。1988年，全县幼儿园有16所、37个班，在园幼儿1341人，教师63人。1995年，各级政府鼓励企事业单位和个人兴办幼儿园。1996年，严梦霞在紫城镇永安大道开办首间私立幼儿园建设碧玉幼儿园。此后，民办幼儿园迅速发展。2000年，全县个体幼儿园共22所、89个班，幼儿1821人，教师105人。至2004年，全县幼儿园共43所，其中县直属机关幼儿园1所、乡镇幼儿园16所、企事业单位幼儿园4所、个体幼儿园22所；有167个班，入园幼儿6744人，教师467人。随着幼儿教育的发展，一些幼儿园收费过高，"入园难、入园贵"成为民生关注的热点。根据上级的有关要求，紫金县教育部门一方面加大公办幼儿园的创办力度，另一方面积极抓好普惠性民办幼儿园工作，努力解决"幼有所育"的问题。

2017年，全县共有幼儿园60所，其中公办性质幼儿园30所，民办幼儿园30所；在园（班）幼儿22797人，学前教育毛入园率达95.6%。全县家庭经济困难学前儿童、孤儿和残疾儿童每年每人享受1000元资助，享受资助的幼儿共5044人。

（四）小学教育

1979年，紫金县撤销小学附设初中、高中班，复设23个公社中心小学，设县重点小学1所、公社重点小学23所。是年，全县小学有354所，学生83339人，教职工4427人，其中专任教师3137人，学历达标率76.6%。1980年，按农村义务教育要求，重新确定学校布局，采用多种形式办学，开办耕读班、巡回教学点。1985年，全县普及小学教育后，撤并一批不具备办学条件的学校，小学教育一律实行"全日制"教学。至2004年，全县有小学335所，学生91873人，其中女生45261人；教职工3894人，学历达标率达99%。

20世纪六七十年代，全县小学学制几经变化，至1979年，县内小学实行五年制。至1985年秋，县内小学全部转为六年制。2005年，结合撤并镇村，继续调整小学布局，优化教育资源配置，完善学校设施，继续深化教学改革，推进课程改革。

（五）中学教育

1978年，紫金县办有完全中学5所，公社办初级中学18所。1979年新办城镇中学（尔崧中学），以满足县城初中毕业生读高中的需要。1979—1995年，为普及义务教育，先后办起12所初级中学。1968年，中学由"三三制"改为"二二制"。1978年起，初中恢复三年制。1985年起，高中恢复三年制。2001年开办紫金县第三中学，尔后，撤销黄花中学。至2004年，全县有中学36所，其中独立高中1所、完全中学7所、初级中学28所；在校中学生45929人，其中高中生7852人、初中生38077人，高中生、初中生分别是1979年的3.6倍和1.7倍；教职工2643人，是1979年的1.8倍。

紫金县中山高级中学（原名紫金县第四中学，2013年易名）于2005年筹建，2007年9月招生办学。学校总投入2亿元，规划用地面积18万平方米，建筑面积7.81万平方米，共有教学楼6栋、学生宿舍楼2栋、教师公寓1栋、食堂1栋，设置有电脑室、语音室、多媒体电教室等17个功能室，配置均达到省一级规范化学校的标准。

2007年12月，紫金中学通过广东省国家级示范性普通高级中学验收，被授予"广东省普通高中教学水平优秀学校"荣誉称号。

受城镇化及招生方式等因素的影响，高中资源逐渐向县城集聚。2014年，柏埔中学、中山中学、琴江中学停止高一招生。

2017年，全县有初中24所，在校生21739人，初中阶段毛入学率100%；有高级中学3所，完全中学2所，普通高中在校生

11368人，高中阶段毛入学率95.04%，全县获得国家助学金补助的高中生共3177人。

（六）特殊教育

1992年，紫金县开展残疾少年儿童普查工作，全县有7～15周岁"三残"少年儿童292人。1994年9月，紫金县启智学校在紫城镇第三小学开办，招收"三残"少年儿童17人就读。1996年，"普九"验收时，全县有"三残"少年儿童222人，入学179人，入学率为80.63%。是年，县启智学校设2个班，开设智残班1个、听残手语班1个，先后招收"三残"少年儿童67人就读。2002年，进行第二次残疾少年儿童普查，全县有"三残"少年儿童193人，其中视残15人、听残40人、智残138人；全县随班就读的"三残"儿童163人，入学率为84.46%；县启智学校招收2个班，其中听残手语班7人，智残班8人。2004年，全县随班就读的"三残"学生805人，其中中学71人、小学734人；有18名"三残"学生考上大中专学校。是年，由县残联推荐到广州盲校资助就读的视残少年儿童有4名。

至2005年底，县启智学校先后共招收学生154人，占全县"三残"儿童的78.5%，有效地解决残疾儿童的入学问题，得到学生家长和社会各界的肯定。

2017年，全县享受送教服务学生227人，随班就读的残疾儿童少年477人；启智学校有学生49人、教师13人。全县残疾生入学率达到99.9%。

（七）职业教育

改革开放以后，紫金的职业教育获得了长足发展，先后兴办了县成人中等专业技术学校、县广播电视大学、县农机学校、县技工学校等学校；2001年9月，进行职业教育资源整合，组建了县职业教育中心。

　　紫金县师范学校前身为创办于清光绪三十四年（1908年）的一年制永安县官立初等师范学堂。此后，或办或停，几经反复。1977年恢复高考后，招收两年制中师班。1979年后，增设函授教育，招收在职公办教师培训。1982年10月，紫金县师范学校改办紫金县教师进修学校，停止招收师范生，其职能转为培训在职教师。至1998年，共培养大中专函授毕业学员2840名、中师毕业学员2466名，完成全县小学教师学历补偿培训阶段性任务。2001年9月并入紫金县职业教育中心。

　　紫金县卫生学校始建于1958年4月。招生对象初为在职医务人员和高、初中毕业且待业的县卫生系统干部职工子女，后改为初中毕业生。学制两年。先后开设了医士、护士、药剂、妇幼医士等专业。1989—2002年，共培养各类初级卫生技术人员1127人。后因生源缺乏等原因停办，2004年并入紫金县疫控中心。

　　紫金县农机学校前身为创办于1969年冬的紫金县工业学校，1974年更名。主要开展拖拉机驾驶和农机维修等专业培训。1979年至1987年，共培训中型拖拉机驾驶员100多名、手扶拖拉机手1210名和一批农机管理人员。1987年9月起，先后与惠阳地区技工学校、河源市技工学校、省机械技工学校联合办学，开设电工、机电、计算机与办公自动化等专业。1987年至2002年，向珠三角地区输送中技毕业生1442人。后停办。

　　紫金县成人中等专业技术学校前身为1979年9月在龙窝圩镇开办的紫金县高级农林中学，1983年更名为紫金县中等农林技术学校，招生对象为初中毕业生，学制三年，以农、林基础知识为教学重点。1989年迁至紫城镇。1992年更名为紫金县成人中等专业技术学校，开设农学、畜牧、林果、金融、财务会计等专业；1998年后围绕成人教育特点，增设了电子技术应用、财会电算化、幼儿师范教育、企业经济管理等4个专业。2001年9月并入紫金县职业教育中心。

　　紫金县广播电视大学前身为创办于1983年的广东省广播电视大学紫金工作站。招生对象为高中毕业的在职人员，由省广播电视大学统考录取。教学以全国电视广播讲座为主，教师加以辅导，实行全省统一考试评卷，毕业后国家承认学历。学校分设大专、中专两个层次，先后开设金融、财会、审计、会计电算化（以上为大专开设）及机电、计算机及应用等专业。2001年9月并入县职业教育中心。

　　紫金县职业教育中心组建于2001年9月，占地面积6万多平方米，建筑面积3万多平方米。同挂紫金县广播电视大学、紫金县教师进修学校、紫金县职业技术学校、紫金县职业高级中学四块牌子，实行"一套班子、四块牌子、资源共享"的管理模式，是一间集学历教育、中等职业教育及小学师资培训于一体的综合性学校，是广东省重点中等职业学校。2017年，县职教中心有教职工127人，其中专业教师65人，研究生学历3人，"双师型"教师35人。中职类在校生人数1533人，开设有会计、计算机应用等9个专业；国家开放大学业余专科、西南大学网络教育本科生人数近2000人。

二、医疗卫生事业持续发展

　　1979年起，全县实行卫生体制改革，开展"创等级医院"和乡镇医院"一无三配套"（工作用房无危房，设备、房屋、人员配套）建设活动，鼓励多种形式办医，医疗机构设置日趋完备。县、镇、村三级医疗卫生网络不断健全，医疗设备逐步完善，卫生技术人员队伍结构不断优化，医疗技术水平稳步提高，初级卫生保健工作如期达标。至2004年底，全县医疗卫生单位工作用房全部实现楼房化。许多危害人民健康的疾病被控制或基本消灭，产妇死亡、新生儿破伤风发生率低于全国标准指标。爱国卫生运动及卫生监督工作扎实开展，突发性公共卫生应急机制逐步建立和完善。2004年，全县医疗卫生系统卫生技术人员1484人，每千人医生拥有量0.5人；开放病床673张，每千人口占有量0.84张；全年门诊量117万人次，住院病人1.95万人次，医疗业务总收入6312.6万元。

2011年，随着软硬件设施投入的不断加大，医疗环境和医技水平的不断改善，全县医疗卫生系统社会效益和经济效益明显提高。2011年全县医疗业务总收入1.34亿元，比上年减少1000万元，降幅7.5%；全年住院人数4.4万人次，门诊病人18万人次。

2016年，县人民医院新院首期工程竣工，县妇幼保健院新院建成使用；建立大病保险制度，扩大异地就医即时结算范围，医疗保险最高报销比例、封顶额度分别提高到92%和25万元；分级诊疗制度初步建立，县、镇、村三级医疗卫生服务网络日趋完善，群众"看病难、看病贵"问题得到缓解。加强人口计生管理，依法实施全面两孩政策，人口计生工作通过国家督查考核。2016年全县常住人口出生9651人，自然增长率7.71‰。是年，继续扩大基本药物实施范围，逐步取消药品加价，全县投入资金3.6亿元，完善县、镇卫生基础设施建设，风安、敬梓、水墩、好义等镇卫生院升级改造基本完成。建立全县居民健康档案电子档案54.5万份，电子建档率为92.15%，蓝塘中心卫生院被国家评为"群众满意的乡镇卫生院"。加强爱国卫生工作，有5个省卫生村通过省、市验收达标。

（一）医疗机构及医疗卫生队伍

1. 医疗机构建设。

改革开放以后，紫金县的医疗机构逐渐增加，医疗卫生队伍不断壮大。1979年，紫金县医疗机构主要有县人民医院、县卫生防疫站、县妇幼保健所、县慢性病防治站、县甘洞医院等；有公社卫生院23间，大队合作医疗站228个。

1981年9月，县中医院开业，有工作人员48人，后逐步发展。从1996年起，得到广东省中医院、中山市中医院、深圳市龙岗中心医院、深圳市中医院等三甲医院在科室建设、人才培养、临床能力等方面的指导，医疗服务水平有较大提高。2017年，全院有在职员工269人，卫生技术人员220人，中医药人员82人；副主任医师8人，副主任药师1人，中级职称人员25人，师级人员75人；开放病床200张。

2013年，县人民医院筹建新院，占地面积10.5万平方米，建筑面积10.63万平方米，开放病床750张，总投入7.5亿元。2016年，新院首期工程竣工。2017年，全院有在职员工751人，其中卫生专业技术人员646人，主任医师2人，副主任医（护、技、药）师50人，中级职称人员147人，初级职称人员436人。是年，医疗业务收入18078万元，医院门、急诊就诊546214人，收住病人22050人次，施行手术5294例。

2016年9月，县妇幼保健院整体搬迁到新院，占地面积5200平方米（老院1000平方米），建有一栋12层的住院楼和一栋6层的门诊楼，有床位250张，医疗条件大为改善。

基层医疗卫生机构得到进一步加强。1979年，全县有公社卫生院23间，大队有合作医疗站228个。1988年，全县23个乡镇卫生院有工作人员849人，其中主治医师14人、其他卫生技术人员656人；有病床434张。有乡村医疗站422个，其中乡镇卫生院下设站62个，行政村或群众集体办12个，乡村医生或卫生员联合办医疗站15个，乡村医生个体办33个。1992年8月，县政府下发《关于筹措资金加强乡镇卫生院"一无三配套"建设的决定》，动员全社会力量支持乡镇卫生院配套建设。1992—2004年，全县投入资金3063.4万元，新建或改造医务用房27857平方米、配套用房15200平方米，卫生院危房改造基本完成，购置千元以上医疗设备3989台（件）。至2004年，全县有472个乡村卫生站，有乡村医生472人、农村接生（保健）员219人，开放病床309张。

2005年起，在省、市卫生行政部门的大力支持下，全县18间乡镇卫生院分期分批完成了标准化改造建设。据统计，共改（扩）建15间，新建3间，业务用房总建筑面积达4.2万平方米，共投入资金近6000万元，乡镇卫生院业务用房达标。全县245个行政村，按上级要求须建规范化村卫生站233间，分三年完成建设（2017—2019年）。2017年已完成67间村卫生站建设，需配备的38项医疗设备已招标采购完毕，设备配送和人员培训工作已完成。

至2017年11月，全县基层卫生院共有在编在职人员983人，其中卫生专业技术人员723人（高级3人，中级44人，师级217人，士级459人），占全县基层卫生院在编在职人数的73.55%；全日制本科学历3人，高中以上学历980人。全县基层卫生院各有至少1名全科医生。为有效提高基层卫生院服务能力，每年选派具有执业（助理）医师资格的乡镇卫生院医生进行全科医生转岗培训。

至2017年，全县有县直属医疗卫生单位7个，镇级卫生院18个。

2. 医疗卫生队伍建设。

1979年，全县医疗卫生系统有工作人员1220人，其中中医医生111人，西医师80人，医士134人，护士160人。此后，中医中药人员逐年减少，西医队伍不断壮大。1988年4月，县医疗卫生单位实行专业技术职称聘任制，受聘的中医药人员有253人，其中副主任医师1人，主治中医师7人，中医师31人，中医士70

人，中药师12人，中药士132人；受聘的西医人员共314人，其中副主任医师9人，主治医（技）师47人，医（技）士87人。该年考核合格的乡村医生344人、农村卫生员150人、接生员314人。2004年，全县医疗卫生系统有干部职工1719人，其中卫生技术人员1485人，每千人医生拥有量为0.5人；有副主任医师6人，主治（管）医师122人，师级387人，士级969人；乡村医生472人，农村接生（保健）员219人。

2017年，全县医疗卫生系统编制人数2303人（县直1178人，乡镇1125人），实有在编职工1861人。在职人员中，卫生专业技术人员1438人，其中主任医师2人，副主任医（护、药、技）师66人，主治（管）医（护、药、技）师226人，师（助理）级469人，士（员）级675人。在职人员中，具有本科学历的109人（含在职学历），占5.86%；大专学历690人（含在职学历），占37.08%；中专学历864人，占46.43%；高中以下学历198人，占10.64%。

（二）卫生体制改革

1. 基层卫生院综合改革。

2011年，紫金县开展深化医疗管理、医疗制度、医疗保障的卫生体制改革。从2011年5月1日起，按照省、市深化医药卫生体制改革工作部署，紧紧围绕"保基本、强基层、建机制"的要求，全县20个乡镇卫生院均配备和使用国家基本药物，全面实行基本药物零差率销售。所需药品均从广东省医药招标采购中心挂网采购，5家中标公司负责配送。至2017年底，全县实施国家基本药物制度覆盖率、使用率和零差价销售率均为100%。2017年度基本药物销售总额为3170.5万元，为群众让利475.58万元。通过开展基本药物制度改革，切实让群众得到了实惠，减轻了经济负担。

2．基层医疗卫生机构债务化解。

2012年5月，县政府组织财政、审计、监察等部门联合对全县20所基层卫生院的债务进行清理核实。基层医疗卫生机构经省化债小组审核认定2012年6月30日之前账面债务金额2232.32万元（其中含经省认定的2009年12月31日之前的账面债务金额529.11万元）。全县于2014年7月底优先化解经省认定债务金额256.15万元，偿债资金来源属中央及省、市化债补助专项资金；2015年3月30日，对尚未化解的债务余额1976.18万元继续化解，化债资金由本级财政承担解决。

3．镇村卫生服务一体化管理。

紫金县政府2013年11月印发《紫金县村卫生服务一体化管理实施方案的通知》。根据方案要求，乡镇卫生院对乡村医生和村卫生站进行技术、业务指导，药品器械供应管理及绩效考核。从2013年12月起，全县村卫生站启动实施国家基本药物制度。村卫生站配备使用的基本药物定期向其所在地乡镇卫生院报送需求计划，由乡镇卫生院负责采购供应。通过基本药物制度改革，群众得到了实惠，减轻了经济负担。

4．县级公立医院综合改革工作。

严格执行药品零差率销售和医疗服务价格改革，切实解决群众"看病贵"问题。一是扩大基本药物实施范围。严格落实国家基本药物制度，严格执行药品量价挂钩、招采合一的集中招标采购制度。所有药品在广东省第三方药品电子交易平台挂网采购。2014年2月15日，根据河源市物价局、卫计局、人社局、财政局《关于县级公立医院综合改革取消药品加成的通知》要求，逐步提高基本药物报销比例和使用比例，并建立价格公示制度。二是调整县级公立医院医疗服务价格。全县三间县级公立医院自2014年2月15日起开始执行河源市物价局制定的新医疗服务价格，取消了药品加成，降低部分检查项目的费用，2015年7月再次调整医疗服务价格，群众普遍反映良好。据统计，从2014年2月至2017年12月，县级公立医院药品销售额为30975.75万元，其中基本药物销售额为21934.77万元，基本药物使用率为70.81%；三间县级医院取消药品加成、调整医疗服务价格后，对比亏损4138.56万元。

5．平价医疗服务建设。

2013年，县人民医院、县中医院和县妇幼保健院共完成5个平价诊室建设任务，平价诊室占二级以上公立医院门诊资源比例约20%，使用平价药包的基层医疗卫生机构占比为100%。通过开展平价医疗服务建设，进一步提高了医疗单位管理水平和医疗服务能力，切实为群众提供了安全有效、方便价廉的诊疗服务。

6．阳光用药制度建设。

为保障药品网上采购工作有序开展，预防医药购销领域不正之风发生，各医疗机构结合单位实际情况成立、调整了药事管理委员会、药品采购监督委员会、药品遴选专家库和药品遴选监督委员会，各职能机构各司其职，各尽其责，切实保障临床治疗用药的安全性和有效性。为加强医院内部管理，遏制大处方，对医生处方、处方费用和药品等重要信息及时监管，促进临床合理用药，提高医疗服务质量。2016年起，三间县级医院开始启用广东省公立医疗机构阳光用药信息直报系统，深入推进阳光用药工作，对用药情况进行在线监控，强化了安全用药、合理用药动态监测和预警机制。

（三）疾病防控

改革开放以后，紫金县认真贯彻落实"预防为主"的卫生工作方针，1987年开始实施儿童计划免疫，对23个乡镇装备冷链器材，以紫金县乌石乡为试点，逐步向全县铺开。是年，全县七岁内儿童共115872人，建册98491人，建册率85%；已接种（服）小儿麻痹糖丸、百日破、麻疹、卡介苗疫苗人数81270人，接种率70.14%。1988年通过实施儿童计划免疫，传染病发病人数明显下降。法定传染病的年均发病率由1979年的1087.69/10万下降到1988年的450/10万，计划免疫工作取得明显成效。

2003年，紫金县先后出现两例"非典"病例（均为输入性病例），县疾控中心立即组织人员开展流行病学调查，采取对患者隔离治疗、密切接触者进行医学隔离观察、疫点的终末消毒等措施，此后密切接触者无出现感染病例，患者治愈出院。输入性病例也因措施得当，没有发生本地被感染病例，有效控制了疫情。传染病管理进一步健全完善，制定了各类传染工作预案、方案，落实突发公共卫生事件应急物资储备制度，加强疫情监测，及时控制传染病。2006年贯彻落实《疫苗流通和预防接种管理条例》，从是年9月1日起，全县0～6岁儿童（含流动人口）接种国家免疫规划疫苗——脊髓灰质炎、麻疹、百白破、卡介苗、乙肝、乙脑疫苗（6苗）实行免费；2008年9月1日起，实施扩大国家免疫规划，在现行免疫接种脊髓灰质炎、麻疹、百白破、白破、卡介苗、乙肝、乙脑疫苗（7苗）的基础上，对适龄儿童增加A群流脑疫苗、A+C群流脑疫苗、麻腮风疫苗、甲肝疫苗（4苗），纳入常规免疫免费接种，有效提高免疫接种率。落实手足口病、艾滋病、登革热、人感染H7N9禽流感等传染病的防控工作，有效遏制了重大疾病和重点传染病疫情。2015年4月，及时调查处置县内龙窝镇发生的布鲁氏菌病聚集性疫情。此项工作得到国家、省、市疾控中心的肯定。2016年3月，紫金县消除疟疾达标考核工作通过市专家组验收。百日咳和白喉连续29年、脊灰炎连续26年、流脑连续24年、乙脑连续2年无病例报告。

（四）妇幼保健

2004年以后，紫金县妇幼保健开展的惠民项目有如下9个："三网"监测、叶酸增补、农村住院分娩补助（2017年已取消）、基本公共卫生妇幼项目（孕产妇管理和6岁以下儿童健康管理）、"三病"母婴阻断项目、免费孕前优生健康检查、地中海防控项目、出生缺陷防控项目、省精准扶贫村"两癌"筛查项目。2015年底，建立了出生缺陷综合干预中心（设在县妇幼保健院）。2016年底，建立了危重孕产妇救治中心（设在县人民医院）、危重新生儿救治中心（设在县妇幼保健院）。这三个中心的建立，对提高全县出生人口素质，降低出生缺陷，提高母婴健康水平，具有重要意义。

（五）医疗制度改革

1. 公费医疗制度改革。

1979年后，紫金县公费医疗实行门诊定额包干到单位（或者直接拨给个人包干使用），住院药费按标准报销，自费5%～15%。1987年，全县享受公费医疗人数为7509人，年人均支出费用105元。1988年1月起，公费医疗经费实行"经费包干，集中使用，两级管理"的办法，门诊公费医疗包干到单位或个人，住院公费医疗定额包干给县人民医院。1990年3月，实行经费定额、医疗定点、定额包干，两级管理和县医院住院公费医疗包干的管理办法，全年享受公费医疗人数为8847人，公费医疗费支出101.9万元，人均支出115.18元。1991年3月，实行经费定额、人员定编、定额包干，两级管理和县医院住院公费医疗包干的管理办法，全年公费医疗包干总额为93万元，住院包干公费医疗费33万元，由县人民医院包干，超支部分由财政、医院各负责50%。1997年，享受公费医疗人数1.29万多人，全县公费医疗费支出约286万元，人均支出221.65元，占财政支出的1.7%。1998年，享受公费医疗人数为1.4万人，全县公费医疗费支出292万元，人均支出208.57元，占财政支出的1.2%。工矿企业等部门的医疗福利，实行劳保医疗制度，自行统筹，自行管理。1999年起，公费医疗制度停止，县内实行养老、失业、工伤、医疗社会保险一体化管理体制。

2．合作医疗制度改革。

1969年10月，紫金县农村实行合作医疗制度，合作医疗基金由社员交一部分，每人每年交0.3～0.5元，再从生产队和大队公益金中提取一部分。大队赤脚医生普遍以中草药治疗为主，社员治病免收药费。1982年，随着农村体制改革深入，各大队合作医疗停办，赤脚医生转为个体或与公社卫生院联合办医疗站继续从医。1998年，县卫生局在凤安镇重新启动农村合作医疗，采取由群众出资、政府资助的方式，共有1686户、5228人参加合作医疗。以后由于各种原因，农村合作医疗暂停实行。2002年，再次启动农村合作医疗制度，管理部门是县农业局。2003年10月，农村合作医疗推广工作由县农业局移交给县卫生局。2004年，全县参加农村合作医疗147836人，占农业总人口的24.86%；合作医疗受惠人数3136人，补偿费用269万元。

三、文化事业协调发展

（一）群众文化机构

1．文化馆、文化站（室）。

1975年，苏区、瓦溪、凤安等公社建立起紫金县第一批文化站，负责所在公社群众文体活动的组织和辅导工作。1979年，各大队和自然村陆续复办文化室。1985年，全县23个区文化站配备有人员和办公场所。其中古竹等11个区文化站经费由县财政拨款，其余12个属民办公助性质；蓝塘、龙窝、中坝3个区设有圩镇文化中心。1988年，全县有农村文化室468个。1998年，贯彻落实广东省山区文化建设工程有关精神，各村委会普遍建有文化室。2004年，全县20个镇文化站均有办公楼，各行政村都建有文化室。至此，县、镇、村三级文化网络基本形成。2016年，文化辅导员到基层辅导开展活动，县城广场举行文艺演出，编辑出版《紫金文艺》《紫金文学》《紫金客家文化》《紫邑丛书》等。

2. 图书馆。

1973年11月，设立紫金县图书馆。1982年，在紫城镇东风路建设新图书馆，次年建成开放。1995年9月，在原址建设新馆（内设周世聪书画院），1997年10月落成，建筑面积1238平方米。2002年，实现图书电脑编目。2003年，在省立中山图书馆的支持下，设立省流动图书馆紫金分馆。2017年，县图书馆接待读者24万人次，新购纸质图书3.5万册、电子图书5万册，征订报刊700种，全年办证1109个，借还图书8万册次，开通移动图书馆和微信公众号服务平台。

3. 博物馆。

1962年10月，紫金县革命纪念馆筹备委员会成立，"文化大革命"期间被撤销。1977年，成立县文物工作领导小组、县文物管理委员会，并设立老苏区革命博物馆。1978年10月，设立县博物馆，每年由省文化厅下拨经费6000元。1982年，由省文化厅、县财政局等单位共同拨款10多万元，在县城东风路兴建3层钢混结构的博物馆陈列楼，1984年竣工，占地面积1035.6平方米，建筑面积900平方米；馆藏历史文物和革命文物2200多件。2004年，增设历史文物展览厅和革命文物展览厅。2009年，被列为中央财政补贴免费开放地方博物馆。至2017年，有县级以上文物保护单位69处，其中省级文物保护单位2处、市级文物保护单位14处、县级文物保护单位53处，馆藏文物665件（套），实际数量

2213个。由县博物馆负责管理的下属馆有4个（刘尔崧纪念馆、紫金县苏区革命斗争史展馆、孙中山纪念馆、邓缵先纪念馆），均有专人管理，长年免费开放，为全县中小学进行革命传统教育、爱国主义教育提供了阵地。2017年，县博物馆坚持全年工作日开馆制度，全年免费开放日达300天以上。免费开放二楼的基本陈列"紫金县历史文物展"和三楼的"紫金县'四二六'武装暴动史料展"，共接待群众、学生1万多人次；下属4个展馆共接待党员干部、学生、群众3万多人次。

（二）文艺团体

1. 紫金县文联。

1961年7月，召开第一次全县文学艺术工作者联合会代表大会。2017年有团体会员698人。县文联下辖文学协会、音乐舞蹈协会、观赏石协会、诗词楹联学会、摄影协会、书画协会、流行音乐协会7个协（学）会。

县文学协会成立于2003年10月。2016年有会员76人，其中国家级会员1人，省级会员3人，市级会员13人。

县音乐舞蹈协会成立于2003年12月。2017年有会员86人，其中省音乐家协会会员1人，广东省声乐研究会会员8人，河源市音乐家协会会员11人。

县观赏石协会成立于2008年4月。原称紫金县水安蜡石协会，2012年更为今名。2017年有会员131人，其中广东省观赏石协会会员9人。

县诗词楹联学会（广东省岭南诗社紫金分社）成立于2008年8月。2017年有会员128人，其中中华诗词学会、中国楹联学会会员19人，河源市诗词协会会员41人。

县摄影协会成立于2012年1月。2017年有会员52人，其中省级会员3人，市级会员7人。

县书画协会成立于1993年9月。2017年有会员75人，其中国家级会员1人，省级会员11人，市级会员19人。

县流行音乐协会成立于2017年12月，有会员150人。

2．花朝戏剧团。

紫金县花朝戏剧团是花朝戏唯一的专业艺术表演团体，前身是成立于1958年9月的紫金县钢铁文工团，1960年更名为紫金县花朝戏剧团。2006年5月，花朝戏被列入首批国家级非物质文化遗产代表性项目保护名录。2012年5月，花朝戏剧团转制为紫金县花朝戏传承发展中心，同时保留紫金县花朝戏剧团牌子。剧团多次参加国家和省举办的展演或赛事，并赴马来西亚和中国香港、澳门等地进行文化交流。

3．民间艺术团体。

紫金县内民间文艺活动活跃，有传承上百年的木偶戏剧和舞龙、舞狮等民间艺术团体。1998年，省文化厅授予紫金县"民族民间艺术（花朝戏）之乡"称号，2017年，紫金县共有19个民间艺术团体。

（三）文化体育设施

1992年6月，紫金县文化体育广场选址紫城镇城南莲塘坑，规划用地5公顷，当年完成土地平整。1999年，县文化体育广场规划面积扩大至7公顷，建有标准篮球场8个、门球场1个、健身路径1条、健身器材30多件（套）、露天乒乓球台20张等，广场的休闲、文化、体育等配套设施逐步完善。2004年，建有游泳池1个。县文化体育广场是县城举行大型文艺活动和体育运动的场所。

1999年，黄塘激流回旋训练基地（中国南方激流回旋训练基地）在黄塘镇锦口村双下水库坝下动工兴建，2000年投入使用。2001年，河源市激流回旋训练队进驻基地。2002年11月，在训练基地举行广东省第十一届运动会激流回旋运动项目比赛。2004年，在湖南张家界举行的全国青年皮划艇激流回旋锦标赛中，河源市激流回旋训练队获得7个项目金牌。

（四）艺术创作

1979年，紫金县文化馆继续挖掘和整理县内传统音乐。1980年8月，香港海燕唱片有限公司派人到紫金录制唱片，有20名民间艺人参加演唱录音。录音曲目有《月下情歌》《茶山情歌》《劝郎歌》《鸳鸯成对结良缘》《订婚订到梅花开》《去年想妹到今年》《王金珍扫厅堂》《王金珍叹五更》8首不同风格的客家山歌。还演唱了花朝戏传统曲目《卖杂货》《深山情侣》等。1983年，由紫金籍作曲家徐东蔚作曲的《请到天涯海角来》获全国广播歌曲评比三等奖。1984年3月，紫金县举办徐东蔚作品音乐会。1985年12月，县税务局团支部歌咏队、县文化馆合唱队参加由省文化厅等单位联合举办的"纪念聂耳、冼星海群众歌咏比赛"获表演奖。1988年7月，文化部、中国音乐家协会等7个单位，在北京联合举办"徐东蔚作品音乐会"。是年，《徐东蔚歌曲选》由花城出版社出版。

之后，一批紫金籍文艺名家的作品陆续获奖，林冠明的书法作品《兰亭序》获第五届中国书法兰亭佳作奖、"天下大同·魏碑故里"全国书法展优秀作品奖、第七届全国书法新人新作展优秀作品奖，魏警帆的书法作品入展全国第二届册页书法作品展，钟岸先的词《家乡的戏》（袁越东作曲）入选《中华诗词歌曲集》，《七绝·滴水洞》获湖南省纪念毛泽东诞辰120周年全国诗词大赛三等奖，《五律·六盘山》获第四届中国百诗百联大赛优秀奖。

2016年，在广东省群众文艺作品评选中，花朝小戏《情定竹壳茶》荣获三等奖；在河源市"家训情·家风暖"舞台戏剧、曲艺、音乐作品创作大赛中，荣获一等奖作品1件，二等奖作品4件，三等奖作品5件；创作花朝小戏《半分水田》《选举之前》，快板《苏区精神大发扬》《两学一做意义长》等。其中，花朝小戏《溪水长流》于10—11月参加河源市广场文艺演出和"粤戏粤精彩"广东省优秀舞台节目巡回演出，经组委会评审，入选"中华颂"全国戏剧小品文艺汇演，11月赴京演出并荣获优秀剧目铜奖。

（五）广播电视

1952年3月，紫金县人民政府文化科设收音站。1956年1月，成立紫金县广播站。1958年，县广播站与紫金报社合并，1965年易名为紫金县人民广播站。1984年4月，成立紫金县广播电视局。1986年3月，成立紫金人民广播电台。1990年10月，紫金县城开通有线电视，播出9套电视节目。1995年1月，成立紫金县电视台。2014年12月29日，紫金县广播电视台与广东省广播电视网络股份有限公司签订改革重组协议，实现台网分离。县广播电视台为县事业单位，隶属县委宣传部，下辖18个镇广播电视站；广东省广播电视网络股份有限公司河源紫金分公司为省属国有企业。

紫金县有线电视网络始建于20世纪90年代。当时利用公共天线接收系统，传收频率为218MHJ，8个电视频道，有4000多用户。1995年，从原来的隔频传收改为邻频传收，传收带宽为300MHJ，传收有线电视节目16个频道。2000年投入300多万元，对县城有线电视网络进行用1310HFC光缆升级改造，带宽为750MHJ，传收有线电视节目36套。2004年，投入1000多万元的资金发展有线电视网络，架设光纤主干线313千米，开通了20多个镇的有线电视信号，从而实现了全县有线电视使用同一频台播出，并且在全省山区老区县中率先开通了县至镇的电视电话会议功能。2005年起，不断对全县行政村和自然村分配网进行改造，有线电视网络不断发展壮大。至2009年底，全县已形成以县城为中心，乡镇村组为辐射点的广播电视网络系统，城区的覆盖率为100%，全县圩镇的覆盖率为100%，行政村的覆盖率达70%。至2014年底，全县290多个行政村中已联网行政村218个，架设光纤主干线1200多千米，同轴电缆1350千米，开设光节点300多个、放大工作点4200多个。至2017年底，全县广播电视综合覆盖率为96%，数字有线电视用户总数近9万户。

1988年，县人民广播电台发射功率为100瓦，广播信号覆盖到河源、惠东、惠州、龙川、博罗等市、县。1994年，对调频发射机进行扩容改造，电台发射功率增大到300瓦，广播信号覆盖到河源、惠州、深圳、宝安等10多个市、县，全天播音时间共10小时30分。

1990年10月，县城有线电视开通，共转播9个频道电视节目。为加快有线电视事业发展的步伐，1991年成立紫金县有线电视台，1994年改进县城有线电视的隔频传输方式，电视频道增至14个。1999年，投入300多万元，对县城有线广播电视光纤进行上等级改造，架设光纤干线22千米、150分支线20千米，有电视用户1.2万多户，县有线电视台成为河源市第一个完成县城有线电视光纤升级改造的有线电视台。2000年8月，县城有线电视网与省有线电视网连接开通，传送32套电视节目。年底，全县35个广播电视盲点村实现电视网络村村通。2001年，投入13万元，对蓝塘、龙窝圩镇有线电视网络进行改造，提高输送质量，节目增至13套。同时，按照《紫金县广播电视微波联网技术方案》要求，把紫金县电视新闻节目通过微波传输到鸡公嶂大功率发射点，发射信号覆盖瓦溪、九树、九和、凤安、黄塘和上半县大部分镇村，并在鸡公嶂接收信号分出一路送笔架山电视转播台，覆盖上义、好义、蓝塘、义容、古竹、青溪、临江、柏埔各镇，实现覆盖全县90%以上的用户。2004年9月，全县有线广播电视光纤联网工程正式动工，光纤电线全长313千米，传送电视节目33套。年底，开通县至镇电视电话会议功能，全县有线电视终端用户达3万多户。

2016年，紫金广电网络顺应三网融合新形势，开拓光纤到户，全面实施"全民高清"计划，推出"U互动"品牌，为市民带来全新的数字化体验，致力将电视机顶盒开发为家庭智能终端。拥有数字电视用户6.5万户、数字电视终端9万台。省电视网络公司紫金分公司设有宽带网接入、专线数据业务及其他增值业务。紫金广电网络在县城完成8000户双向网络改造，在九和镇、蓝塘镇的行政村开通业务试点，宽带使用率60%以上，完成年度整体改造目标。

四、科技成果有效运用

（一）科技成果

1979年以后，紫金县认真贯彻落实"科学技术是第一生产力"的思想，全面实施"科技兴县"。2016年，广东立国制药有限公司申报的《头孢呋辛钠合成工艺技术研究与应用》项目获市级科技进步奖一等奖和省科技奖三等奖，紫金天鸥矿业有限公司的《空场法转崩落法平稳衔接及资源整合低扰开采技术研究与应用》获市级科技进步奖一等奖。2016年，县科技局开展系列知识产权宣传活动：悬挂知识产权宣传标语、广播宣传车游街宣传、举办知识产权进校园专题宣传教育活动和企业知识产权相关政策解读培训班等。引进河源市凯东知识产权有限公司，设立专利服务点，推动全县企业自主专利的申请和保护工作。2016年，全县共申请专利175件，其中发明专利10件、实用新型专利103件、外观设计专利62件；授权专利113件，其中发明专利2件、实用新型专利56件、外观设计专利55件。

至2017年，全县共获市科技进步奖项目43项、省科技奖项目4项，纳入省级"星火计划"项目7项、省级"火炬计划"项目17项、省级扶贫项目2项、省科技成果重点推广计划项目1项、重点新产品试制鉴定计划项目1项；认定省级工程技术研究中心6个，认定市级工程技术研究中心11个，认定市级新型研发机构2家，认定市级农业创新中心5家；认定国家级高新技术企业5家，认定省级技术创新专业镇5个，认定县级科技孵化器1个；申请专利1309件，授权专利855件。

（二）科研机构与网络建设

1979年，紫金县专业科研单位有县农业科学研究所、县农业机械研究所、县林业科学研究所以及县微生物研究所、县工业研究所、县白蚁防治研究所，科技推广单位有农科站、各厂（矿）研究室及镇农技推广站12个、畜牧兽医站23个。1997年，全县304个管理区均配备一名由管理区干部兼职的农民技术员，形成县、镇、区三级科技网络领导体系。开通紫金县金科网。组织实施农村科技信息"直通车"工程和"农业数据库"项目，建立紫金县农产品数据库，将紫金特色产业的生产技术规程放在网上，在全省进行技术推广。建立紫金工业园网站，重点围绕科普"惠农兴村"计划的实施，大力建立和培育各类农技协会。

1980年以后，重视农业科技引进与推广工作，重点推广的新技术有水稻耕作、花生轮作、养蚕、水稻塑料软盘抛秧技术、水稻免耕技术、紫金春甜橘标准化栽培、西瓜嫁接栽培、杂交瘦肉型猪饲养技术、枇杷疏花疏果和套袋技术等。新品种有：美国鳄龟、超级杂交水稻新品种、葡萄柚、卡拉红芯橙、青柠檬、牛油果、金萱绿茶新产品、东方美人乌龙茶、矮化山楂等。

（三）科技示范

1996年以后，抓好市、县、镇三级科普示范镇、村和示范基地建设，发展了一批经济社会效益显著、具有示范作用的科普示范村、示范基地和示范户。建立早钟六号枇杷试验示范基地、种鸡场、台湾蜜枣新品种试验示范基地。三元杂交瘦肉型猪的饲养技术试验基地、优质水稻高产示范基地等。从国内外引进几十种优稀特品种葡萄柚、卡拉红芯橙、青柠檬、牛油果等高档水果进行示范推广。2006年之后，建立金山茶业公司的金萱茶艺加工技术等项目示范基地。

（四）科技实绩考核与经费

2000年，紫金县成立党政领导推动科技进步实绩考核工作领导小组，制定《紫金县镇级党政领导推动科技进步实绩考核的实施意见》。是年，经市科技考核小组实地考核，县信息网络建设获市"单项显著进步奖"。2001年，对镇级党政领导班子和党政正职、分管科技工作领导进行考核，古竹、蓝塘等9个镇获得优秀等次，柏埔、九树等8个镇考核合格。2004年，省、市对2002—2003年度县党政领导推动科技进步实绩考核，紫金县取得全市第一的成绩。

科技经费逐年增加。1987年，全县科技经费为3.39万多元。1998年增加到18万多元。尔后，科技三项经费每年递增2万元。2003年，科技经费增加到31万元，其中科普经费增加到3万元。2004年，科技经费为33万元。2017年，科教投入2.9亿元，科技创新喜获丰收，实施省、市级科技计划项目10项，新增国家级高新技术企业3家、省级研究开发中心3个，成功承办河源市第十二届青少年科技创新大赛，全县获奖项目51个。

社会保障网基本织就

一、社会保险制度基本建立

1985年，紫金县社会保险制度的建立由合同制职工养老保险基金统筹开始，尔后，覆盖范围扩大到企事业单位职工，增加失业保险、工伤保险、城镇职工基本医疗保险、生育保险、城乡居民养老保险和城乡居民医疗保险等多项，逐步构建起多层次的社会保险体系，建立起国家、企业、个人共同承担社会保险责任与义务的社会保险机制。

（一）养老保险

1．职工养老保险。

1985年5月起，紫金县在国营企业、事业单位中开展养老保险统筹业务，基金征集方式按不同用工制度分别办理，养老保险基金统筹首先在合同制职工中实行，按每个合同制职工每月11.5元的标准，由各单位统一于每月15日前上交县社会劳动保险公司，其中职工所在单位负担10元，个人负担1.5元，记入职工个人保险手册。1986年1月，在全民所有制企业和未在财政拨款的事业单位实行退休基金统筹，各单位每月按在职职工工资总额的13%和每个退休人员每月35元的提取数，上交县社会劳动保险公司，后转发给每个退休人员。

1988年1月起，建立临时工社会保险试行办法，每人每月缴费14元，其中单位负担12.6元、个人负担1.4元。至1988年底，全县有合同制职工投保单位309个，投保合同制职工3516人，收缴养老保险基金84.25万元；全县参加退休基金统筹单位123个，职工9167人，其中离退休人员1568人；全县临时工参加投保单位22个115人，筹集养老基金1.59万元。1992年1月起，固定工养老基金的单位部分按所在单位工资总额的比例计征，个人每人每月收2元。1993年，固定工养老基金每人每月征收单位23.8元、个人2元。

1994年1月，紫金县执行《广东省职工社会养老保险暂行规定》，要求县内所有单位和职工都必须参加养老保险，对参加养老保险的职工实行一体化管理。养老保险基金由国家、单位和职工三方共同负担，单位按上年度职工月平均工资的20%缴纳，职工按工资的2%逐步调至4%缴纳。尔后，每两年提高1个百分点，个人缴费最终达到工资的8%，企业缴费划入个人账户的比例随个人缴费比例的提高相应下降，最终降至3%。

1998年7月起，紫金县执行省统一标准，按本人缴费工资11%的数额为职工建立基本养老保险个人账户，实现与全国社会养老保险制度并轨，个人缴纳的养老保险基金全部计入个人账户，单位缴纳的养老保险费一部分计入个人账户，其余计入社会养老保险统筹基金。

2017年7月1日起，职工养老保险实行全省统筹。

2. 城乡居民养老保险。

2012年7月，紫金县被省、市确定为城镇居民社会养老保险和新型农村社会养老保险第四批试点县。县政府下发《紫金县新型农村社会养老保险试行办法的通知》和《紫金县新型农村和城镇居民社会养老保险试点工作方案的通知》等文件，把目标任务分解到各镇，加大新型社保宣传力度，县督导组每月深入到镇、村检查工作力度，跟踪落实，基本完成省、市下达的参保目标任务。

3. 机关事业单位养老保险。

根据县政府《转发省人民政府关于贯彻落实〈国务院关于机关事业单位工作人员养老保险制度改革的决定〉的通知》，从2014年10月起，全县实施机关事业单位养老保险制度改革。之后，根据省政府对养老保险制度改革的有关精神，明确机关事业单位建立与企业相同的基本养老保险制度。

（二）医疗保险

1. 职工医疗保险。

2001年6月，县政府下发《紫金县城镇职工基本医疗保险试行办法》，基本医疗保险费由用人单位和参保职工分别按月缴交，用人单位按其全部职工上年度月平均工资总额的6%缴交，职工个人按本人上年度月平均工资总额的2%缴交。参加基本医疗保险必须同时参加补充医疗保险，补充医疗保险费单位负担7元，个人负担2元（个人账户中列支），以各单位职工人数（含退休人员）计算逐月缴纳。首先在县委、县政府内财政全额供给的行政机关、事业单位中试点运行，参保人数为668人，其中在职505人、退休163人。

2002年1月起，正式建立城镇职工基本医疗保险制度，基本医疗保险扩大到县直财政全额供给的行政事业单位，参保单位93个，参保人数4632人，最低缴费基数为716元，缴费标准调整为单位部分按职工月平均工资总额的6.5%计征，个人部分按本人月平均工资总额的2%计征。

2. 城乡居民医疗保险。

2012年10月，按照河源市和紫金县政府工作要求，县农村合作医疗管理职能由县卫生局移交给县社保局。2014年3月，县新农合办公室更名为紫金县城乡居民医疗保险办公室。2017年，紫金县城乡居民医保工作取得较大成效，基本实现人人享有城乡居民医疗保障目标，全县参加城乡居民医疗578081人，农民群众的医疗保障水平不断提高。

（三）工伤保险

1979年，紫金县对因工（公）负伤致残完全丧失劳动能力的，根据伤残情况按标准工资的80%～90%核发，需要护理者发给护理费。1992年5月，紫金县实施《广东省企业职工社会工伤保险规定》，全县统一实行工伤保险制度，缴费标准为职工工资总额的0.5%～1.5%，全部由用人单位负担。根据不同行业的工伤事故发生频率适当分档次收取：一类行业0.5%，二类行业1%，三类行业1.5%。是年6月份后发生的工伤事故，由工伤保险基金支付。工伤保险医疗费用由职工所在单位和社保经办机构负担，对因工负伤达到评残等级的给予一次性支付残疾补偿金，对丧失劳动能力的给予享受相应的工伤残疾等级待遇。因工死亡者给予按上年度职工平均工资发给丧葬费，对工伤死者直系亲属按国家规定发给补助费、抚恤金。其补偿多少，按不同工伤、残疾等级发放。伤残退休金按当地职工平均工资的一定比例计发，并同当地职工平均工资增长挂钩，以保障工伤职工基本生活。

1998年，全县实施《广东省社会工伤保险条例》，将工伤保险覆盖面扩大到所有企事业单位、国家机关、社会团体、城镇个体、经济组织及其所属全部员工。2000年，根据省政府颁布《广东省社会工伤保险条例实施细则》，紫金县将工伤保险纳入法制化管理，建立起不分企业所有制性质、不分用工形式的全县统一的工伤保险制度。工伤保险的征收标准，按照不同行业划分，保险费全部由企业承担。2004年之后，按《广东省工伤保险条例》规定，工伤保险费由用人单位承担，用人单位缴纳工伤保险费的数额为本单位职工工资总额乘以单位缴费费率之积。工伤保险费调整费率，三类行业缴费标准分别为0.8%、1.5%、2%。

（四）失（待）业保险

1986年，紫金县实施国务院《国营企业职工待业保险暂行规定》，建立待业保险制度。县待业职工管理所负责待业保险基金的筹集、管理和发放等工作。待业保险基金向国营企业和行政事业单位合同制职工征集。待业保险金计征比例为职工标准工资总额的1%，全额由用人单位缴交。1987年，紫金县在国营、集体企业职工中实施职业失业保险制度。至1988年，全县参加待业保险基金统筹的人数10215人，占应参加人数的82%。1996年，实施《广东省职工失业保险暂行规定》，失业保险覆盖到所有企业、个体经济组织、企业化管理的事业单位、国家机关、社会团体，失业保险费由单位按照本单位全部职工上年度月平均工资总额的1%按月缴纳。1997年，全县国有企业、事业单位的合同工人均参加失业保险，失业职工领取失业金的期限，根据失业前连续缴纳失业保险费的年限确定。1998年，县内失业保险基金征集扩展到外商企业、私营企业。7月起，执行《中共中央国务院关于切实做好国有企业下岗职工基本生活保障和再就业工作的通知》的规定，参加失业保险的单位，按单位工资总额的3%缴纳失业保险金，其中单位缴纳2%，个人缴纳1%。是年，全县参加失（待）业保险的单位294个，人数13676人。1999年1月起，事业单位的职工包括所有干部、固定工、合同制职工应参加失业保险，其他人员暂不参加失业保险。1999年7月起，失业保险救济金标准为：失业人员原单位投保1～4年的，每满1年可领取1个月失业保险金；超过4年的，每满1年可取2个月的失业保险金，每次领取失业保险金的期限为24个月。领取失业保险基数按上年度当地最低工资的80%逐月计发，发放标准从160元/月调整到220元/月。

2002年10月，全县实施《广东省失业保险条例》。2004年，全县参加失业保险19553人。

（五）生育保险

2008年，《河源市职工生育保险暂行办法》开始实施，国家机关、参照国家公务员制度管理的事业单位和已参加医疗保险的企业单位及其职工（灵活就业人员暂不列入）从办法实施之日起首先纳入河源市生育保险范围。生育保险基金根据"以支定收，收支基本平衡"的原则统一征收。用人单位应缴纳的生育保险费，以当地上年度职工社会月平均工资的0.7%为基数，按在职职工总人数逐月计征，与医疗保险费统一征收，分账管理，由用人单位缴纳，职工个人不缴纳生育保险费。2015年11月，《河源市职工生育保险实施办法》开始实施，生育保险费由用人单位按照本单位上月职工工资总额0.5%的比例按月缴纳，职工个人不缴纳生育保险费。

二、最低生活保障制度逐步完善

1997年起，紫金县实行城乡居民最低生活保障制度，对家庭人均月收入低于最低生活保障线（城镇居民每人每月低于100元，农村居民每人每月低于60元）的城乡困难群众给予救济，全县有1733户5034人获得最低生活保障救济。救济标准为城镇救济对象每人每月保障金20元，农村10元，保障经费由县、镇两级财政各负担50%。

1998年10月起，县直单位在职、失业、下（待）岗和离退休困难人员实行最低生活保障制度，对家庭人均月收入低于生活保障线100元的困难人员，每人每月发给保障金20元，保障经费由县财政和困难人员所在单位各负担50%，最低生活保障对象均实行动态管理。2000年，享受低保救济的城镇特困居民和县直单位在职、失业、下（待）岗和离退休困难人员624户2583人，救济标准提高至每人每月32元；农村最低生活保障特困居民1677户4320人，每人每月10元。

2002年1月，调整最低生活保障救济标准，根据低保对象的家庭实际分等级救济，一等特困人员每人每月40元，二等30元，三等20元。是年，建立特困人员基本医疗保障救助制度，对治病难的特困人员实行适当医疗救济。2004年1月，最低生活保障救济的三个等级的金额分别提高到每人每月50元、40元、30元。8月，开展低保扩面工作，将符合条件的低保应保对象2238人纳入低保救济。扩面后，全县享受低保救济的特困居民4988户、9712人。

2005年，对最低生活保障对象进行核查调整，提高了最低生活保障救济标准。对带病回乡退伍军人定补标准，从原来每人每月100元提高到132元，达到省规定标准。5月起提高五保供养标准，分散供养的从每人每月75元提高到100元，集中供养的从每人每月105元提高到150元。

从2007年1月起，提高低保保障线标准和救济补差标准。低保保障线标准：城镇居民从原来每人每月150元提高到180元，农村村民从原来每人每月100元提高到130元；救济补差标准：城镇居民从原来每人每月50元提高到65元，10月再次提高到85元，农村居民从原来每人每月30元提高到35元。1997年，开展实施低保制度以来最大的扩面工作，将人均年纯收入低于1200元的困难群众共26593人全部纳入低保救助范围，其中城镇居民467人，农村村民26126人。提高最低生活保障标准，农村低保对象从每人每月35元提高到50元，再到60元；城镇居民低保对象从每人每月85元提高到100元，再到115元；对城镇居民增加发放3个月每人每月10元的物价临时补贴；继续开展低保对象和重特病人员的医疗教助，实现了应保尽保。

从2015年起，提高全县低保对象补差标准，城镇低保每人每月从333元提高到374元，农村低保每人每月从147元提高到172元。为全县低保对象和城镇低收入60周岁以上老人统一办理2015年度城乡居民医疗保险。为全县低保、五保对象以及低收入困难群体开通医疗救助"一站式"结算服务。开展对全县低保对象和患重、特大病人员的医疗救助，提高了城乡低保和五保生活保障标准，其中农村标准每人每月从原来的172元提高到190元、城市低保每人每月从原来的374元提高到418元。五保供养标准按上年农村人均可支配收入的60%计算，每人每月从500元提高到550元，由政府统一为全县农村低保、五保及低收入家庭60周岁以上老人，办理年度城乡居民医疗保险，全年发放救助资金2894.146万元，救助54318人次。

努力建设风清气正政治生态

一、"三大治理"促进社会综合环境持续改善

党的十八大以后，紫金县以基层、社会、环境"三大治理"为主抓手，切实抓好信访纠纷化解、平安紫金建设、人居环境打造，社会更加和谐，环境更加优美。

基层治理全面加强。以开展"驻联"工作为抓手，深入贯彻实施《广东省信访条例》，创新"驻联+互联"网络信息平台，结合"136"信访责任制，建立"四个三"矛盾纠纷排查化解机制，落实首办责任制和驻点工作制度，畅通群众诉求渠道，把社会矛盾纠纷有效化解在基层、化解在萌芽状态。2011—2016年，全县三级综治信访平台受理各类矛盾纠纷事项7567宗，化解率达91%。

社会治理成就明显。深入开展"平安紫金"创建活动，扎实抓好社会治安防控体系建设，实现平安细胞创建工作全覆盖。先后组织开展社会治安整治系列专项行动，各类刑事案件发案率明显降低。积极开展"三打两建"（打击欺行霸市、打击制假售假、打击商业贿赂，建设社会信用体系、建设市场监管体系），打击"三违四抢"（未经国土资源、规划建设、城市管理、林业、农业、水务、海事等行政主管部门批准，擅自占用、买卖土地，破坏耕地、林地，在国有、集体土地上和建成区内抢搭、

抢建、抢挖、抢种，以及擅自在河道管理范围内建设、经营、种植等行为）、制假售假行为和非法采矿等系列专项行动，维护良好的社会市场秩序。加强普法教育，推进公正司法，运用法治思维、法治方式调处化解一批历史信访积案。妥善应对和处置三威血铅、丙肝感染发病、布鲁氏菌病疫情等重大事件，社会环境和秩序不断改善，人民群众安全感明显增强。

环境治理取得实效。坚持"绿水青山就是金山银山"的发展理念，加大环境污染治理和环保执法督查力度，开展造林绿化、清洁卫生、水环境"三大专项整治行动"，努力从源头上控制和治理环境污染。推进新一轮绿化紫金大行动，开展农历八月森林防火加强月活动，完成林业四大重点生态工程第一轮建设任务，实现森林面积、森林蓄积"双增"目标。开展城乡环境卫生综合治理，全面完成城乡生活垃圾处理设施建设，18个镇全部建成生活垃圾中转站，300个村（社区）全部落实专职保洁员和专项保洁经费制度，农村人居环境明显改善。

扎实有序推进协商民主发展。构筑多层次协商议政格局，努力推进协商民主有序规范运行，引导群众有序表达意愿。政府着力加强自身建设，坚持依法行政，自觉接受县人大及其常委会法律监督、工作监督和县政协民主监督。各项改革不断深入，卫生、计生、食品药品、发改、物价、经信、外经、司法等政府部门改革基本完成。网上办事大厅建成运行，政务公开事项不断增加，商事登记制度改革全面实施。全面开展党的先进性教育和群众路线教育实践活动，查找"四风"问题，坚持长期整改，作风建设取得明显成效。健全重大工程项目工作目标责任制，落实首问负责制和限时办结制。大兴调查研究之风，"文山会海"现象得到有效控制。严格落实中央八项规定，全面落实国务院"约法三章"（政府性楼堂馆所一律不得新建，财政供养人员只减不增，公费接待、公费出国、公费购车只减不增），切实践行"三严三实"（严于修身、严于用权、严于律己，谋事要实、创业要实、做人要实），行政成本实现持续下降，政府系统廉政建设不断加强。干部作风显著好转，政治风貌焕然一新。

二、全面加强干部队伍建设

党的十八大以后，县委组织部坚持干部选拔任用标准，把好资格条件关，不断完善考察机制，突出考察政治品质和道德品行，注重考察工作实绩，加强作风和廉政情况考察，不断提高干部选拔任用工作的规范化和科学化水平。对全县干部人事档案和组工干部档案进行专项核查，实现组工干部报告个人事项工作全覆盖，严格执行组织工作重要事项请示报告制度。认真落实"三书"（提醒通知书、函询通知书、诫勉通知书）预警机制和建立日常谈心谈话制度，强化干部的日常教育监督管理。严格干部选任标准，严把资格审查关，对干部档案信息、个人事项有关报告、廉政等方面情况进行认真核查，排除《党政领导干部选拔任用工作条例》规定不得列为考察对象的6种情形，防止干部"带病提拔"。坚持正确的用人导向，优化班子结构，增强班子功能，选拔出对党忠诚、群众公认、善于作为、敢于担当、清正廉洁的干部。为严肃换届纪律，建立了"12380"电话、信访、网络和短信"四位一体"的综合举报受理平台，及时受理违反换届纪律问题举报。

三、正风肃纪反腐力度持续加大

严格落实中央八项规定精神。进一步规范"三公"经费管理，监督落实公务用车管理使用、差旅费管理、干部培训经费管理、公务接待、规范会议等制度，严格控制因公出国（境）

活动，坚决抵制享乐主义和奢靡之风，自十八大以来，全县"三公"经费逐年持续下降。深入推进正风肃纪专项治理。开展党政机关办公用房清理行动，各级领导干部严格按照《党政机关办公用房建设标准》的规定清理到位、整改到位；开展全县党员领导干部会员卡专项清退活动，2013—2017年，全县1238名副科级以上领导干部出示"会员卡零持有报告"和做出"不出入私人会所"承诺；全面开展党政机关及参公管理事业单位公务用车改革，县直71个参改单位取消、封存车辆119辆，引入社会机构对封存车辆进行公开评估拍卖，拍卖车辆78辆，拍卖金额274万元全部上缴国库，有效防止公车拍卖腐败。

驰而不息坚决纠正"四风"。建立作风暗访常态机制，深入开展作风建设，组织暗访组抓住重要时间节点，聚焦"关键少数"，紧盯隐形变异的不正之风，深入开展明察暗访活动。坚持暗访、查处、曝光、追责"四管齐下"，狠刹公款吃喝、公款送礼和公车私用等行为，重点整治收受"红包"礼金、违规发放津补贴等突出问题，严肃查处违反工作纪律、廉政准则、违规乱收费以及侵害群众利益等典型问题。十八大以来，开展明察暗访2029人次，发现"四风"问题203个，发出整改通报、通知书22份，制作专题暗访片6个，通报曝光典型问题38个。

持续保持惩治腐败高压态势。重点查处十八大后不收敛不收手，问题严重、群众反映强烈，现在重要岗位可能还要提拔使用的党员领导干部，以"零容忍"的态度坚决惩治腐败。十八大以来（2013—2017年），共受理各类信访举报1019件，初核案件线索772件，立案514件（其中全县16个镇自办案件178件），结案503件，处分违纪党员干部496人（其中科级干部100人），开除党籍91人，开除公职11人，移送司法机关7人。

四、"三大活动"夯实党的建设

围绕抓好党的建设工作，深入开展群众路线教育、"三严三实"专题教育和"两学一做"（学党章党规、学系列讲话，做合格党员）学习教育三大活动。坚持党委"总揽全局、协调各方"的领导核心，积极支持人大、政府、政协履行职能，深入实施县党政班子领导挂钩联系有关工作制度，形成了同心协力推进事业发展的良好局面，领导班子建设进一步加强。大力整顿软弱涣散基层党组织，完成127个软弱涣散农村基层党组织整顿工作；推行县、镇领导干部驻点普遍直接联系群众、群众事务党员代办、设立党员互助金、村级财务"双公开"等党建新举措，党群、干群关系进一步融洽，基层党组织建设得到加强。全面落实《党政领导干部选拔任用工作条例》，坚持正确用人导向，建立健全"机关干部下基层、基层干部上机关"和同一岗位任现职满10年以上领导干部交流轮岗机制，完成超职数配备干部清理工作。深入推进"转变作风抓落实，开拓创新求实效，以绩为准用功臣"和"敢负责任敢担当，务实干事干成事"等作风建设，充分调动了广大干部干事创业的积极性和创造性，干部队伍建设进一步加强。强化党委主体责任，全面推进廉政风险防控机制建设，积极开展党风廉政建设日常巡查，组织开展各级党组织负责人述责述廉述德、干部个人重大事项报告、干部任前廉政谈话等工作，加强对权力运行的监督制约。大力强化纪委主业主责，全面落实中央八项规定，严格抓好干部作风和群众反映突出问题整改，持续加大纪律审查力度，严肃查处违纪违法案件，营造了干事创业、风清气正的良好氛围，党风廉政建设进一步加强。

深入治理基层"微腐败"。县纪委积极开展农村基层党员、干部违纪违法线索排查工作，紧盯征地拆迁、工程建设、农村

"三资"管理、涉农专项资金管理等领域，持续开展集中排查，严查农村基层"微腐败"案件。2015—2017年，全县共排查线索244863条，立案220宗，结案196宗，党纪政纪处分192人。加强对扶贫涉农资金的精准监督。加大对精准扶贫脱贫工作的监督力度，在全市率先出台《紫金县精准扶贫精准脱贫工作问责办法（试行）》，压实各级责任，为推动全县精准扶贫精准脱贫工作有效落实、打赢脱贫攻坚战提供坚强的纪律保障。积极创新群众监督方式，以龙窝和上义镇为试点，建立镇村人民监督员网群制度，加强群众对涉农资金管理和使用情况的精准监督，有效遏制农村基层腐败蔓延势头。

脱贫攻坚奔小康

　　紫金县是广东省16个贫困县之一，也是革命老区县之一。从1953年起，县委、县政府始终把老区人民脱贫攻坚作为经济建设的重心来抓，发动全县人民结合实际，大打脱贫攻坚战。

一、革命老区扶贫

　　中华人民共和国成立后，紫金县对老区人民给予多方面的扶持。1953年，县政府下拨老区特殊救济款1.75万元。1955年、1957年，县政府分别拨专款共6469元，帮助老区人民建房治病。1964年，县政府拨款3万元，帮助老区人民发展生产、改善生活。1965年，开通苏区公社至苏南公社（南岭）公路。1969年，县扶助苏区公社兴建竹蟹沥水电站，解决苏区、苏南老区人民用电难问题。1972年，开通从龙窝至洋头公社公路。至1973年，全县老区各公社全部通汽车，老区的乡村道路可通小型汽车或拖拉机。1973年，古竹新坑水库建成后，解决了蓼坑、四维、水东、槎岭等老区群众用电、灌溉问题。同年，苏南公社在南岭圩河上建起一座60米长的石拱桥，1979年，被广东省革命老区根据地建设委员会办公室审批命名为"红军桥"。

　　1979—2004年，紫金县把老区建设的重点放在解决老区人民"读书难、行路难、看病难、照明难、饮水难"五难问题上。县交通、水电、教育、卫生、民政、金融等部门积极参与老区建设扶持活动。

1978年5月，紫金县成立扶贫工作领导小组，重点对革命老区开展扶贫工作。县人民银行、粮食局、卫生局、供销社和教育局等单位都制订出对革命老区贫困户的优待措施。当年，全县共评定扶贫户2425户13401人，占总农户的3.7%，占农村人口的3.8%。民政部门拨出扶贫款11.07万元，为扶贫户解决住房544间，购置生活资料4651件、生产工具333件，购猪苗804头；教育部门为2499人减免学费8186元；卫生部门为913个病人减免注射、挂号、出诊费8346元；计划部门为扶贫户解决木材指标338立方米；生产大队、生产队为扶贫户安排优惠工种共2.37万个劳动日，减免超支款13.25万元。

1979年，县老区办公室拨款2.9万元，帮助老区人民建房329间，解决172户、1150人的住房困难；打水井151口，解决2352户饮用水困难。1980年，县老区办公室拨款18.6万元、化肥指标430吨，县教育局拨款4800元，县人民银行发放贷款67.69万元，帮助老区人民修建住房416间，购置衣、被、帐1599件，打水井28口，办小水电站18个、水利设施17宗，修建校舍460间。

1981年起，省政府设置"支援老区发展生产资金"，用于扶持老区乡（镇）、村发展生产和非生产性设施建设。主要发展开发性种植业、养殖业和加工业、小矿业、建材业等生产性经营项目，实行有偿投资（占70%～80%），不计利息，定期收回。非生产性建设项目有道路、桥梁、饮水工程等项目，无偿投资占20%～30%。1982—1983年，紫金县拨款77.5万元以扶助到户的形式，重点扶持老区人民发展种养业，帮助建造乡村桥梁和发展水电。

1984年，紫金县对扶持老区建设工作进行改革，由扶持一般性建设转为扶持发展商品生产，由分散扶持到户改为扶持区乡和个体户办场厂等经济实体。当年，省、地共拨款60万元，扶持紫金县办起扶贫经济实体13个，其中，县办1个，区办6个，乡办2个，扶贫户联办2个，个体承包2个；县老区办公室拨款39万元，民政部门筹集资金17.81万元，县农业银行扶持贷款60万元，县水电局扶持9.9万元，县交通局扶持6.2万元，县教育局扶持5.24万元，当年办场25个，种柑橘2390株、串李1.7万株、三华李840株，种杉3000亩，种竹600亩，种茶232亩，育果苗10亩，养蜜蜂80群，采伐培植香菇用的木材1600立方米等。办有竹器厂、木器厂、水果加工厂等5间，修建桥梁15座、小水电站3个、学校课室1845平方米，架设照明电线8处，兴修水利设施10宗。

1985年，省拨给紫金县老区建设款40.27万元，按照"老、穷、优"的条件和"资金相对集中，重点使用"的原则，重点扶持新建的南岭区副食品加工厂、苏区凉果厂、青溪乡土纸厂、好义区兔场、小古乡塘厂、吉田乡糖厂、洋头区经济场、龙窝区琴星乡木器厂、水墩区陇湖乡竹器加工厂等。

1986年，县下拨老区建设款31.2万元，按有偿无息的办法，集中扶持7个区的11个乡，办起杂果场9个共245亩、苗圃场1个2.3万亩，投资1.3万元建起加工厂3个，建人行桥12座共220米，架设照明电线10处共2200米、变压器4个。同年，水电部门扶持老区水电建设款38.4万元，教育部门扶持办学校款18.95万元，卫生部门扶持办卫生院款1.68万元，交通部门扶持建乡村道路款32万元。

据统计，1953—1988年，县老区办公室下拨老区建设资金共314.61万元，钢材指标51吨，化肥指标2971吨，老区人民基本上克服饮水、照明、上学、治病、交通等特殊困难，生产、生活水平不断提高。1988年统计，全县老区人年均口粮由1978年的185公斤提高到296公斤，人年均收入由1978年的53元增至469元。全县扶贫（含扶优）对象7015户，经过扶贫，有3915户生活水平明显提高，有834户超过当地生活水平。苏区赤溪乡被评为省扶贫先进集体。

1989—1998年，省、市扶持县内老区生产资金共437.5万元。其中：发展生产资金261.3万元，用于老区乡镇、村及农户发展种植业项目74个，种植各类茶果279.8公顷；养殖业项目6个，养鸡、鸭2.5万只，鱼6.5万尾，甲鱼1.8万只；竹、木、果、菜类等加工项目11个；小水电项目2个，装机容量320千瓦。1998年，全县老区有94%的管理区已通公路、99.6%的管理区已通电、99.6%的管理区已通程控电话、85%的老区小学建起钢混结构校舍、97.5%的管理区已开设卫生站。从1998年起，县政府先后投入资金3.8亿元，为老区修建乡道102宗413千米、桥梁67座；架设改造高、低压输电线路45宗429千米；安全饮水项目51宗；修建水利工程896宗，受益面积2182公顷；新建村卫生站5个，新建医院大楼及职工住房面积共3208平方米；新建钢混教学大楼6.45万平方米，添置大批教学仪器设备；新开通农村有线电视转播站98个。

从2005年起，省政府每年给老区村道硬底化建设每千米增加补助5万元。至2017年，共争取省老区村道硬底化建设补助和省专项补助资金2.58亿元，完成202个有老区的行政村道硬底化建设978千米，桥梁3座，解决50多万老区人民行路难问题。完成苏区、龙窝、蓝塘、义容、古竹等17所老区镇卫生院标准化建设。

紫金县老区建设促进会（简称"县老促会"）成立于1991年11月。为促进紫金老区发展，县老促会不断深入老区开展调查研究，提出合理化建议。1993年，县老促会对"东江特委机关旧址"纷争问题深入调查研究，向县委、县政府提出解决建议。1998年2月，对南岭镇山背管理区"两无四不通"（无学校、无卫生站，不通车、不通电、不通电话、不通邮）问题写出专题调查报告，引起县委、县政府高度重视。至2000年，山背村"两无四不通"问题全部解决。同时，县老促会开展具体帮扶县内老区建设工作。1999年，县老促会与市老促会在县城联合创办2个农科实验基地和1个农技培训中心，为老区农户提供良种鸡苗4万只、良种果苗1万多株。2001—2004年，争取省老促会支持，获拨老区村道建设资金45万元；拨出援建危旧小学资金1650万元，分三批改造县老区村危旧小学63所。1995—2017年，县老促会共争取上级拨出的烈士后裔助学金43.7万元，帮助解决606名烈士后裔读书难的问题。

2016年2月，紫金县经国家发展改革委和省政府批准，纳入广东省海陆丰国家贫困革命老区扶持范围，享受国家相关优惠政策。为推进老区振兴发展的各项工作，县老促会积极会同相关部门领导加强与省、市相关部门的联系对接，促进老区扶持政策的落实。至2017年底，争取省道242线县城段南移工程获补资金14432万元（省级补3752万元，中央补10680万元），省道230线工程，新农村公路硬底化，窄路基路面改造，危桥改造，生命防护工程，旅游路、资源路、产业路建设，撤并建制村通公路硬底化等建设项目争取补助资金21681万元（省级补10135万元，中央补11546万元）。县级医疗急救体系标准化建设项目和中心卫生院（县第二人民医院）升级建设项目获得按原中央苏区县标准80%的补助，分别获补资金1608万元和1.44亿元。县中医院、县人民医院、县妇幼保健院、245间村级卫生站建设等项目获得补助1.72亿元。镇级基层卫生院标准化建设，山区岗位津贴，专项特设岗位补助，基层卫生院事业费，接生员、赤脚医生生活补贴，公共卫生服务项目等补助经费5309.3万元。完善山区和农村边远地区教师生活补助政策，省财政对紫金革命老区县教师生活费给予80%的补助。在金融扶贫方面，由省财政对贫困户扶贫小额信贷给予全额贴息，主要用于发展家庭种养殖业、家庭简单加工业、家庭旅游业、农村电子商务等生产经营项目。2017年，全县为贫困户发放扶贫小额贷款334户共1333.8万元。

二、十年脱贫攻坚战与扶贫"两大会战"

（一）十年脱贫攻坚战

1989—1998年，是紫金县脱贫攻坚的十年。

1989—1995年，是"十年脱贫攻坚战"的起步阶段。紫金县的脱贫攻坚以消灭荒山、造林种果、交通建设、通信建设和能源建设等为主攻方向。早在1987年5月，省第二次山区工作会议召开后，紫金县成立了造林绿化指挥部，筹集540万元扶持乡镇、林场建立苗圃，建立县镇干部责任制，层层落实，开展全社会造林绿化的行动。至1988年，实现人工造林和飞播造林106.9万亩。同时，继续加紧改燃节柴、疏林补植、中幼林扶育、病虫害防治及封山育林等工作，强化林政管理，巩固绿化造林成果。1992年，经省政府检查验收，提前一年实现绿化达标，荣获"全国造林绿化先进单位"的称号。

1989—1991年，紫金县逐步增加对交通建设的投入，相继开通至惠东、陆河、五华等县的5条出口路。1988年秋动工改造紫河公路。1991年9月，紫金县根据全省第六次山区工作会议精神，提出"抓三项（交通、通信、能源）打基础，以发展求稳定"的发展总构想，打一场公路建设翻身仗。同年，县人大作出《关于加快我县公路建设步伐的决议》，县政府颁布《关于实行民工建勤、加快公路建设的通知》，成立县公路建设指挥部，掀起公路建设高潮，对县境内公路按省道12米、县道10米、乡道6～8米的路基宽度标准进行扩宽改造。至1988年，全县共投入资金6.45亿元，改造省、县道445.2千米，开（修）通乡村公路1008

千米，使全县23个镇有22个镇通等级柏油或水泥路，全县325个
管理区（居委会）有305个村通汽车。

　　1989—1998年，紫金县根据本县水力资源丰富而电力紧缺的
实际，把水力资源开发作为脱贫致富、振兴山区经济的主要项目
来抓；以散滩河系和秋香江河的水力开发为龙头，带动全县小水
电的发展。1996年起，紫金县制定小水电的发展优惠政策，实行
新电新价，促进了全县上下办电的积极性。至1998年底，全县小
水电装机3.3万千瓦，年发电量8500万千瓦时，比1989年分别增长
83.3%和88.9%。

　　1993年10月，紫金县根据全省第八次山区工作会议提出的大
力发展乡镇企业的要求，以本地资源为依托，以市场为导向，大
力发展"造血型"资源加工骨干企业。1993—1997年5年间，县
政府共筹措2.54亿元资金，扶持新上、技改项目，培植财税源。
这些项目主要有县机电厂铸造和铸件加工技改项目及县金山陶瓷
厂、永安制药厂、洋头下寨子电站、瓦溪四联电站等资源加工型
骨干企业。

　　1996—1997年，是"十年脱贫攻坚战"的重要阶段。1996
年3月，紫金县制定《紫金县直单位扶贫工作责任制》，强化领
导，层层落实责任。1997年，县政府提出"努力演好'三高'农
业、国企改革、城乡建设规划管理三出重头戏，打好脱贫攻坚
战"的战略，把打好脱贫攻坚战作为该年压倒一切的中心任务
来完成。据统计，1997年，共投入扶贫资金1678.3万元，其中：
扶持绝对贫困户1181.6万元，户均2416元，份额全部到户；扶持
镇、区、专业户496.7万元。帮助绝对贫困户落实"短、平、快"
发展项目15648个，户均项目3.2个。至1997年底，全县绝对贫困
人口从1996年的4890户、24451人下降到342户、1712人，占全
县总人口的比例控制在0.25%以下；农村人均年纯收入达到2513

元，比上年增长19.4%；管理区的集体经济纯收入、镇级年机动财力、县本级财政收入均比上年有较大增长。

1998年是巩固"十年脱贫攻坚战"成果之年。县政府把脱贫攻坚工作与调整优化农业结构，实行区域化生产、企业化经营，增加农民收入，发展农村经济结合起来。根据经济发展状况，对贫困户、管理区、镇进行分类排队，做出规划，实行分类指导，在巩固、提高、发展三个方面采取相应措施。贫困户方面：继续实行"千干扶千户"一定三年不变，帮助贫困户完善生产发展项目，扶持贫困户上好长期稳定温饱进而脱贫致富的长线种植项目，提高贫困户自我积累、自我发展能力，进一步巩固温饱成果。1998年，县给绝对贫困户每户200元的水果种苗，为全县贫困户共提供水果种苗44.86万株。管理区方面：着重在巩固、发展原有经济实体的基础上，帮助提高产品的科技含量，提高基层组织的整体素质，抓经济实体的挖潜管理和产品销售。镇方面：着重抓干部培训、提供种苗和经营方式。1998年，县举办管理区干部培训班4期，受训人数610人次；为54个未脱贫管理区提供水果种苗16.05万株。同时，县政府拨给好义、古竹等9个镇、21个管理区各1万元，购买荔枝、龙眼、甜竹、单丛茶、红山栀等种苗。在大办林果场的基础上，县政府逐步引导扶持创办扶贫农业龙头企业，采用"公司+基地+农户"的经营方式，带动千家万户农民脱贫奔康。至1998年底，全县267个管理区的集体经济纯收入达到了万元以上，占全县管理区总数的89.5%；农村人均年纯收入2692元，比上年增长7.12%；绝对贫困人口下降到81户405人。

（二）扶贫开发"两大会战"

1999年，按照省委、省政府的部署，紫金县开展了扶贫开发"两大会战"（村级"四通会战"、贫困户"四个一"会战）。

县委、县政府成立扶贫开发"两大会战"指挥部，制定《关于开展扶贫开发"四个一"大会战的实施方案》《关于组织"村村通机动车"会战的决定》《紫金县通行政村公路建设实施方案》《关于开展"千干扶千户"活动的决定》和《万干挂万园实施方案》等一系列实施方案，实行县领导包镇、单位包村、干部包户的帮扶责任制。县直97个单位抽调323名干部组成94个工作队，分别进驻94个管理区进行核查，确定全县人均纯收入2000元以下的贫困户12249户、64852人，未达到人均半亩"保命田"的贫困户3395户、18995人。446个县直单位、部门、企业的副股级以上干部、镇府干部以及县直单位驻镇站（所）负责人和管理区书记、主任等5021名干部，与全县5339户绝对贫困户25692人建立"一对一"或"一对二"的结对帮扶关系。

至2003年年底，全县扶贫开发"两大会战"投入资金2302.45万元。挂扶单位和干部在"千干扶千户""百局挂百村""万干挂万园"等活动中投入帮扶资金696.35万元，帮扶项目10678个，贫困户人均增收324元，户均增收1559元，创办农村小庄园48047个，创办小庄园的农户占全县农村总户数的33%，经检查验收合格的"万干挂万园"5034个，5230户贫困户实现脱贫，基本达到预期目标。同时，县政府投入200万元，无偿提供种苗、化肥等，帮助无干部挂扶的8000多户贫困户全部种"两亩果"，实现3000户贫困户新上短期脱贫项目。

1. 村级"四通会战"。

村村通机动车工程：投入资金1502.8万元、劳动工日8.6万个，完成路基、路面83千米，涵洞309个2206米，大桥2座224延米，中桥3座154.8延米，小桥6座135延米。

村村通广播电视工程：投入资金7万多元，解决最后一批35个行政村通广播电视的问题。这些村均能收看中央电视一台、广东卫视和广东珠江台等频道节目，收听中央和省、市广播电台新闻节目。

村村通邮工程：投入资金3万多元、劳动工日365个，解决古竹镇榴坑和南岭镇山背、嶂背等3个行政村（单程邮路长55千米）通邮难的问题，全县实现村村通邮。

村村通电话工程：投入资金1274.64万元、劳动工日5.4万个，开辟山路830千米，架设电缆杆路681.7杆千米，开通南岭镇山背等45个行政村电话，安装电话及设备12500部（套），全县实现村村通电话。

2. 贫困户"四个一"会战。

建设半亩"保命田"。投入资金865.45万元、劳动工日35.9万个，完成建设人均半亩"保命田"的贫困户5057户27748人，占计划任务的104%；改造耕地4754.1亩，占计划任务的103.8%；开挖灌溉水池171个5130立方米，占计划任务的101.8%。在此基础上，帮助贫困户发展种养结合的农业项目，主要种植三华李、春甜橘、养鱼、养猪、养鸡等，做到长短结合，以短养长。

掌握实用技术。采取"三个一"的方法使贫困户掌握一至两门种养技术：发放一本书，县筹集资金5万元印制《紫金县"三高"农业实用技术教材》12500本，发给贫困户每户一本；上一堂课，县科技局、水果办等科技部门派出农业技术人员，到乡镇巡回举办农业实用技术培训班55班，受训贫困户12000人次；订一份杂志，发动挂扶干部帮贫困户订阅一份《农村实用技术》杂志。

贫困户输出劳动力。全县共输出贫困户劳动力40080个，超额完成省下达的劳动力输出指标，占需要输出劳动力贫困户的100%。

挂靠龙头企业。全县12249户贫困户挂靠各种形式的农业龙头企业，占贫困户总数的100%。

三、对口扶贫

（一）深圳市（龙岗）对口扶贫

1996年，按照广东省第十次山区工作会议精神，深圳市（龙岗）对口扶贫紫金县。深圳市和龙岗区历届党政领导都高度重视对口帮扶工作，坚持"优势互补、互惠互利、长期合作、共同发展"原则，始终做到"诚心扶贫、热心合作、积极探索共同富裕之路"。深圳市及龙岗区在结对帮扶工作中，以增加贫困户收入和发展壮大村级集体经济为重点，既着眼于扶持贫困户提高生活水平，又兼顾贫困村（户）自我积累、自我发展的长期目标，既发展"输血"型项目，更注重"造血"型项目；紧紧围绕"一保五难"（最低生活保障、行路难、看病难、读书难、饮水难、住房难）和"六子一水"（建班子、盖房子、修路子、挣票子、保身子、控孩子、完善农田水利设施）开展帮扶工作，实施了以帮扶行政村发展集体经济、完善基础设施、帮扶培育扶贫农业龙头企业、带动贫困户脱贫、救灾复产重建家园、引导产业转移等为主要内容的对口帮扶活动，对口帮扶工作取得显著成效。

1996—2009年，深圳市基金会对口扶持资金6712.5万元，扶持项目62个。1996—2010年，深圳市龙岗区扶持资金6957.5万元，扶持项目152个。

2011年，深圳市龙岗区"双到"帮扶紫金县资金10419.51万元，实施帮扶项目674个，受惠424555人次。2012年，帮扶资金6612.77万元，帮扶实施农业项目99个，30个省定贫困村14022户、74014人受惠。是年底，对口帮扶的贫困户每人每年纯收入由1996年的1371元提高到7366元。

（二）中山市对口帮扶

中山市于2013年起对口帮扶紫金，帮扶对象共有30个贫困村、2456户、10986人。2013年，投入产业帮扶项目资金324万元，建设5000亩油茶种植基地，委托培育或采购优质茶叶种苗、油茶种苗、珍贵树苗，无偿提供给省定贫困村、贫困户种植；给予县直挂扶的14个重点帮扶村每村35万元，共490万元，主要用于帮助增加贫困户收入和壮大贫困村集体经济，完善农村基础设施建设，改善贫困户生产、生活条件和贫困村生态环境等。2013年8月16日，紫金遭受特大洪水袭击，受灾严重，中山市政府拨款200万元支援紫金救灾复产。

2014年，中山市对口帮扶资金854.7万元，其中用于产业帮扶项目284.7万元，重点帮扶建设村民生产基础设施14个共490万元，帮扶村其他急需解决的民生基础设施建设项目80万元。

2013—2015年，在紫金县贫困户农房改造中，中山市政府从市级财政中拨付1632万元，对挂扶的30个贫困村3072户住房困难户开展住房改造建设帮扶，按每户增加5000元的标准发放。

至2015年12月，中山市对口帮扶的30个省定贫困村，共投入资金2.82亿元，平均每村938.52万元，实现所帮扶的贫困户全部实现脱贫，人均年收入9713.87元，比帮扶前增收7294.7元，村集体经济收入每村平均达11.09万元。

（三）深圳市龙华区对口扶贫

按照省的统一部署，深圳市龙华区于2014年9月起对口帮扶紫金县。其对口帮扶的省定贫困村共22个，有贫困户1375户、贫困人口4775人。至2017年，累计帮扶资金3.79亿元，实现脱贫2278人。

制定三年扶贫计划。按照紫金县精准扶贫的工作部署，龙华区针对扶贫村特点，因地制宜，分类施策，制定2015—2017年扶贫计划，创建龙华（紫金）产业转移工业园，大力发展区域特色产业，推广"企业+合作社+农户"产业发展模式，打造以蓝塘、九和、凤安为中心的东江上游特色产业带，建设紫城、龙窝、南岭茶叶产业专业镇，逐步形成"一镇一业""一村一品"和"多村一品"的产业布局。在产业项目选择上坚持长短结合，做到贫困户长期有效脱贫。至2017年，龙华（紫金）产业转移工业园有项目52个，总投资60.08亿元，累计完成投资额32.5亿元，投资完成率54.09%；投产项目86个，总投资43.33亿元，累计完成投资额45.66亿元，投资完成率105.38%。

产业扶贫。立足紫金县生态发展实际及农业发展基础，致力打造以茶叶种植为主，水果和其他农作物种植、家禽饲养为辅的产业发展之路。至2017年，龙华区推动贫困村建立各类种植基地54个，养殖基地52个，农产品加工企业11个，乡村旅游项目1个，产业扶贫专业合作社87个。种养大户带动的贫困人口2194人，形成以紫城、龙窝、南岭等为中心的茶叶产业经济带，以蓝塘、九和、凤安为中心的东江上游春甜橘、蜜柚、油茶等特色产业带。支持紫金农业企业参加绿博会、农博会、茶博会等大型活动，协助贫困村茶叶合作社完成SC质量认证，助力紫金县茶叶产业园入选2018年"广东省第一批省级现代农业产业园"，获省级资金奖励5000万元。

电商扶贫。大力推动阿里巴巴"村淘"项目落户紫金，建成"农村淘宝"紫金服务中心，紫金县被定为"2018年国家级电子商务进农村综合示范县"，获国家奖励2000万元。推动腾讯"为村"在48个省定贫困村的上线和覆盖。至2017年，推动贫困村发展电商平台示范点5个，投入资金26万元，带动贫困人口507人。

党建扶贫。注重强化"造血"功能，面向省定贫困村村委书记和村干部开展基层党建及脱贫攻坚培训班，培育致富"带头人"，激发"头雁"效应，打造"一支不走的扶贫工作队"。龙华区通过开展"党建助力对口帮扶"活动，把龙华区22个区直机

265

关党组织与对口帮扶的22个省定贫困村进行结对共建，通过开展党组织结对精准帮扶、党组织书记与贫困户点对点帮扶、志愿支教、"心连心"慰问、点亮微心愿、组织当地村干部到深圳开展培训等党建促扶贫活动，拓宽了当地干部的眼界，使他们增强了脱贫能力，进一步树立了脱贫信心，为脱贫攻坚注入强劲动力。

政策扶贫。为48个省定贫困村落实义务教育、基本医疗、住房安全保障、兜底保障等扶贫政策。至2017年底，教育补助政策落实贫困学生2275人，危房改造683户，纳入低保政策2366人，纳入五保政策496人，落实大病救助3277人。

教育扶贫。龙华区各帮扶单位通过各种途径加大教育扶贫力度。至2017年底，选派60名教师到紫金11所学校开展支教活动，送课100多节，开展专题讲座等教育帮扶活动100场次，捐赠教育物资500万元；举办"爱心助学，精准扶贫"夏令营活动等。

医疗卫生扶贫。龙华区卫计系统向紫金县人民医院、3个镇卫生院调派医学专家200人次，接受义诊群众8000多人次，举办各类医学讲座60场次，投入医疗物资及帮扶资金800万元，完成重点援建项目40个。

四、打响精准扶贫攻坚战

（一）扶贫开发"双到"

2010年至2012年，紫金县扶贫开发"双到"（规划到户、责任到人）工作稳步推进。据核定，全县共有省定贫困村53个，分别由10个省直单位挂扶10个村、16个市直单位挂扶8个村、深圳市龙岗区单位挂扶30个村和20个县直单位挂扶5个村。至2012年12月底，53个省定贫困村帮扶资金筹集累计总数达37675万元，落实帮扶项目1857个，在册贫困户中4994户有劳动能力的贫困户实现了脱贫目标，贫困户人均年纯收入大幅提高，由帮扶前1996

年的1371元提高到7366元。

在扶贫开发"双到"工作中，各帮扶单位谋划长远，注重"造血"式扶贫，在产业扶贫、教育扶贫、村"两委"班子建设等方面下工夫，通过3年的帮扶，为当地农村的长远发展打下坚实基础。

村容村貌得到改善。各级帮扶单位把改善贫困村基础设施作为扶贫工作的重要"抓手"，全力改善村容村貌。按照建设社会主义新农村的标准，实施整村推进改造，完成了6253户农房改造，改善了53个贫困村"两委"的办公条件和71个村级卫生站设施，完成400.3千米从村委会到300人以上自然村村道硬底化建设，新建桥梁8座；新增农田水利建设项目185宗，完成"三面光"水渠191.4千米，改善灌溉面积5782亩；完成农村饮水安全工程112宗，解决了2.1万人的饮水安全问题。

村集体收入达到目标要求。各级帮扶单位各展所能，采取赎回股权、出资入股河源市高新区、兴建或入股水电站、办厂或发展规模产业等方式，帮助挂扶村增加集体经济收入，全县53个省定贫困村集体基本实现收入5万元以上，平均每村村集体年收入达到7.1万元。

以农业产业扶贫促脱贫。通过成立农民专业合作社，引进龙头企业，形成"公司+合作社+农户"模式，带动全县发展特色种养产业。成立油茶种植专业合作社，建设优质丰产油茶基地，向农户免费提供种苗和技术培训，并给予一定资金补助，实行油茶产业产、供、销一体化。大力发展茶叶产业化种植，打造茶叶种植基地。建设扶贫开发农业产业示范园，规划面积5000亩。至2012年，全县引进龙头企业36家，成立农村专业合作社61家，带动8348户贫困户发展种养。

群众幸福指数不断提高。帮助贫困户100%购买新型农村合作医疗保险，大力开展慰问送温暖、送戏下乡送文化、培训送技术、义诊医疗送健康等活动，不断提高贫困户对扶贫"双到"工作的认同感和满意度。据统计，在扶贫"双到"工作中，15个贫困村设立教育助学金126万元，送戏下乡62场次，组织专家义诊55场次，组织村干部外出参观学习425人次，设置农家书屋61间。

（二）精准扶贫

党的十八大以后，以习近平同志为核心的党中央把脱贫攻坚摆到治国理政的重要位置，打响了反贫困的攻坚战。根据省精准扶贫的规定，紫金县在新一轮扶贫开发重点帮扶的贫困村共有67个，其中省直单位挂扶13个、中山市挂扶30个、市直单位挂扶10个、县直单位挂扶14个。至2017年12月，帮扶单位共投入扶贫开发资金5.491亿元，平均每村投入819.57万元。其中中山市帮扶的30个省定贫困村，投入资金共2.816亿元，平均每村938.52万元；省直13个村共投入1.046亿元，平均每村投入804.74万元；市县24个村共投入1.629亿元，平均每村投入678.8万元。67个重点帮扶村中5415户有劳动能力的贫困户脱贫，脱贫人口16719人，贫困村人均可支配收入9667元，贫困户人均可支配收入8760元。村集体经济收入全部达到11.9万元以上。2016年，紫金县扶贫工作成效考核全市排名第一，精准扶贫的"紫金经验"在全市推广。

组织保障。从2014年开始精准扶贫工作以来，紫金县成立以县委书记为组长的县精准扶贫精准脱贫工作领导小组，实行县领导"六个一"（挂钩联系一个贫困村、一个贫困户、一个软弱涣散党组织、一名退伍军人或优扶对象、一宗信访维稳突出问题、一个工业项目）挂钩帮扶制度。建立"三级书记抓扶贫"的工作机制，成立县、镇两级扶贫攻坚作战指挥部和村级脱贫攻坚作战室，分别由县、镇、村三级书记挂帅，统筹推进脱贫攻坚工作。同时，县、镇、村层层签订工作责任状，强化镇、村的扶贫主体责任意识，压实镇、村干部的工作责任，除54个省定相对贫困村外，对面上的191个村分类进行帮扶。

精准识别扶贫对象。按照"严格对象标准、规范识别程序、坚持公平公正、直接到户到人"的原则，开展建档立卡扶贫对象核实工作。全县245个行政村逐户核实，清退不符合标准的扶贫对象，将符合条件的贫困人口纳入扶贫对象。据2016年10月统计，全县245个行政村共有贫困户8019户22979人。

营造"大扶贫"格局。积极争取深圳市、深圳市龙岗区和龙华新区及中山市的对口扶贫，省直和市直等帮扶单位的支持，通过开展产业调研、人才培训、金融服务等活动，完善贫困村的基础设施建设，探索"村企共建"的产业发展新模式；发挥县、镇商会作用，开展企业与贫困村的结对帮扶活动，引导商会企业投放资源实施帮扶；开展"6·30"广东省扶困济困日活动，2010年至2017年，全县共捐款4417.5万元，形成政府、企业、社会组织协同推进、协同作战的格局。

产业扶贫。2017年，投入产业帮扶资金1.32亿元，通过"一村一品""一镇一业""多村一品"的模式发展中长期种养产业项目57个、光伏发电项目25个、资产性收益项目107个，"一村一品""多村一品"产业扶贫格局基本形成。根据县的产业布局，明确在龙窝、南岭、苏区、敬梓、中坝、水墩等镇依托东江上游茶产业带建设，重点发展茶叶种植；成立茶叶产业发展领导小组，出台加快茶产业发展促进精准脱贫工作实施方案，通过政策扶持、资金补助或奖励等方式，依托龙头企业，进一步扩大茶叶基地规模。在九和、蓝塘、凤安、好义、上义、义容等镇，重点发展油茶、紫金春甜橘、红肉蜜柚、有机蔬菜、蓝塘猪等特色品种，打造品牌农产品。借助建设"特色小镇美丽乡村"机遇，依托御临门温泉、凤安新农村示范片、义容汀村温泉开发等旅游资源开发建设，鼓励经营发展乡村休闲旅游、农家乐等项目；依托龙窝、苏区、南岭等镇的客家红色文化和绿色生态资源，发展红色旅游、休闲观光和养生产业，农民就业、创业渠道得到拓展。利用对口扶持资金，通过建立面积达5000亩的"紫金县扶贫开发农业产业示范园"，促进油茶、茶叶基地建设，开展教育培训、种苗免费发放等工作，辐射带动贫困村建设产业种植基地，同时以产业基地带动农户参与生产经营。至2016年底，示范园已种植2000多亩油茶和200亩茶叶。各驻村工作组根据贫困村的特点，鼓励各村成立农民专业合作社，因地制宜发展特色产业，为产业化发展打下坚实基础。出台产业扶贫项目"以奖代补"实施方案，按照"先干后补"原则，明确资金来源、奖补标准、实施步骤，积极鼓励贫困户参与扶贫产业开发。

新农村建设。出台《紫金县关于54个省定贫困村创建社会主义新农村示范村的实施方案》，要求把新农村建设作为农村工作的"一号工程"全力推进，补齐农村发展短板。该方案围绕"三年攻坚、两年巩固，到2020年如期完成脱贫攻坚"的总体目标，与目前脱贫攻坚、农村人居环境综合整治等工作紧密结合，严格按照"整洁村创建、示范村创建、示范村巩固"三个阶段，分步扎实推进紫金县社会主义新农村示范村创建工作。2014年，凤安镇被定为广东省首批14个新农村示范片之一后，紫金县各级各部门和凤安镇抢抓政策机遇，坚持"政府主导，农民主体，社会参与，共谋共建，共管共享"的原则，采取统筹规划建设、"一盘棋"推进的方式，一手抓美化乡村，优化宜居生态，一手抓项目产业，推进生产力布局。至2016年，已累计投入3亿元，完成了凤安大道等24个重点工程项目，全镇各村呈现出崭新面貌。该镇已被评定为省"休闲农业与农村旅游示范镇"、市"特色小镇"、市"文明镇"。

附　录

附录一

革命遗（旧）址

1. 刘尔崧、刘琴西故居

故居位于紫城镇安民居委会北河街45号。1927年"四二六"武装暴动后被国民党当局烧拆，夷为平地。1978年重建。故居内现存有中华人民共和国中央人民政府在1952年颁发的"革命牺牲军人家属光荣纪念证"和刘尔崧、刘琴西兄弟的生平史料。

2010年，刘尔崧、刘琴西故居被公布为紫金县文物保护单位。

2. 炮子乡农会、紫金县总农会旧址

旧址位于苏区镇炮子村。1923年1月，张子玉受彭湃指派，带着2000份农会证回乡发展农会。3月，紫金县第一个乡农会——炮子乡农会成立，张子玉为会长，隶属海丰总农会领导。5月，在炮子乡农会召开了各乡农民代表大会，张子玉传达了由彭湃草拟，经海丰总农会大会讨论通过的《海丰总农会临时章程》，并成立紫金县总农会。大会选举钟一强为紫金县总农会会长，钟乐善为总农会副会长，叶铁魂为秘书。县总农会宣布一切权力归农会，并带领农民开展大规模的减租减息和破除封建迷信的运动。

旧址建于民国时期，2011年重建，是紫金县现存最早的农会旧址。2009年1月被紫金县政府公布为紫金县文物保护单位，2009年3月被紫金县委、县政府公布为紫金县爱国主义教育基

地，2010年11月被河源市委、市政府公布为河源市爱国主义教育基地，2011年6月被广东省委宣传部公布为广东省爱国主义教育基地。

3. 紫金县学生联合会、县总农会旧址

旧址位于紫城镇永安居委会东栅街14号叶氏宗祠内。1919年5月，广东省中等以上学校学生联合会执行委员刘尔崧派赖炎光从广州回紫金，领导学生运动，在县城叶家祠成立学生联合会，陈运业任会长，和在县城劝学所成立的紫金县青年联合会联合组成宣传队，广泛宣传新文化、新思潮，举行示威游行，清查洋货，在县城天后坪当众烧毁洋货，极大地鼓舞了全县爱国学生的志气，随后学生运动不断走向新的高潮。1925年2月，为策应东征，县总农会组织700多农军围攻县城，胜利后迁入叶家祠办公。

旧址始建于明末，2003年重修，建筑占地面积212平方米。1987年6月被公布为紫金县文物保护单位。

4. 紫金县人民政府旧址

旧址位于紫城镇北门街。1927年上海"四一二"、广州"四一五"反革命政变及大屠杀后，为反击国民党反动派的血腥屠杀，海丰、陆丰、紫金、惠阳四县决定于4月30日晚同时举行武装暴动。按照张善铭的部署，刘琴西于4月18日秘密从汕头回到紫金县城，负责组织和领导紫金武装暴动。刘琴西回到紫金县城秘密组织武装暴动的情况，被紫金国民党当局察觉。根据形势的变化，县武装暴动委员会决定将原定4月30日晚的暴动提前至4月26日晚举行。26日晚11时许，全县农军近千人以迅雷不及掩耳之势，一举攻占了紫金县城，活捉了国民党反动县长郭民发。5月1日，召开了工农兵代表大会，宣告紫金县人民政府成立，刘琴西任主席，戴耀田任副主席。紫金县人民政府在此办公，它是

紫金县第一个人民政权。紫金是全国最早建立县级人民政权的地方之一。

紫金县人民政府旧址现已改建。

5. 紫金县苏维埃政府旧址

旧址位于苏区镇炮子村湖子仓黄布，原为大地主的粮仓。1927年12月1日，紫金县第一次工农兵代表大会在炮子乡召开，成立了紫金县苏维埃政府。大会由中共东江特委书记彭湃委派的张威主持，中共紫金县委书记吴建民作大会报告。参加会议的工农兵代表有300多人，选举产生了县苏维埃政府委员，钟一强为主席，刘琴西、吴建民、张威、傅燊霖、戴耀田、高云、钟善道、温国龙、黄培先、陈石进为县苏维埃政府委员。大会通过了《一切土地归农民》《镇压反革命分子》《改善农民和士兵生活》《抚恤遇难烈士及其家属》《取消苛捐杂税》《妇女问题》《禁止米谷出口》等8项决议。县苏维埃政府办公地设在炮子湖子仓。紫金县苏维埃政府成立后，开展了如火如荼的土地革命。

旧址建于清代。土地革命战争时期，整座房屋外墙被刷成红色，象征红色革命政权，俗称红屋。人民公社化时期，曾作为公社林场场址，进行了拆改，"文化大革命"期间遭严重破坏，1977年由县政府收回产权，进行维修复原。2002年在原址按原貌进行了全面维修。1977年被公布为紫金县第一批文物保护单位，1995年11月被公布为河源市爱国主义教育基地，1995年12月被公布为河源市文物保护单位，2005年被省、市旅游部门确认为"红色旅游"景点，2011年7月被公布为广东省爱国主义教育基地。

6. 中国工农革命军第二师师部旧址

旧址位于苏区镇炮子村。1927年10月，南昌起义军第十一军二十四师余部1200余人在惠阳中洞整编为中国工农革命军第二师（后称红二师），下辖第四团和第五团，师长董朗，党代表颜昌颐。1928年1月，红二师进驻紫金，师部设在炮子。在1月18日至2月1日，红二师第四团和紫金赤卫队3000余人，由师长董朗指挥，第二次攻打南岭，先后攻破裕福楼、德馨楼、高屋楼、天赐楼等地主武装堡垒，歼敌数十人，缴枪几十支，没收地主稻谷500余担，大获全胜。1928年3月，因国民党反动派重兵"围剿"，红二师与赤卫队一起保卫县委、县苏维埃政府和人民群众撤出炮子，安全转移。

旧址建于清末，2011年重建。1977年被公布为紫金县文物保护单位，1994年被公布为紫金县爱国主义教育基地，2010年被公布为河源市爱国主义教育基地，2011年被公布为广东省爱国主义教育基地。

7. 红军兵工厂旧址

旧址位于苏区镇炮子村。1927年冬，中共紫金县委、紫金县苏维埃政府为支援红二师和东江各地红军作战，组织和发动一批铁匠自带工具，因陋就简在当地一户民居内开办红军兵工厂。兵工厂的工人手工生产，日夜不停，制造了一批枪支、地雷等，出色地完成了支前任务。

旧址建于清代，2011年重建。2009年被公布为紫金县文物保护单位、紫金县爱国主义教育基地，2010年被公布为河源市爱国主义教育基地。

8. 红军医院旧址

旧址位于苏区镇赤溪村上径。红军医院成立于1928年5月，是当时苏维埃政府为救治战斗中受伤的革命群众而办。医院最多一次接收伤病员30多名。1930年，因反动军队进犯，医院转移到迎牌石、梅子坑山上。

旧址原建筑大部分已毁，后修复。2009年被公布为紫金县文物保护单位、紫金县爱国主义教育基地，2010年被公布为河源市爱国主义教育基地，2011年7月被公布为广东省爱国主义教育基地。

9. 中国工农革命军第四师第十团开会遗址

遗址位于苏区镇炮子村耕头墩。1928年1月8日，中国工农革命军第四师第十团在奔赴海陆丰途中，曾在此召开全体指战员大会。党代表徐向前做了讲话，说明军民鱼水情深的道理，并勉励全团战士向地方同志学习，戒骄戒躁，勤学苦练，提高作战本领，随时准备打击敌人。

遗址俗称红军坪。1977年中共紫金县委在遗址中心立碑一座，2011年重建。1977年12月被公布为紫金县文物保护单位，2011年被公布为广东省爱国主义教育基地。

10. 血田

血田位于苏区镇炮子村古井坵。1928年3月，国民党军黄旭初部大举"进剿"中共紫金县委、县苏维埃政府所在地炮子，实行惨绝人寰的大屠杀。农历四月初，仅在古井坵的稻田里，国民党黄旭初部就用机枪屠杀革命干部群众280多人；农历十月初五，国民党军黄旭初部又在古井坵的稻田里，屠杀革命干部群众170人，鲜血染红了稻田。后来人们称古井坵的稻田为"血田"。

1976年为纪念死难群众建成血田广场，2009年重修。1977年被公布为紫金县文物保护单位，2011年7月被公布为广东省爱国主义教育基地。

11. 海陆紫苏维埃政府旧址

旧址位于苏区镇赤溪村宝善楼。1930年12月15日，海（丰）陆（丰）紫（金）苏维埃政府在陆丰激石溪成立。1931年，为适应新形势的需要，海陆紫苏维埃政府迁到宝善楼，继续领导海丰、陆丰、紫金和惠阳高潭区的土地革命。

旧址建于清代，2009年重修。1977年被公布为紫金县文物保护单位，1994年被公布为紫金县爱国主义教育基地，2011年被公布为广东省爱国主义教育基地。

12. 中国工农红军第六军第十七师四十九团团部旧址

旧址位于苏区镇炮子村明德楼。1929年10月，中国工农红军第六军第十七师四十九团在海丰朝面山成立，彭桂任团长，黄强任政委。1930年编入红十一军。该团是红十一军主力，主要活动在东江、韩江。在普宁林昭大捷后，奉命到苏区休整，协助开展革命斗争，进一步巩固了海陆紫革命根据地，团部驻扎在明德楼。

旧址建于清末，2011年重修。1977年被公布为紫金县文物保护单位，2009年被公布为紫金县爱国主义教育基地，2010年被公布为河源市爱国主义教育基地，2011年被公布为广东省爱国主义教育基地。

13. 东江红军独立师指挥部旧址

旧址位于苏区镇赤溪村油谷坑温屋。1930年12月，红十一军改编为红六军第二师，后改称为东江独立师，师长彭桂。1933年师部指挥部设在此处，曾在这里指挥工农红军和地方武装游击战争，给国民党反动派和地主武装以沉重打击。

旧址建于清末。1977年被公布为紫金县文物保护单位，2009年被公布为紫金县爱国主义教育基地，2010年被公布为河源市爱国主义教育基地，2011年7月被公布为广东省爱国主义教育基地。

14. 中共紫河特区委员会旧址

旧址位于好义镇积良村细坑。1929年11月，中共紫河特区委员会、共青团紫河特区委员会在炮子乡成立，1930年2月转移到细坑。中共紫河特区委员会由庄羲任书记，隶属中共紫金县委。1930年12月至1931年5月归中共海陆紫县委领导。1931年5月后归惠阳县委领导。至1934年，中共紫河特区委员会都在细坑办公。该特委下辖有附中区委、蓝塘区委、青溪区委、古竹区委、埔黄腊区委、蓝黄区委。

旧址建于清代。1994年1月被公布为紫金县爱国主义教育基地。

15. 中共蓝塘小组、蓝塘人民抗日游击队成立旧址

旧址位于蓝塘镇广场路16号，旧址原建筑已拆除，改建为蓝塘育新中学。

1937年1月，共产党员潘祖岳受中共广州市外县工作委员会的派遣，返回紫金家乡重建党的组织。潘祖岳回到紫金后，在县立第二小学，以教书为掩护，开展党的工作。5月，潘祖岳介绍邓凝香、杜兆祥等人加入中国共产党，成立蓝塘党小组，潘祖岳任组长，隶属中共广州市外县工作委员会。

1938年11月，蓝塘人民抗日游击队在县立第二小学成立，潘祖岳任队长，林坤、邓仲演任军事教官。

16. 中共东江特委旧址

旧址位于古竹镇新围村桔园。1938年10月，日军在大亚湾登陆。根据形势的发展，中共广东省委决定成立中共西南特委、中共东江特委和中共东南特委，在全省各地发展党的组织，开展抗日游击战。1939年2月，中共东江特别委员会在古竹正式宣布成立，尹林平任书记，下辖紫金、五华、龙川、和平、博罗、海丰、陆丰、增城、龙门等地的县委和河源县工委。1940年6月，原属中共东南特委的惠阳、东莞、宝安县委又划入东江特委领导。1940年12月，中共粤北省委成立，撤销东江特委，同时派中共西江特委副书记兼宣传部部长梁威林到龙川组建中共东江后方特别委员会。

中共东江特委旧址建于清代，2010年重修。1987年6月被公

布为紫金县文物保护单位，1994年3月被公布为紫金县爱国主义教育基地，1995年11月被公布为河源市爱国主义教育基地。

17. 广东青年抗日先锋队紫金支队队部旧址

旧址位于古竹镇古竹居委会陈家祠。这里也是东江华侨回乡服务团紫金分团团部、古竹民众抗日自卫大队队部旧址。

1939年2月，中共东江特别委员会在古竹成立后组织青年进行抗日宣传活动。全面抗日战争时期，这里是中共东江特委和中共后东特委指挥抗日活动的大本营。

旧址始建于清代，2003年重修。1994年8月被公布为紫金县爱国主义教育基地，2006年9月被公布为河源市重点文物保护单位，2008年10月被公布为河源市爱国主义教育基地。

18. 中共东江后方特委旧址

旧址位于古竹镇水东村三巷。1941年2月，中共东江后方特别委员会在龙川县老隆镇成立，梁威林任书记，下辖紫金、五华、龙川、河源、和平、连平、新丰等县党组织，有党员1100多人。1943年3月，中共粤北省委被敌人破坏后，后东特委转移到古竹镇水东村陈屋办公，继续领导东江人民开展抗日救亡运动。1946年6月，东江纵队北撤时，后东特委机关也随之搬走。

旧址始建于民国时期，为砖瓦平房两间，旁边挖有一口井，名叫抗日井。1987年6月被公布为紫金县文物保护单位，1994年1月被公布为紫金县爱国主义教育基地。

19. 地雷工厂旧址

旧址位于上义镇捲蓬村。1942年12月，为抗击日军入侵，建立抗日敌后根据地，广东人民抗日游击队东江总队中队长曾学修奉曾生命令，返回紫金上义，与曾繁一起发动80多名青年参军，组建了紫金抗日地方常备大队，并在关帝庙办起了地雷制造厂，开展抗日运动。1945年2月，紫金抗日地方常备大队整编为东江纵队第七支队紫金独立大队，曾学修任教导员，曾繁任大队长。

旧址于1994年3月被公布为紫金县爱国主义教育基地。

20. 粤赣湘边纵队解放紫金县城指挥部旧址

旧址位于乌石镇荷树湾福音堂。1949年4月21日，毛泽东主席、朱德总司令发布《向全国进军的命令》，人民解放军百万大军强渡长江天险，向尚未解放的广大地区进行规模空前的全面大进军。5月中旬，粤赣湘边纵队司令员兼政治委员尹林平、政治部主任左涛率领纵队主力第一团、第三团和独立营共1000多人横扫五华、陆丰国民党残余势力后，转战紫金龙窝，击溃驻龙窝的国民党军一个营，然后挥师包围紫金县城。指挥部设在乌石荷树湾福音堂，部队则驻扎在荷树湾及石马角一带。

5月18日凌晨5时，边纵司令部发出攻城命令。22日，紫金县城获得解放。23日，边纵司令部、政治部联合发出安民告示和接管紫金县城的布告。25日，中共紫金县委员会和紫金县人民政府宣告成立，由叶锋任县委书记，潘祖岳任副书记，黎孟持、叶茵任委员，由潘祖岳任县人民政府县长，黎孟持、温敬尧任副县长。

21. 红军号兵训练所旧址

旧址位于苏区镇炮子村老寨岗。训练所成立于1929年8月，负责人是麦胜标（原红二师司号官），第一期训练班有学员7人，训练时间为2个多月，结业后分配到各连队当司号员。同年底，训练所迁至海丰开办第二期。

旧址建于清代，2011年重建。2009年3月被公布为紫金县文物保护单位，2010年11月被公布为河源市爱国主义教育基地，2011年6月被公布为广东省爱国主义教育基地。

纪念场馆

1. 刘尔崧纪念馆

纪念馆位于紫城镇安良居委会广场路中山公园正面。刘尔崧（1899—1927），1921年8月加入中国共产党，曾任团中央委员、中共广东区委工委书记、广州工代会主席、中华全国总工会执行委员等职，广东青年运动的先驱，广东工人运动的杰出领袖。1927年在广州"四一五"事变中，刘尔崧不幸被捕，4月19日，被杀害于珠江白鹅潭。

1986年，紫金县人民政府为纪念刘尔崧建立纪念馆，2008年4月重修，建筑面积235平方米。聂荣臻元帅题写馆名。馆内陈列刘尔崧生平事迹史料、照片以及革命早期用过的驳壳枪、步枪等。

刘尔崧纪念馆于1994年3月被紫金县委、县政府公布为紫金县爱国主义教育基地，1995年12月被河源市委、市政府公布为河源市爱国主义教育基地。

2. 紫金县革命烈士纪念碑（含烈士墓）

纪念碑位于紫城镇安良居委会安良街1巷（中山公园左侧），占地960平方米。在新民主主义革命斗争中，紫金人民前仆后继，英勇奋斗。其中评为烈士的有700多人。为纪念在革命斗争中英勇牺牲的烈士们，紫金县人民政府于1950年在城区五湖桥外草埔兴建了革命烈士纪念碑。1959年从紫城镇东风路迁于此，1992年重修。纪念碑由碑座、碑身组成，高14米。碑身正面阴刻"永垂不朽"。碑座正面镶花岗岩阴刻"紫金县革命烈士纪念碑"，1987年由徐向前元帅题写；后面镶花岗岩阴刻重修碑文，两侧镶革命烈士英名录。烈士墓在纪念碑后5米，四周种植柏树。

紫金县革命烈士纪念碑（含烈士墓）于1987年6月被紫金县政府公布为紫金县文物保护单位，1994年1月被紫金县委、县政府公布为紫金县爱国主义教育基地，2011年被河源市委、市政府公布为河源市爱国主义教育基地。

3. 紫金县老苏区革命烈士纪念堂

纪念堂位于苏区镇炮子村。1963—1964年，由县委和县人委为纪念建设和保卫苏区革命根据地而牺牲的革命先烈而兴建。1974年重新修建，1976年6月竣工。2008年再次重修，建筑面积891平方米。前半部分为三层钢混结构楼房，内设展览室，展出苏区革命文物200多件；后半部分是能容纳600人的会场。

紫金县老苏区革命烈士纪念堂于2009年3月被紫金县委、县政府公布为紫金县爱国主义教育基地，2010年11月被河源市委、市政府公布为河源市爱国主义教育基地，2011年6月被广东省委宣传部公布为广东省爱国主义教育基地。

4. 紫金县老苏区革命烈士墓、纪念碑

烈士墓、纪念碑位于苏区镇炮子村湖子山顶。1963年建，1974年、2009年重修。占地面积840平方米。纪念碑高8米。碑身正面浮塑"革命烈士永垂不朽"。碑座正面镶碑记，背面镶徐向前的题词："纪念革命先烈的最好办法是学习先烈的革命精神，树雄心、定鸿图，永远做毛主席的好学生，永远作为共产主义而奋斗的先锋队。"碑后为烈士墓，两侧置石狮一对。

炮子是海陆丰革命根据地和海陆惠紫革命根据地的中心地区

之一，是土地革命战争时期紫金县党、政、军的领导中心，为创建和保卫这块革命根据地，许多共产党员、苏维埃政府干部、工农红军指战员和赤卫队战士，献出了宝贵生命，纪念碑就是为纪念这些革命先烈而兴建。

　　紫金县老苏区革命烈士墓、纪念碑于1977年12月被公布为紫金县第一批文物保护单位，2011年7月被公布为广东省爱国主义教育基地。

历史文献

紫金县武装暴动委员会第一号决定^①

（一九二七年四月二十五日）

为应付紧急变化之局势，本县在地委和县党特支领导下特成立武装暴动委员会，并经过紧急会议讨论决定成立武装暴动委员会指挥部，正总指挥刘琴西，副总指挥戴耀田，下设各路农军指挥，南路农民自卫军指挥钟乐善，西路农民自卫军指挥黄国强，北路农民自卫军指挥陈鹤九，特此决定。

中华民国十六年四月二十五日

紫金县武装暴动委员会指挥部第一号决定^②

（一九二七年四月二十六日）

自从蒋介石于四月十二日进行反革命政变以后，广东李济深策划全省大屠杀，东江地方顿时陷于血雨腥风之中，紫金县长郭民发是李济深的嫡信人马，又是亲戚，所以郭民发磨刀霍霍，将

---

① 《紫金党史资料》第二辑（1919.5–1937.7），中共紫金县委党史研究办公室，内部出版，1993年3月编印，第15页。

② 《紫金党史资料》第二辑（1919.5–1937.7），中共紫金县委党史研究办公室，内部出版，1993年3月编印，第16页。

向我们开刀，为了免遭毒手，我们决定先下手为强，特定于今晚举行武装暴动，把郭民发捉起来，把县政权夺过来。

中华民国十六年四月二十六日

紫金县武装暴动委员会指挥部命令①
（一九二七年四月二十六日）

兹命令戴耀田同志率古竹青年农民自卫军突击队进攻县署，捉拿郭民发，收缴其反动武装、长缄、大印、文卷、清理财产等。命令刘乃宏同志率县城青年农民自卫军突击队进攻县警署，收缴其反动武装、缄、印、文卷、财产等。

特此命令

中华民国十六年四月二十六日

紫金县武装暴动委员会指挥部第一号通告②
（一九二七年四月二十七日）

为通告周知事：昨晚县城响了枪，不少人以为土匪抢城，其实不然，而是我们共产党人搞武装暴动。我们为什么要武装暴动呢？因为蒋介石、李济深很坏，郭民发也很坏，他们要杀我们，

---

① 《紫金党史资料》第二辑（1919.5–1937.7），中共紫金县委党史研究办公室，内部出版，1993年3月编印，第17页。

② 《紫金党史资料》第二辑（1919.5–1937.7），中共紫金县委党史研究办公室，内部出版，1993年3月编印，第18页。

所以我们要暴动，要把郭民发捉起来，把他的枪械缴过来，把他的政权夺过来，建立人民的政权。现在我们暴动胜利了，特此通告周知，仰各界同胞各司其事，各安所业。如有坏人故意造事生端，当给予严惩。

中华民国十六年四月二十七日

总指挥刘琴西给东江特委张善铭的报告[①]
（一九二七年四月二十七日）

善铭兄：

兹着傅燊霖等前往你处，向你报告我县昨晚武装暴动情况。

原奉命于四月底或五月上旬举行暴动的，主要因为情势紧急，我回来后，乃宏、钟灵、一强等于四月中以来召开农民代表大会、农民自卫军会议，紫金县长郭民发倚恃李济深是他亲戚，又是他后台，一再出来干涉，特别是郭民发听说我回来了，他竟凶相毕露，大摆杀人架势，我们为了免遭其害，迫得提前动手，庆幸旗开得胜，首战告捷。

我们集中了近千农民自卫军包围县城，组织两支突击队进攻县署、县警署，经过一个多小时之激烈战斗，我们占据了县城，生擒了反动县长郭民发、科长区子节、科员区作慈，缴获驳壳五支、二号左轮一支、三号左轮一支、长枪二十杆，县印、公款、物资一大批，原国民党县党部控制的武装力量，共二十多人枪，当场宣布起义。我们暴动胜利了，昨晚深夜遂打开了狱门，释放了一批在押犯人。

---

① 《紫金党史资料》第二辑（1919.5–1937.7），中共紫金县委党史研究办公室，内部出版，1993年3月编印，第19页。

今天，我们开始清理文卷，搞一切接管工作，并筹备召开县民代表会议，筹备建立县人民政府，筹备成立县工农革命军总指挥部，成立工农革命军紫金县大队，这样做是否妥当。请即指示。

祝你

安好。

弟

琴西

四月二十七号

紫金县暴动委员会第二号决定[①]
（一九二七年四月二十八日）

为适应当前革命斗争形势需要，经讨论决定成立紫金县工农革命军总指挥部，以刘琴西为正总指挥，戴耀田为副总指挥，并成立紫金县工农革命军大队部，以刘乃宏为大队长，钟子廉为副大队长，缪冠儒为教官，刘绍武为中队长，特此决定。

中华民国十六年四月二十八日

紫金县人民政府报告（紫政字第一号）[②]
（一九二七年五月一日）

为布告事：我县共产党人和国民党员出于义愤，救党救民，

---

① 《紫金党史资料》第二辑（1919.5–1937.7），中共紫金县委党史研究办公室，内部出版，1993年3月编印，第20页。

② 《紫金党史资料》第二辑（1919.5–1937.7），中共紫金县委党史研究办公室，内部出版，1993年3月编印，第21页。

于上月二十六日晚义举武装，暴动于县城，擒反动县长郭民发于县署，收缴了反动武装，夺取了政权。

连日来我们经过民主协商，议定县人民政府组成人员是：刘琴西、戴耀田、刘乃宏、钟乐善、陈鹤九、钟一强、黄国强、刘海帆、刘冠中、傅晋淮、邝镜波等十一人为委员，刘琴西为主席、戴耀田为副主席，并刊刻木质大印一颗，文曰：紫金县人民政府，长缄一枚，文曰：紫金县人民政府缄。琴西等当于即日起启印视事，坚决站在工农一边。紫金县人民团结起来，打倒土豪劣绅，打倒军阀，打倒蒋介石，打倒李济深，打倒郭民发，为保卫人民新政府而努力奋斗。

主　席　刘琴西

副主席　戴耀田

中华民国十六年五月一日

紫金县人民政府告全县民众书①
（一九二七年五月一日）

孙总理生前为国民党制定联俄联共扶助农工三大政策，广大革命团体和民众为着解除痛苦，谋求解放，站在国民革命旗帜之下，受国民党之指挥，配合国民革命军北伐，所到之处，战无不胜，攻无不克，从广东打到长江各省，形势发展非常神速。正当挥师北进，扫除北洋军阀，肃清一切祸国殃民之残余，以达到在求中国之自由平等之革命目的，实现全国共和。

---

① 《紫金党史资料》第二辑（1919.5-1937.7），中共紫金县委党史研究办公室，内部出版，1993年3月编印，第22页。

孰料右派军事将领蒋介石、李济深竟公然叛党卖国，毁灭国民革命，大肆杀戮革命左派和共产党人，屠杀革命民众，凶狠至极，紫金右派县长郭民发，亦作恶多端，为虎作伥，勾结土劣，为非作歹，残酷狠毒，莫此为甚，吾等对此叛贼，深恶痛绝，誓（势）必将他打倒。

上月二十六日晚，吾等顺应形势，共谋良策，高举义旗，兴师动众，武装暴动，力挽狂澜，把郭民发生擒起来，把右派政权夺取过来。经过几天来，代表会议酝酿协商，组成人民政府，吾等受各界代表之委托，为拥护武汉中央党政府，誓以尽最大努力遵守党纲，服从主义，扫除一切反动势力，打倒土豪劣绅，打倒新军阀蒋介石、李济深，打倒郭民发，冀望全县民众，群策群力，共同奋斗，实施如下政纲：

一、与反革命誓不妥协，对反动人物实行革命制裁。凡属残害民众之土豪劣绅、贪官污吏、土匪军阀、帝国主义走狗，都是革命民众之敌人，应予以肃清，彻底制裁。

二、废止预征钱粮，豁免追征旧粮，取消契税抵债券，以解除民困。本县多年来在右派县长陈侠夫、谢寅、郭民发奉行蒋介石、李济深掠夺民众利益之命令，敲诈勒索，预征钱粮，追征旧粮，发行契税抵债券，造成金融枯缺，商业倒闭，农村破产，民不聊生，本政府对此深感仇恨，故废止预征钱粮，豁免追征旧粮，取消契税抵债券。

三、取消害商害民的苛捐杂税，解除民众枷锁。取消苛捐杂税，乃国民党之政纲，而蒋介石、李济深、郭民发却不顾党纲之规定，捐重税多，害商害民，久为民众厌恶。现我们取得了政权，理应取消苛捐杂税，保障民众利益。

四、提高农民地位，改善农民生活。几年来在一切权力归农会之特殊情况下，农民地位和生活虽然稍有改善，但仍未摆脱饥寒贫困现象，反动地主、土豪劣绅，甚至右派官僚仍不断破坏农民运动，本政府决心增加雇农报酬，改良待遇，武装农民，解除土豪劣绅之武装，保障佃农有永远使用土地权，没收土豪劣绅、贪官污吏及反革命一切土地财产，开办农民银行，以低息贷给农民，使农民地位尽快提高，生活迅速改善。

五、改善工人生活，保障工人职业。蒋介石、李济深纵（怂）恿资本家，把工人当作（做）奴隶，使广大工人受尽压迫剥削，而那班吸尽工人血汗之资本家却安享荣华，骄奢淫欲（逸）。我们现在已掌握了政权，广大工人应和农民、士兵更加团结，为实现自由平等而斗争。

六、办好社会公益事业。（一）发展教育，减收学费，增加教育经费，提高教职员薪金。（二）加强工农革命军县大队和地方民众武装组织，维持社会治安。（三）剿除土匪，畅通道路，保障人民生命财产安全。

七、救济粮食，以苏民困。去岁早晚两造歉收，米谷欠缺谷价高涨，贫民受饿，本政府当想方设法筹款购粮，救济粮食，以济民困，以防粮荒。

八、召集区民会议、乡民会议，组织区乡人民政府，选出廉洁奉公的人担任区长、乡长和办事人员。县农民协会已经改选，区乡农民协会亦应整顿，为贯彻总理三大政策（奋斗）到底。

九、组织宣传队伍，深入各区乡宣传。去年中央与各省区联席会议决定政纲，凡关于农民、工人、商人、妇女、教育，最低限度政纲要切实分别先后实行。我们政府应当以人民利益为利益，一切按照人民意志办事，所有工作人员毋能消极迨（怠）工，苟且偷安。

十、当前行动口号：

（一）拥护武汉中央党部和政府。

（二）拥护武汉中央第三次全体会议一切决议案！

（三）打倒背叛武汉中央党政府之右派军事领袖蒋介石、李济深！

（四）打倒郭民发，巩固人民政府！

（五）废除苛捐杂税，保障民众权益！

（六）没收土豪劣绅反革命派之财产，建设农民银行！

（七）打倒军阀，打倒帝国主义！

（八）加强防范，肃清一切反革命派！

（九）为实现总理三大政策而斗争！

（十）为实现在求中国自由平等之革命目的而斗争！

主　　席　刘琴西

副主席　戴耀田

委　　员　刘乃宏　钟乐善　陈鹤九

　　　　　钟一强　黄国强　刘海帆

　　　　　刘冠中　傅晋淮　邝镜波

中华民国十六年五月一日

中共紫金县委的报告①（节选）
——目前的政治状况、党的工作及下月工作计划
（一九二八年一月二十二日）②

一、政治状况

（一）自张发奎部退出紫城，李济深军队到达之后，紫城

---

① 摘自《广东革命历史文件汇集》甲30。原件无收件人，从本文内容看，似为紫金县委给东委的报告。

② 年代是根据文件内容判定的。

一般豪绅地主便大肆活动，李部并委任紫金著名豪绅洪苑香为县长，洪等得军阀武力之帮助，便组织民（团）保安队，大施白色恐怖，将附城一带，刘钟诸乡村，大杀特杀，大烧特烧，弄得附城以前毫无所谓的乡村现在也带有一点革命性了。

（二）炮仔三区、洋头等处土地革命的宣传日形（渐）扩大，农民暴动杀豪绅地主及第二师来紫金之消息传布到各区去，各区的豪绅地主便非常恐慌，县城一日数惊，关城闭户，地主豪绅纷纷搬迁逃避，但是他们受了前次（十二月二十一日）省红军入紫城的打击，现在也颇努力联络洪苑香、钟叔元等于二十九日在县城召集铲共武装大会，想借此以联络紫城一班豪绅地主，但是到会者，仅乌石一乡数十人，于此可以证明附城豪绅地主，尚不能联络，他们现在用家族自治会或联族自治会等，到处组织民团联络防守检查。

（三）李济深与张发奎两部于十八日在白溪一带开战，张部损失甚大，张部莫雄现率有残军六七百人逃往九和市芍塘地方受豪绅甘竹铭接济，李部到紫城后，即向中心坝五华方面追击，张（李）部现在紫城者，仅百二十人非常恐慌。

二、党的总现象

（一）宣传方面：对于党员教育训练，也颇积极，近来收得效果，对于群众及土地革命之宣传，仅限于三区，尚未能普遍到各区去。组织方面，对于发展有相当的成绩，现在党员数量上已有五百十人，但仍是畸形的趋向，除三区外，各区发展得很迟慢，在质量上亦不甚好。

（二）区委支部的现状：三区各支，现既渐起作用，但党员行动思想工作之幼稚，犯有好多错误。一、五、六等区在一个月前才有党的组织。四、二区才派人回去活动。现在五、六区比较颇发展，而且能发生些小作用。党的负责人亦颇有活动能力，积极工作。一区在目前白色恐怖之下，负责人及党员成份（分）不好，致一点作用都没有。四、二区尚未有报告来，但在目前亦不能发生什么作用。县委一月来已注意到各区发展的问题，但苦无适当工作的人才，现决定多调各区忠实勇敢农民来炮仔训练及往海丰参观，并一方多开农代会或乡区联会等以广宣传训练及吸收同志。

（三）各支于这半个月来对于报告开会缴费，已渐能切实执行，三、五、六区委，亦能按时报告，不过因交通不便时，感隔日久，一区什么都能做，到四、二区才有党的组织。

（四）三区各农民同志自经训练后，已颇能认识党的纪律及党是什么，现在事事都带有团体的行动，各负责（人）及老一点的同志，自经每次严厉之批评及督促之后在每次的斗争颇能积极工作，但有些因受批评和督促而转灰心。

（五）此地从前党与团尚未分化，自C.Y.省委巡视员王克欧同志派了陈振生、高云两同志于十二月二十八日来负（责）团的工作后即分化，但是陈、高两同志，因在海丰享受苏维埃的热闹，不能捱得客肚山内乡村艰苦的生活，最先陈振生鉴于炮仔之危急（一月三日），称病逃回；最近高云受□史及过旧历年的挑拨，亦逃回。现在C.Y.工作无人主持，一满（班）团员非常不满意，从前由党分出的团员个个要求升党。

三、农运工作

（一）此地农运从前因不注意于下层基础及群众，以致三区各乡农会，有为一班聪明小地主豪绅所把持者，月来已注意于夺取群众的工作，自土地革命工作紧张之后，小地主就一个个暴露出来，农民受夜珠乡小地主的乡会职员惨杀农民教训之后，更有先发制人的决心，正值年关之时，更奋勇暴动起来，肃清小地主。

（二）秘密乡农会之组织，近来颇形发展，但因缺乏适当的人才去活动主持，致发展稍为困难。各公开的乡农会，近来对于开会员大会、武装大会，极形热烈，在三区每次都有同志去参加宣传土地革命。县农会近来颇能取得一班农民的信仰，各乡农会有何事发生都有报告县农会，每一次的暴动都用县农会的名义去号召，但县农会负责各同志，已尽量调到外区去工作，致各部均感缺乏人主持。

四、年关暴动情形

此地关于年关暴动的计划及准备已详前报，自二师决定向紫金、五华发展后，再与二师负责同志详细讨论决定，二师发展方向由紫金三区洋头联络六区中心坝向五华龙村、梅村前进，因这些地方农运比较有基础。但在紫金三区必先帮助农民肃清南岭、黄布诸地主然后才能前进。兹将最近暴动情形分述如下：

（一）三区

1. 洋头各乡武装农民自前次（一月三日）暴动围攻地主土劣钟关石之屋被张发奎部打散之后，农民愤恨异常，誓必杀钟逆而后已。此次（一月十七晚）洋头武装农民约六七百人又围攻钟逆，钟逆恐慌非常，乃受敌所贿、出卖农民的指挥曾平怀（非同志），竟强迫农民解（除）围攻，该逆于十八日逃脱。农民益形愤恨，十九日乃复召集农民将钟之屋及炮楼焚烧。二十日洋头各乡农民在洋头圩开土地革命武装大会，枪决曾平怀。此次洋头农民经过围攻钟逆及枪决曾平怀之后，得了不少的教训经验与认识，一般同志及群众亦有好大的影响，与敌人决战的心益坚。

党在洋头各乡组织，派去几个同志，又因缺乏工作与领导的能力，得不到农民的信仰。

2. 二师自十八日出发南岭帮助农民暴动。已着着胜利，我们计划是步步肃清，现已将地主包围，南岭农民因受几次暴动重大的损失，此次暴动，装备武装非常薄弱，但均能很勇敢地出来参加各项工作。南岭支部在这次斗争中都能有很严密的组织，全体党员都动员，切实出来担负各种工作。

3．夜珠附近各乡农民约六七百人于二十二日会攻夜珠地主，夜珠附近各乡支部都能领导农民去参加，现已将地主楼屋大寨包围。

4．其他：共和乡支部领导共和乡农民群众起来捕捉该乡小地主（乡会职员），黄布农民及附近各乡准备消灭黄布地主，夜珠地主解决之后即可进攻，李坑地主看见乡会贴有杀尽一切地主标语，便惊慌逃跑。

在此次暴动工作中三区同志都很能努力，切实去干，担负各种宣传组织工作。

（二）六区

虽因主观力量有限，党成立未久，党员数量颇少，乡会组织共有六个，群众只有百余人，但客观环境很好。米贵，农民过年关又苦，军阀已跑完了，农民要求暴动，然六区同志对于暴动不坚决，又有家庭的顾虑，始终不敢出于一试。

（三）五区

红军到紫金城时（一月三日）即起来暴动，即被张发奎军队及民团压下去，该地主已严密防守监视，能否在年关决定的计划去做，尚未有报告来。

（四）一区

客观的环境很好。地主豪绅恐慌，搬迁又不能团结。但一区主观力量一点都没有，所以什么都说不起。

（五）四区、二区

自戴耀田诸同志回去尚未有报告来，未知能否照决定计划去做。

五、组织报告及下月工作计划（十二月二十六日——一月二十二日）

1. 对内组织状况

（1）前月份的报告全县共有党员二百零三人，此二百零三人中间有〔的〕同志的年龄和能力均不合加入党而应加入团的，以前紫金没有团的组织，故暂编入于党。C.Y.自省委派陈振生同志来此主持团的工作，党与团既经分化，计特编于团登记的三十二人，除此三十二人外尚有党员一百六十八人。本月份增加党员三百四十二人。现在总数五百十人。兹将各区属党员人数分别述下：

第一区党员十三人，

第三区党员三百八十人，

第四区党员十一人，

第五区党员二十五人：

第六区党员三十二人，

紫金团队部特支五十二人，

紫金县县农会特支八人，

（2）成份（分）：农民百分之七十四，手工业者百分之四，兵百分之十，自由职业者百分之十二。

（3）支部数目前月十三个，本月增加十七个，现在县共有三十个。隶属于第一区委者一个，第三区委者十九个，第六区委者四个，紫金团部队特支指挥者二个，直接由县委指挥者有第四区古竹支部、第五区柏埔支部和埔美、良友乡支部、县农会支部等。

（4）支部的性质：机关支部四，军中支部二，其余均属农村支部。

（5）区委：前月份报告有一、三、四、六等区区委的组织，现第五区区委已取消，其取消原因述下（组织变动情形）。

（6）组织变动情形：第五区原有区委的组织，但事实上只有一个空名，并没有设立党的工作机关，因区委负责同志均分散各处工作，区委之下亦没有支部，现将该区委暂行取消另组织两个支部，一在柏埔，一在埔美。直接县委指挥紫金团队部原只有一个支部，现团队扩充成立两大队，团队部特组织一个特支，每大队组织一个支部。组织变动情形如此。

（7）开会及缴费状况：本月份共举行过两次党员大会，到会党员多属第三区，外区很少。平均每次到会人数一百六十人。开过各支〔书〕联席会议一次（第三区属），决定支书联席会组干会、宣干会，每月须开会二次，并决定会议日期。县委会开过六次常务会议，二次支部会议。本月内平均每个支部开会二次。对于收费方面，县委决定每月工农分子收三仙，知识分子收一毛，机关工作同志收二毛，依次计算本月应收校费十三元八角，现实收到五元二角八仙（所收数多数是第三区的，在外区者多未缴来，且有很多没能力缴费者）。

（8）同志的思想行动：同志对于团体观念不甚好，经警告者有戴锡玙、钟泰初，自暴动后即有些畏缩（对戴而言）；不敢出来活动者有刘崇本，开除者有温石康、郑亚士二人，均是新加入的。温每次开会不到会，经警告不听；郑亚士第一区人，明显的与地主勾结，现已经将该二人开除。

（9）团体的总现象：①本月内各支（第三区属）对于开会、报告、缴费均比较注意一点，但工作能力很薄弱，不活动，不能自动的（地）到群众中工作。各区委对于校务很少报告并不会指导支部工作。②支部与区委不发生密切关系。③支部书记间有不能支配同志的。

2．对外组织状况

（1）农运方面：紫金农运在过去的组织未有发展到各区乡去，即有农运的地方组织亦极不健全，且多为土豪所包办的，现在全县可以公开的农会只有第三区方面三十余乡，其余各区简直没有农运可言，现各区已派人在秘密进行中，已有秘密组织的在第五区有两乡会员均有百余人，第六区有四乡会员亦有百余人。

县农会组织亦很不健全，表面虽有组织、宣传、秘书、青农各部，但事实上分工极不清楚只有一个空名罢了。

（2）武装方面：紫金基本部队——紫金团队部以前只有三分队，人数武装不过三十余枝，现扩充成立两个大队，增加基本部队一百五十名，正在进行扩充，各乡农会亦已派人调查武装并组织赤卫队。

紫金县委

中共海陆惠紫四县县委给省委的报告[①]
——成立四县临时特委的理由及组织情况
（一九二八年十月八日）

省委：

海丰、陆丰、惠阳、紫金四县因为与省委交通不便的原因，以致关系不好，在这斗争时期紧张当中，遂发生指挥上的重重困难问题。本月四日海陆惠紫四县暴动委员会第二次代表大会，出席大会的四县县委负责同志及代表同志，都觉得这个困难问题应及早解决，以免妨碍四县工作之进行，商定成立海陆惠紫四县临

---

① 摘自中央档案馆：《广东革命历史文件汇集》甲22，广东省档案馆1986年版。

时特委，以指挥四县党务及斗争工作，所以有四县临时特委之产生。兹特将成立四县临时特委理由、成立经过、临时特委职权、大会对省委、东委批评，大会对省委请求报告于下：

A. 成立四县临时特委理由

海、陆、惠、紫四县有如上所说，因交通上的困难（惠阳与省委交通比较不甚困难），与省委、东委关系不好。省委、东委对四县工作都指挥不到，在公开方面虽有海陆惠紫四县暴动委员会之组织，以指挥四县苏维埃，但在党方面，除了四县县委之外，没有四县统一指挥的机关，在指挥上就发生了许多问题：

（1）四县党部自海陆丰苏维埃政权失败至今八个月以来，很少得到省委、东委的指示（海丰县委在五月间省委特派员赵自选同志以来曾得到省委的一次指示），对种种困难的问题，大多不能得到上级的解决，在工作进行上已发生了很多的妨碍。如党务的整顿，四县党部表现不健全的时候，要待省委、东委来整顿，交通上如此困难，等到何时才得整顿或组织，四县暴委是公开的组织，其权限当然不能够来整顿党务。在这斗争急激时期更要有健全的党去领导斗争，若任他不健全不进行加予整顿，这是不行的。既有特委之组织，则得以整顿之，这种情形，在事实上已表现出来。陆丰县委的负责同志林铁史在东南给敌人捕杀以后，县委几乎解体，工作多数停顿；等到四县负责同志联席会议，由联席会再指定同志加入县委负责工作（召集党员大会改组县委，在陆丰是难做到的），然后县委得以比较健全，在最近对党务及武装的整顿工作，才有进行，这种问题当然要迅速解决，是不能够等待省委、东委解决的。但是在当时若没有四县负责同志联席会议去解决陆丰这个问题，到今这个问题必是还没有解决，那末（么），对陆丰的工作，必弄得很糟了。若当时有特委的组织，便有权很迅速去解决此问题。又现时紫金县委又是不健全，不是分派，就是个人包办急待改组，最近四县临时特委成立，由特委负责派员前往召集代表大会改组之，才不至发生问题。在此种情形底下，四县临时特委有成立必要之一。

（2）我们各地暴动是要有联络响应的，在这国民党新军阀蒋、桂系冲突的时候，我们更加紧发展扩大，暴动更要有联络响应。尤其是在海、陆、惠、紫四县，地势上最接近，对于暴动更应有很好的联络。在公开虽然有四县暴委的统一指挥的机关，但暴委是不能够指挥四县的党，若是以公开的组织来指挥党，在组织上是不合（适）的，是有毛病的；那末（么）领导四县斗争的党，因省委、东委指挥不到，没有一个统一的指挥的机关，在斗争上必发生各自为战。失却联络，四县斗争，必因此而吃亏，这是四县临时特委成立必要之二。

（3）还有一层在斗争紧张的时期当中，环境之变化，特殊事件之发生，是不能免的，四县的党既与省委、东委关系不好，必有至因没有四县统一指导机关，而发生不可预定的问题；有四县临时特委之组织，便可解决四县党的问题。这是四县临时特委成立必要之三。

出席四县暴委代表的同志根据以上的种种实际情形，故由海丰县委召集四县代表同志开会而成立四县临时特委。

B. 成立四县临时特委经过

（1）时间：十月六日晚上

（2）到会者：由海丰县委召集四县出席四县暴委第二次代表大会同志共计二十二人到会。

1. 会议程序：a. 主席宣布开会理由，b. 讨论临时特委组织问题，c. 选举，d. 临时特委职权问题，e. 讨论临时特委工作问题，f. 其他。

2. 临时特委的组织：决议：a. 委员五人；常委三人主持日

常工作，b．常委三人分任书记．组织．宣传，c．对于特委底下的其他各委员会及秘书的组织由常委会决定之。

3．选举结果：△△△、△△△、△△△、△△△△、△△△五同志为临时特委委员，并指定：△△△任书记，△△△任组织，△△△任宣传，组织常委会。

4．临时特委的职权：有指挥海陆惠紫四县县委及督促四县暴委之权。

5．大会对省委、东委批评：省委不注意海、陆、紫工作，完全没有指示，东委更加不注意惠阳工作。

6．大会对省委请求：a．海、陆、惠、紫四县自海陆丰苏维埃政权失败后至今，工作同志死亡颇多，现时工作同志不够分配，同时现有的工作同志因工作能力较差，所以对工作上的进行，殊有妨碍，请派同志来主持工作！能做兵运工作的同志亦请派来。b．海、陆、惠、紫四县自海陆丰苏维埃政权失败至今八个月，城市完全给敌人占据，农村经济因受敌人严酷的摧残，破产已达极点，现时对红军二、四师伙食及工作费，无从筹措，财政之困难，实为空前未有，请设法拨款接济！c．此次四县代表同志根据实际情形而成立四县临时特委，但未得省委之允许，对于党的组织上未审是否适合，请求核示！如临时特委不合组织，应取消时请详加指示，有何别的组织代替特委，或请派特派员来指示四县工作！d．海、陆、惠、紫因交通上的困难，现时对全国全省的政治状况，及我们斗争策略，很不明了，同时对海、陆、惠、紫四县工作错误之处，请详加指示！

海丰县委　惠阳县委——代表何洋
陆丰县委　紫金县委

中共海陆惠紫特委给省委的报告（第二十号）[①]
——海陆惠紫四县革命委员会政纲
（一九二九年十二月一日）

省委：

　　海丰夺取后，我们用海陆惠紫四县革命委员会名义，宣布以下政纲：

　　1. 反对帝国主义、推翻帝国主义的统治。所有苏维埃区域中，帝国主义的走狗、牧师、神父，一律驱逐出境。帝国主义的教堂、医院、盐场、学校、灯塔，均完全没收，归苏维埃管理。

　　2. 推翻豪绅地主资产阶级的反动统治，消灭国民党、致公党、第三党、国家主义派、坚社一切反动派的活动，肃清反革命势力。

　　3. 建立工人、农民、兵士、贫民代表会议苏维埃政府，革命的工农、兵士、贫民，无论男女都有选举权。

　　4. 绝对拥护工人的利益，增加工资，实行八小时工作制。盐场、渔场及反革命的工厂、商店，一律归公，由政府与工人共同管理。建立劳动银行及开设工厂，救济失业工人，扶助工人合作社之创设，保护工会之活动。

　　5. 没收一切地主阶级的土地，由苏维埃分配给农民兵士。焚烧田契及租簿，扶助农民之垦荒、植树、兴（修）水利、修筑桥梁道路，提倡及创建农村合作社，建设农民借贷银行，供给农民耕牛、耕具、种子……[②]等物。

　　6. 取消一切新旧债务，焚烧债券，绝对禁止高利贷及一切

---

　　① 摘自中央档案馆：《广东革命历史文件汇集》甲22，广东省档案馆1986年版。

　　② 原文如此。

剥削（商场交易的数目，不在此例）。

7．取消一切国民党军阀反动政府的苛捐杂税、厘金、粮饷，实行统一累进税，目前暂行征收烟酒屠的单一税及海关出入口税。

8．改良兵士的（生活），兵士月饷三十元，兵士家庭享受分配田地之权，其田地并由苏维埃雇工替其耕种，受伤残废，由苏维埃养其终身，并保障其退伍后的职业和工作。其父母丧葬，均由苏维埃负担。

9．发展商业，整理市府（政），保护交通，保护商人营业。

10．增高及计划教育经费，普遍（及）工农教育，建设图书馆、俱乐部、公园、游艺场、体育场、幼稚园、公共食场（堂）……①等等。

11．抚育鳏寡孤独，拯恤残废疾病，建设养老院、婴儿院、工农医院……等等。

12．扩大苏维埃区域，帮助工农兵暴动，以至完成民族独立，全国统一，并联合世界被压迫民族及无产阶级与苏联。

　　　　　　　　　　　　　　　　　　海陆惠紫特委

海陆紫县苏维埃政府布告（第十号）②
（一九三一年七月五日）

现在夏收已到来了，农民们都望着一点便宜米来救活他们全家的生命，可是那万恶的国民党豪绅地主资本家，他们在这时

---

①　原文如此。

②　《红色紫金——紫金县早期革命斗争史料汇编》，中共紫金县委宣传部，中共紫金县委党史研究室编，中共党史出版社2015年版，第136页。

候更要趁火打劫，用尽凶残的手段来向着农民大勒特勒，大剥特剥，讨租迫债，抢夺农具，割禾搬谷，增捐和税，无所不尽其极，致陷农友于死亡的绝境。那末（么）这样夏收收获的米谷，被这班万恶的国民党豪绅地主资本家抢夺净尽，农民一定无生可活，白白饿死。本政府为保全农民夏收利益起见，故坚决的在革命的最前线，号召广大群众起来反抗敌人一切迫勒，实行土地法令，保全夏收利益，并特附以下六条夏收禁令，仰我群众一律周知，切切此布。

附夏收禁令

第一条——讨租迫债者枪决

第二条——替地主债主讨租迫债者枪决

第三条——替民团警卫队去收民团谷田亩捐者枪决

第四条——妥协地主私自完债者严重处罚

第五条——破坏抗租者严重处罚

第六条——替地主运输者严重处罚

杨　沛　陈荫南

主席团

林潭吉　钟一强　曾　添

一九三一年七月五日

紫金守军五百余人分别被缴械及改编
我军另部攻打蓝塘[①]

（本报紫金二十五日讯）人民解放军粤赣湘边纵队某部于

---

① 原载《粤赣报》第七十三期，1949年5月28日。

十九日下向敌人的孤立据点紫金县城发动攻击，旋却将该城陷于四面紧密包围之下。二十三日该城守军完全接受我军提出的和平解决的条件。紫金县城即告和平解放，前国民党县长彭锐所率县警两百余人之全部武器已被我接收，其中包括轻机三挺，重机一挺。前国民党紫金县自卫总队副总队长刘声中所部三百余人（配有机枪九挺）已开赴我军指定地点，将根据民主原则改编为人民解放军。又讯，我军另部顷已向紫金西南七十里之据点蓝塘圩发动攻击。吉竹附近我军亦已加强活动。（按：紫金位于河源城以东九十里，北距蓝口仅六十里）紫金的解放不但加重对河源城的威胁，而且相对地更进一步地使驻守蓝口的残匪陷于孤立。在紫金城解放之前，县属百分之九十以上的乡村已先后解放。

奔向海陆丰（节录）[①]

离开广州后，我们一气赶到太和圩，追上了教导团的队伍，继续向花县进军。路过一个山垭口时，遇上地主民团的伏击，部队冲了过去。傍晚到花县，城里的敌人已闻风而逃。

部队在花县停了三天，整编队伍，讨论行动方针。

先清点人数，共有一千四百四十八人。共产党员占百分之一二十，主要是国民党左派，即同情共产党，反对蒋介石的人。黄埔第一期的学生不多，我是一个，还有吴展。叶镛是黄埔第三期的。教导团的队长、党代表大多是黄埔第四期的，其余均系武汉军校的学员。

部队编为一个师。叶镛当师长，袁裕（国平）当党代表，师党委书记唐澍，政治部主任王侃如。在一所学校里，大家开

---

① 徐向前：《历史的回顾》，人民出版社2016年版，第32至34页。

会研究，如何给这支部队命名。红一师有了，是朱德同志领导的南昌起义的部队，红二师有了，是海陆丰一带的另一支南昌起义部队，红三师也有了，是琼崖游击队改编的。最后，大家确定我们叫红四师，自己给自己起的名字。红四师下属三个团：十、十一、十二团。我任十团党代表。还有一、二十个女同志，都分在师部、团部工作。我们团管军需的那位女同志叫彭镜秋，现在还健在。组织成立后，我把从起义指挥部拿来的银毫子全部交公。部队是仓促撤出的，经费十分困难。

部队下一步到哪里去？花县离广州太近，又靠铁路线，肯定不能蹲。有的主张去北面的韶关，有的主张去海陆丰。听说朱德同志的队伍在韶关一带活动，多数人主张去同他们会合。于是，派人去联络。

部队在花县，每天都有地主民团来攻，师里要我负责指挥打民团。那些地主民团滑得很，一天来攻好几次。我们要是不理他，就呼噜呼噜地来一片，噼噼啪啪乱打枪；我们要是一打，他们就跑。有时我们正吃着饭，民团来了，又得去打。他们熟悉地形，零敲碎打，跑得又快。我们有时也追击一下，但追得不太远，怕中埋伏。我们把民团的战术，叫做"打狗战术"。意思是别看它来势汹汹，你抄起棍子去打，他们就夹着尾巴逃跑了。

师部三次派人去韶关，都没找到朱德同志的队伍。第三天晚上，才决定去海陆丰，会合红二师。次日一大早出发，走了半个多月，经从化、良口、龙门、杭子担，绕道蓝口附近渡东江，南下进入罗浮山脉东侧的紫金县境。途中，有些民团怕我们，在村边插着木牌，写上"欢迎来境，欢送过境"的大字，我们就交代政策，分化敌人；遇上反动民团的袭扰、顽抗，则狠狠地打，绝不留情。广东是大革命的发源地，群众痛恨军阀，心向革命。我军每到一地，都受到群众的热情接待和支援，对士气鼓舞很大。

　　紫金县城敌军不多，县长叫丘国忠，是个国民党军队的少将，极其反动。起义军撤出广州后，他坐卧不宁，屡电广州反动政府，求援增兵。当我军进入县城附近的黄花村时，丘逆误认为是广州来的援兵，派人出城联络。我们决定将计就计，冒充"援兵"进城。那天上午，我军队列整齐，开赴县城；丘国忠带着县府的大小官员来到城外，恭身欢迎。我们不费一枪一弹，将他们活捉，占领了紫金县城。丘国忠血债累累，民愤极大，经群众公审后枪决。

　　一九二八年元旦，红四师抵海丰县城，受到中共东江特委和当地群众的热情欢迎和慰问。海丰是我党第一个苏维埃政权的诞生地，彭湃同志的故乡。从一九二四年至一九二七年，彭湃先后在这带发动过三次农民起义，影响甚大。第三次起义是一九二七年十月底，数千农民在董朗、颜昌颐领导的红二师（共一千余人，也是南昌起义的部队）的配合下，一举攻占了海丰、陆丰两县城，正式成立苏维埃政府，实行土地革命。我们进抵海丰县境后，见各村的墙壁上写着许多打土豪、分田地的标语，处处红旗招展，颇有革命气势。县城的墙壁，都用红土刷过，全城一片红，真是"赤化"了天下。群众听说我们是广州下来的红军，热情万分，家家让房子，烧水做饭，象（像）亲人久别重逢一样。

　　为欢迎红四师，东江特委在县城广场上召开了一万多人的群众大会。特委书记彭湃发表了热情洋溢的讲话。我印象最深的有两点：一是广州起义失败了不算什么，革命难免有挫折，有失败，失败了再干，革命一定会胜利。二是共产党领导穷人闹革命，要坚决消灭地主军阀，保护穷人利益。什么是共产党的法律？抓住地主杀他们的头，就是共产党的法律！他的富于鼓动性的讲话，博得了一阵阵的热烈掌声。接着，红二师和红四师又胜利会合。从此，这两支年青的红军队伍在东江特委的领导下，并肩战斗，揭开了东江游击战争的新篇章。

附录四 红色歌谣

劝蒋匪士兵起义歌

当到蒋兵实凄凉，离别妻子过别乡，一日三餐都冇饱，天寒地冻苦难当，夜夜都住烂祠堂。

夜夜都住烂祠堂，长官如虎又如狼，战场白白去送命，天天出发路途长，哎哟哉！实在苦难当。实在苦难当，

为谁辛苦为谁忙，长官安乐来享福，娇妻美妾住洋房，单单冤枉当兵郎。单单冤枉当兵郎，又冇分文转家乡，穿州过县冇封信，爷娘妻子望断肠，当初何必把兵当。

当初何必把兵当，豪绅压迫苦难当，田冇耕来工冇做，妻离子散父又亡，盲知雪上又加霜。

盲知雪上又加霜，今来革命又何妨？工农士兵联合起，联合起来势力强，军阀豪绅一扫光。

军阀豪绅一扫光，同食同做心正凉①，组织苏维埃政府，解除痛苦乐洋洋，共产主义万年长。

驱赶钱粮差

国民党，真系狼，总爱荷包涨，不管人死亡，派遣粮差走下乡，追迫绝粮米，勒收冤枉粮。又爱宰鸡并杀鸭，草鞋都敢抢到光，一下无钱就喊绑。思想起，真凄凉，大家就爱出主张。联合穷人来抵抗，要勇敢，莫退让，拿起镰刀并炮枪，杀粮差，抗钱粮，打倒国民党！正有安乐过时光。

---

① 心正凉：心里才安乐。

C调

劳 动 歌

5 5　1　|　6 6　5　|　1.1　1 3　|　2　—　|

青的　山　绿的　原　灿烂 的山　河
劳动　者　凄惨　呵　受的 苦难　多

2 1　3　|　3 6　5　|　6.6　6 6　|　5　—　|

美的　衣　鲜的　食　巍峨 的楼　阁
拼手　足　挥血　汗　所得 有几　何

5 5　3　|　2 2　1　|　2.2　1 6　|　5　—　|

谁的　功　谁的　力　劳动 的结　果
世界　上　不平　等　是谁 的罪　过

5 5　3　|　2 5　3　|　6.5　3 5　|　1　—　‖

全世　界　农工　们　联合 起来　啊
可恶　的　私产　呵　努力 去打　破

‖: 1.2　3 3　|　2 3　2 1　|　6—　|　1.2　3 5　|　2 3　2 1 6　|

一早 起来　做 到晚　衣食 都不　得 暖饱

6 1 2 3 1　|　6 5 6 5 3　|　6 5　2 1　|　6 1 2 3 1　|

苦 生活　何日 得减少　唉哟 唉哟　苦 生活

6 5 6 5 3　|　6 5　2 1 :‖

何日 得减少　哎哟 哎哟

六月割禾真辛苦,滴滴汗滴禾下土,
田主们,快活收租,哎哟哎哟
地主收租真过分,把我谷种抢去了,
明年时,不知怎样,哎哟哎哟
我们工人和农民,不替军阀去当兵,
齐起来,工农干革命,哎哟哎哟
如今世界大造反,无产阶级要共产,
俄罗斯,是好榜样,哎哟哎哟

附录五

重要革命人物选介

刘尔崧

刘尔崧（1899—1927）又名福海，字季岳，永安县（今紫金县）人。他是中国共产党最早的党员之一，广东青年革命运动的先驱、广东早期工人运动卓越的组织者和领导者。

1921年8月加入中国共产党。1922年任中国社会主义青年团两广区委会执行委员，并在顺德、广州开展工人运动。1923年出席中国共产党第三次全国代表大会；1924年任广州工人代表会执行委员会主席，中共两广执行委员、工委书记，领导沙面大罢工，参与省港罢工的组织和领导工作。1925年当选团中央委员，并任团中央驻广东特派员。1927年4月被国民党反动派秘密杀害于珠江白鹅潭。

刘琴西

刘琴西（1896—1933），原名刘尔奎，字昌文，永安县（今紫金县）人，刘尔崧胞兄。

刘琴西1916年春考入广州农林学校读书。1921年进入广东

宣讲员养成所学习。1922年加入中国共产党。学习结业后，被派回紫金与贺济邦等办起紫金新学生社和劳动半夜学校，为紫金县培养了一批革命骨干。1924年1月，刘琴西调到广州市从事工人运动。1925年3月，刘琴西任海丰县汕尾市政局局长。6月，调任陆丰县县长。11月，随东征军进入汕头，被任命为广东革命政府东江各属巡视员，协助周恩来指导东江各县的工农运动。1926年，受东江各属行政委员周恩来之命，查实紫金县县长陈侠夫反对农民运动的事实并上报，撤销了陈侠夫的职务。尔后，刘琴西调省港罢工委员会汕头办事处主持工作。

1927年，广东发生"四一五"反革命政变之后，刘琴西回到紫金县城组织发动武装暴动，反击国民党右派的屠杀政策。4月25日他主持召开紧急会议，成立暴动委员会指挥部，任总指挥。26日深夜，他指挥农军取得"四二六"武装暴动的成功。5月1日，刘琴西主持召开群众大会，宣布成立紫金县人民政府，任县人民政府主席兼紫金县工农革命军指挥部总指挥。刘琴西率工农革命军于5月8日撤出县城，转移到炮子活动。7月，刘琴西率部在惠阳（今惠东）中洞与高潭、海陆丰农军会合，改编为海陆惠紫工农讨逆军，并任总指挥，参与建立海陆丰革命根据地。9月，刘琴西率领的工农讨逆军改编为工农革命军海陆惠紫集团军，仍任总指挥。不久，出任中共东江特委委员和东江革命委员会主席。

1929年至1930年，他组织领导了创建五兴龙、蕉平寻根据地的斗争。1930年12月，任中共闽粤赣特委西北分委书记。1931年8月后，刘琴西调到上海搞地下工作，因长期艰苦斗争，积劳成疾。1933年，被港英当局逮捕，押回广州被杀害，时年37岁。

赖炎光

赖炎光（1900—1927），永安县（今紫金县）人。赖炎光于1918年秋考入广东省立第一甲种工业学校织染科学习。1919年五四运动爆发后，受刘尔崧的委派返回紫金县城，与刘琴西、刘乃宏、钟灵等在县城劝学所成立紫金青年联合会。

1922年赖炎光加入中国共产党。1923年8月，紫金县第一个党小组成立，被选为组长。1924年春，到广州从事工人运动。1925年10月，随东征军到汕头，在共青团汕头地委工作，并任蓬船工会主席。1926年任中共潮安县工委书记。

1927年4月14日晚，赖炎光被捕入狱。在汕头监狱，赖炎光请前来探监的内弟陈少铭转告妻子："别难过，别悲伤，为革命而死是最光荣的。"不久，赖炎光被惨杀于汕头市荒郊，时年27岁。

张子玉

张子玉（1899—1928），原名张连科，出身于永安县（今紫金县）苏区炮子村一个雇农家庭。

1922年冬，张子玉逃难到了海丰县城，参加了海丰县农会组织。后受彭湃派遣，回乡发展农会，秘密串联了钟乐善、黄培先等20多人，于1923年3月中旬成立了紫金县第一个乡农会——炮子乡农会，并任会长。5月，协助钟一强在炮子召开了各乡农民代表会，正式成立龙窝区农会和紫金县总农会，任龙窝区农会会长。

1925年5月，紫金县总农会改称紫金县农民协会，张子玉任第三区农民协会会长。12月加入中国共产党。

1927年4月，参与组织南路农民自卫军参加了紫金"四二六"武装暴动。12月1日，紫金县苏维埃政府在炮子成立后，张子玉把区乡农民自卫军改组为赤卫大队常备中队。

1928年3月，国民党军队大举进攻苏区，张子玉跟随红二师、赤卫队转移到中洞一带活动。6月19日，在陆丰县罗峰突围中与部队失去了联系，回到炮子收编人员。8月，由于叛徒出卖被捕，在狱中受尽严刑拷打，始终不泄露共产党的秘密。10月，在紫金县城被杀害，时年29岁。

刘乃宏

刘乃宏（1900—1929），又名刘春，永安县（今紫金县）人，出身于贫穷家庭，紫金师范毕业。1919年，刘乃宏和赖炎光、刘琴西、钟灵、钟子廉、刘海帆等在紫金县城成立青年联合会和学生联合会，投身反帝爱国斗争。8月，参与筹办《救国周刊》《紫金山小报》和紫金新学生社及劳动半夜学校。1923年加入中国共产党。

1925年4月，到广州农讲所学习。10月，随国民革命军第二次东征，攻克惠州后，受周恩来派遣，回紫金筹建国民党紫金县党部。同年任共青团紫金县特别支部书记。

1926年7月，龙窝黄布地主民团捉走前往炮子的农运特派员钟子廉，威胁县农会停止减租。刘乃宏要求新县长谢寅下令释放钟子廉，谢寅置之不理。刘乃宏告至省府，结果谢寅被撤职，钟子廉得以释放。

1927年"四一二"反革命政变后，参与领导紫金"四二六"武装暴动，被任命为工农革命军紫金县大队大队长。5月8日，率工农革命军紫金县大队保护党政机关撤出县城，向炮子乡转移。7月起，率队打退国民党紫金县县长丘国忠对炮子苏区的3次

"进剿"。

1928年1月，率队配合红二师袭击国民党龙窝区署，解放了龙窝，与红四师会师。3月，国民党军黄旭初部"进剿"苏区，刘乃宏率领工农革命军和赤卫队500多人，保卫红二师和紫金县苏维埃政府机关转移。1929年春，赴香港参加军训。后化名刘春，被派往丰顺县，重建工农武装，组织"黄金暴动"，奉命组建红六军四十六团，任副团长，后接任团长。10月19日，在参加东江特委会议途中，在丰顺县嶂背木子栋被敌包围，突围中壮烈牺牲，时年29岁。

钟一强

钟一强（1900—1933），又名钟应地，化名钟裕，永安县（今紫金县）南岭乡高新村人，出身于农民家庭。青年时在南岭圩开设药材铺，常为贫苦农民施药治病。

1922年12月，钟一强在海丰参加农会，回乡开展宣传活动。1923年四五月间成立南岭第一乡农会，任会长。5月，紫金县总农会成立，被选为会长。12月，在紫金县城加入中国共产党。

1924年10月，参加黄埔军校学习。1925年1月，参加广州农讲所学习，毕业后回紫金开展农民运动。5月，主持召开紫金县第一次农民代表大会，把县总农会改组为紫金县农民协会，被选为会长。12月，又主持召开紫金县第二次农民代表大会，成立有300多人枪的县农军大队。

1926年春，参加省农民协会扩大会议。4月初在县城主持召开紫金县第三次农民代表大会，在全县开展"二五"和"四六"减租运动。

1927年4月26日，参与领导紫金"四二六"武装暴动。5月，被选为县人民政府委员。12月1日，紫金县苏维埃政府成立，又被选为苏维埃政府主席。

1928年3月，国民党军黄旭初部大举进攻炮子，钟一强随红二师转移到海陆惠紫边区，先后参加大小战斗50多次。1930年冬，任海陆紫苏维埃政府主席团成员，以陆丰碣石溪，紫金炮子、赤溪为据点，坚持武装斗争。

1933年11月，国民党军队突然包围了陆丰碣石溪，钟一强率领海陆紫苏维埃政府机关干部浴血奋战，壮烈牺牲，时年33岁。

戴耀田

戴耀田（1903—1935），永安县（今紫金县）古竹镇人，出身于农民家庭。

1924年春，戴耀田加入中国共产党。1925年1月，他到广州农民运动讲习所学习，结业时被任命为国民党中央农民部农民运动特派员，回紫金后，在古竹组织起180多人的农民自卫军。1925年12月，成立中共古竹党支部，戴耀田任支部书记。接着成立古竹区农民协会、区工联会、妇女解放协会、少年先锋队和劳动童子团等群众组织。

1927年，戴耀田参与领导紫金"四二六"武装暴动，任暴动副总指挥。5月1日，紫金县人民政府成立，他任县人民政府副主席兼紫金县工农革命军总指挥部副总指挥。同年8月，任中共紫金县委委员，率部参加了东江第二、三次大暴动，配合红二师进击龙窝区署，屡建战功。12月当选为紫金县苏维埃政府委员。

1928年春，国民党第十一军3000多人"进剿"龙窝礼坑、青溪，戴耀田与钟佩璜、钟定香等组织坪塘、黄布、龙上等乡的赤卫队分路夹击敌人，击退来敌，保卫了苏区。3月，国民党军黄旭初部大规模"进剿"苏区，戴耀田率赤卫队常备队会同红二师共900多人为后卫，掩护红二师师部、县委、县苏维埃政府机关以及人民群众安全转移。

1931年8月，中共海陆紫县委在炮子开办战地训练所，戴耀田任所长，培训一批政治军事干部。后来调回家乡任中共古竹区委书记，在古竹、好义一带山区，和蓝塘区委书记吴群英等继续坚持革命斗争。1935年2月，戴耀田在九和叶坑隐蔽活动时，被九和民团所捕。9月，在紫金县城被杀害，时年32岁。

潘祖岳

潘祖岳（1906—1991），曾用名潘国平、潘小吾、潘左轮、丘连山等，永安县（今紫金县）青溪龙田村人。1924年9月随父母侨居马来亚。1930年3月加入中国共产党。1933年2月，潘祖岳被驱逐回国，在广州任教，与中共广州市委外工委取得联系，坚持抗日宣传。1937年1月，受党的派遣回紫金开展革命活动。在蓝塘以办学为掩护，开展重建党组织和抗日宣传活动。4月，蓝塘党小组成立，潘祖岳任小组长。为扩大宣传，潘祖岳以抗敌后援会的名义成立蓝塘大众剧社，并担任社长，排练节目开展抗日宣传，揭露日本侵略军的罪行，深受群众欢迎，被称为"抗日号角"。1938年3月，中共紫金县蓝塘特别支部成立，潘祖岳任书记。1939年2月，潘祖岳代表蓝塘特别支部参加在古竹召开的东江党代会。3月，东江华侨回乡服务团紫金分团成立，潘祖岳任紫金分团蓝塘队长。5月，潘祖岳调入东江特委机关工作，兼东团增（城）龙（门）队长。1940年1月，潘祖岳奉命返回古竹，担任东江特委组织干事，负责河源、博罗、新丰等县的党组织工作。1941年2月，潘祖岳调省委秘书处工作。1942年5—7月，潘祖岳撤至郁南，任桂圩常备自卫队指导员，后任郁南、罗定、云浮三县中心县委书记。1945年1月，潘祖岳奉命到香港，发动在港各界、各党派海外同胞募捐钱、物，支援抗日游击队。1947年

1月，党组织派潘祖岳到马来亚工作，任中共马来亚侨居党组织兼学运支部书记。1949年3月，潘祖岳被调到粤赣湘边纵队司令部担任秘书工作。5月，参与解放紫金的战斗。紫金解放后，任紫金县委书记兼县长。

1951年2月起，潘祖岳历任中共东江地委秘书长、南方日报副总编辑、广东人民广播电台第一副台长、茂名报总编辑、茂名市广播电台台长、广东省广播电视厅顾问、广东省政协第四届委员会委员等职。1991年2月14日，潘祖岳病逝于广州。

黎孟持

黎孟持（1906—1990），字黎璋，又名黎如恒，永安县（今紫金县）古竹镇人。1924年参加共青团。1925年9月加入中国共产党，并受中共组织派遣到中山大学从事学生运动。是年冬回古竹协助戴耀田、古柏桐领导农会工作，任区农会执委兼团委书记。1933年，黎孟持因身份暴露，转到鹤山、顺德、番禺等地教书。1938年12月，受曾生委派回古竹宣传抗日。1939年1月，中共紫金县临时工作委员会成立，黎孟持任县临工委负责人。2月，中共东江特委任命黎孟持为紫金县委书记，后任东江华侨回乡服务团紫金分团团长。1942年，党组织调黎孟持到中共粤北省委宣传部工作。5月，黎孟持受省委饶彰风等人派遣回古竹，在后东特委领导下，在古竹一带开展抗日活动，组织抗日自卫队。1946年6月，党组织安排黎孟持到香港中共南方局财经委工作。1947年冬，省委派黎孟持回紫金搞武装斗争，组建紫金人民抗征队。1948年5月，紫金县临工委成立，黎孟持任委员。8月，黎孟持任紫五龙河中心县委委员兼边区行政委员会副主席。

1949年5月25日紫金解放，黎孟持任县委常委、副县长。后历任河源县文化馆馆长、河源师范学校校长、河源中学党支部书记、广东省科委新丰江地震考察队党支部书记兼队长等职。1990年1月13日于广州病逝。

钟　灵

钟灵（1898—1960），字勋安，号岳生，永安县（今紫金县）紫城镇人。1921年春，在县立第一高等小学毕业后，与刘琴西等人组织平民阅报社，宣传马克思主义。1923年8月，加入中国共产党。1925年，钟灵到广州农民运动讲习所学习。后随东征军第二次东征时回到紫金，接受组织任务，和刘乃宏筹建国民党紫金县党部。12月，钟灵担任中共紫金县特别支部书记。1927年4月，他参加了紫金"四二六"武装暴动，为紫金县人民政府起草文件、布告和施政纲领。大革命失败后，他遭到国民党的通缉，隐蔽在河源一带，以教书为掩护，继续坚持革命活动。

1932年，钟灵调任中共大埔县委书记。1937年，党组织又派他到河源东江书店任经理，建立地下交通站，从事党的秘密活动。1949年5月，紫金解放，钟灵任金城镇人民政府镇长。1951年起，先后在紫金县公安局、县民政科工作。1960年1月19日，在家病逝。

附录六

紫金县烈士英名录（1921年7月—1949年9月）

（1）大革命时期（1921年7月—1927年7月）66人：

紫城镇（2人）

刘尔崧　赖炎光

敬梓乡（1人）

黄亦昌

水墩乡（3人）

刘乃帆　曾文馨　曾显照

龙窝镇（15人）

李桂来　李焕青　陈红泽　许记先　许水佑　许土招
许国昌　许文兰　许亚七　许子云　许观胡　许观云
许亚颂　许庭和　钟玉明

洋头乡（4人）

温王赞　叶亦隆　温土先　叶黄群

苏区乡（4人）

钟亦旺　钟寿有　钟　八　钟焕昌

南岭乡（33人）

袁英才　袁日初　范坐光　钟银瑞　范荣光　钟声扬
黄　滔　钟胡七　张　妹　钟元春　范王镜　钟庭耀
钟名山　陈仁怀　陈风高　陈凤鉋　钟子文　钟冠林
钟伯煦　钟声叩　钟金胜　钟王恩　钟显耀　钟桂香

钟现福　钟火胜　钟声振　陈仁谷　钟百秀　钟彬瑞

钟茂瑞　钟销雄　钟亚扬

九和镇（1人）

李桂来

古竹镇（3人）

朱春泉　刘桂连　张林胜

（2）土地革命战争时期（1927年8月—1937年7月6日）357人

紫城镇（16人）

刘荫灵　钟绍祖　钟运泽　钟敬祖　刘荫根　刘化棠

刘　清　刘绍武　陈火荣　刘乃贻　钟载环　赖炎光

叶铁魂　刘乃宏　钟子廉　刘琴西

附城乡（1人）

李业惠

乌石乡（1人）

严亚泉

中坝镇（1人）

贺石华

敬梓乡（1人）

宋竹卿

水墩乡（6人）

彭观招　彭观锦　彭德枢　朱　照　彭育章　彭火招

龙窝镇（13人）

钟雨棠　钟醒明　胡定添　许坤贤　温丽生　钟云山

许练招　许世梧　许砚贞　温利先　叶　尧　李培尧

许薰民

洋头乡（34人）

钟添福　叶蔡氏　叶来兴　温申妹　叶帝发　叶观升
叶王连　叶汉明　范二妹　叶亦达　温清洞　温亦标
温土清　温　生　温　慈　温石凤　温　炉　温王先
朱　样　黄　运　钟王先　钟荣沾　钟乃康　钟兆堂
钟潭娇　钟德新　叶国发　钟　果　叶木招　钟　安
钟廷华　朱　泉　朱　后　朱玉棠

苏区乡（100人）

高丁妹　钟　满　钟清香　钟兆彭　朱　简　钟初香
钟定兰　钟戊胜　钟观煌　钟作兴　钟初竟　钟初发
朱　万　黄新杨　黄初香　黄木先　钟乙妹　钟北水
张丁云　许水生　许亚七　邓六妹　许炳灵　许桥生
许忠钦　刘　炳　钟均才　钟　茂　钟凤生　钟捷方
钟星庆　钟森奇　钟檀奇　钟台华　钟仕九　黄　德
钟洪远　钟洪城　黄南康　黄土先　黄锦祥　叶重义
叶洪源　叶确珍　温其乙　温其灵　温其风　温启先
温亚辛　林六妹　黄子传　黄资深　钟珍庆　黄德传
钟德望　钟仁勋　黄　六　黄添其　黄锡相　钟珍庭
钟茂皇　钟　石　黄国雄　钟弼成　钟桂香　曾得深
钟拔招　黄俊梅　许玉廉　黄火光　钟　风　钟汉文
钟寿昌　李进妹　钟　九　巫观贤　钟海昌　钟继昌
钟拔珍　张大康　钟近善　钟道善　钟瑞香　钟成康
钟亚八　张尚文　温桂尧　钟福安　钟林春　钟桂昌
温宜祥　古亚工　黄天意　钟三及　张子玉　朱　乙
朱　豹　钟一朋　钟定香　叶振强

南岭乡（147人）

钟　耀　范火元　范连杰　范世耀　刘学达　范仁相

范名梧	范荣煌	刘学贤	范荣全	刘荣松	钟初育
钟飞庭	陈 满	袁云电	钟 育	袁添梅	袁云南
钟果瑞	钟百友	钟锦秀	钟雄殿	钟宏叁	温运秀
钟沂相	钟铭湖	钟林胜	钟声胜	温任费	温王恩
温春灵	钟华先	钟金胜	钟来胜	钟文钦	钟亚四
钟 春	钟来先	钟庚先	钟灵招	戴 二	钟作先
钟观灵	钟文茂	钟文敏	钟绍优	钟文广	钟文何
钟冠汀	钟保祥	钟冠荣	钟火寿	钟渭璜	钟荫庭
钟作良	范荣深	范瑞卿	范亚远	刘潭先	刘荣盘
范集太	范石康	范禄太	范荣四	范佛耀	范南耀
范名登	范荣丰	范荣济	范名秋	范观浪	范大春
刘银太	范上基	范炳生	刘品生	钟喜燕	刘长进
刘南香	刘荣炎	叶火招	范瑞兰	范宗凤	范亚高
钟庭作	钟耀庭	钟德钦	钟庚华	钟戴煦	陈亚兰
钟庭珍	钟 满	钟仁山	钟炳先	钟朱二	范亚戍
钟朱雄	钟继杨	钟 新	钟观城	钟曲胜	钟现灵
钟三喜	钟林保	钟容卿	钟瑞征	钟洪兵	钟火照
陈石香	钟声沼	袁亚兴	钟 香	范二妹	钟观荣
陈凤光	陈来福	钟王俊	钟王辉	钟观右	钟名传
钟木娇	钟锡庆	钟斗灵	钟乃娇	钟湘友	缪庆龙
钟青古	钟士青	钟午先	钟帝恩	钟北潭	钟云先
钟木英	钟淡瑞	钟观健	钟观城	钟崇庆	钟来兴
钟土安	钟帝瑞	钟亚育	钟土香	钟春华	钟坤诏
钟佩璜	钟一强	李素娇			

九树乡（3人）

马火寿	马 檀	张华林

九和镇（2人）

李文藩　冯杏章

凤安镇（1人）

张汉青

好义乡（2人）

黄　宗　黄石和

上义乡（1人）

张佐忠

古竹镇（9人）

王金福　王锡朋　张祖荣　王超健　赖松安　陈荣泰
许顺泰　戴耀田　戴瑞玲

义容镇（2人）

朱德锋　赖谷良

青溪乡（8人）

蓝蔚云　蓝俊相　刘庆初　蓝伯生　刘福先　蓝璇均
蓝蔚林　蓝清辉

柏埔镇（4人）

严云卿　陈宽连　陈醒东　龚远香

黄塘镇（5人）

卢亚木　钟皇招　钟初流　钟战群　钟子怀

（3）全面抗日战争时期（1937年7月7日—1945年9月2日）8人

中坝镇（1人）

温远文

龙窝镇（1人）

许灵书

九树乡（1人）

刘子英

九和镇（1人）

李桂香

上义镇（3人）

温喜芳　张观清　孙慧基

柏埔镇（1人）

陈包文

（4）解放战争时期（1945年9月3日—1949年9月）171人

附城乡（9人）

林金水　郑耀坤　巫作荣　张　乃　李昌明　李志达
谢　体　李运炉　胡仿泉

乌石乡（5人）

江辉古　谢剧　叶荫才　张璞茂　叶　坤

中坝镇（11人）

陈国中　陈　培　温天明　沈　乙　温尧光　温永富
张　蓝　温丁妹　张　佛　张　坤　温　全

敬梓乡（9人）

黄南寿　宋石泉　温金先　黄　亦　黄云山　郑妙胜
廖兆先　廖流三　宋　凤

龙窝镇（4人）

黄运先　叶佛全　钟绍双　叶钦盛

洋头乡（1人）

邓　湘

苏区乡（2人）

钟木华　温水青

南岭乡（1人）

钟文河

九和镇（10人）

李剑辉　李南昌　李荫生　刘焕才　李云番　李庙福
李观保　李兴生　龚子芳　冯仁忠

九树乡（2人）

刘文耀　刘沸兰

蓝塘镇（19人）

罗　庆　曾　谭　潘观六　张炳高　简金煌　张林方
张观运　潘铨昌　罗　其　陈奕房　余慈光　伍来兴
潘　常　蓝观茂　甘木如　潘文彬　潘九仔　李文芳
潘运英

凤安镇（5人）

张淑芳　吉潭灵　陈益隆　张荫怀　张锡桥

好义乡（14人）

黄爱强　黄　九　曾　容　黄松喜　黄　华　黄　玉
黄化钦　黄华古　黄木灵　陈石仿　黄运灵　黄　佛
练　来　黄　清

上义镇（13人）

张进才　黄潭娇　谢　水　黄玉先　张继来　黄育生
孙汉强　廖　岳　赖伯文　孙潭乃　廖观胜　邹　英
孙国强

古竹镇（10人）

戴光先　张月秀　陈　炳　许桂香　杨　娥　陈强源
黄继生　赖德寿　张德明　黎木连

义容镇（19人）

严胜娇　李纪生　黎新发　罗新泉　赖祖奇　赖洪恩
赖维超　朱炳南　廖金龙　李子云　张伯暖　赖谷钦
李覃生　罗新泉　罗文瑞　张国良　苏　远　赖　炎

赖方平

青溪乡（3人）

刘官佑　赖　伟　曾进发

临江镇（2人）

黄亚田　徐云芳

柏埔镇（17人）

陈流明　陈云财　陈定昌　陈海九　陈名标　刘木森
黄火坤　龚水清　黄梦林　陈海英　龚炳英　邓必棠
邓瑞荣　龚继来　龚新桂　钟　伟　张廉

黄塘镇（13人）

钟文禄　苏林安　陈佛友　黄化龙　邓水运　邓育文
叶凤祥　钟日风　陈逢源　钟佛连　俞玉灵　冼继来
叶振才

外县籍（2人）

黄高扬　苏　丹

附录七 大事记

1919年

5月15日，紫金各界救国联合会（工人组织）在县城成立。

6月15日，紫金青年联合会在劝学所成立，刘琴西任会长；紫金学生联合会在叶家祠成立，陈运业任会长。

1922年

8月，刘琴西、贺济邦等在县城创办紫金劳动半夜学校、紫金县宣讲员养成所。

是年冬，张子玉在海丰加入彭湃领导的赤山约农会。

1923年

1月，张子玉在得趣书室受彭湃之命，带2000份农会证回乡，开展宣传活动。

2月，张子玉等人在云潭村成立农会，张大康、张胤坤任正、副会长。

3月，成立炮子乡农会，张子玉任会长，隶属海丰总农会领导。

3月，炮子乡农会成立炮子乡农民自卫队，这是紫金第一支农民自卫武装。

5月，紫金县总农会在炮子成立，钟一强为总农会会长，钟乐善为总农会副会长。

8月上旬，紫金新学生社在县城成立。

8月，中共紫金县小组在县城成立，赖炎光任组长，第一批党员有刘琴西、钟灵、刘乃宏、赖炎光等。

1924年

2月，刘琴西、赖炎光调去省里工作，紫金县党组织由钟灵负责，团组织由刘乃宏、陈运业负责。

4月，戴耀田在凤岗书院成立古竹农会，好义黄国强、柏埔陈鹤九先后建立了该地区农会。到是年底全县农会会员达5万多人。

1925年

1月，紫金党小组选送钟一强、钟应天（钟国魂）、钟卢（钟灵）、刘战愚、戴耀田等人到广州农民运动讲习所学习。

2月27日，紫金县总农会组织农民自卫军700多人，配合东征军围攻紫金县城，县长张敬舆、团长温宗和星夜逃走。

5月中旬，在紫金县城东栅街叶氏宗祠召开了紫金县第一次农民代表大会，县总农会改组为紫金县农民协会，钟一强为会长。

5月，戴耀田在古竹地区组建农民自卫军，共有180多人枪。

7月5日，海丰县第一次农民代表大会在海丰县城召开，紫金张子玉、钟乐善等代表参加大会。

10月27日，东征军第二纵队第四军进占紫金县城。国民党紫金县党部筹备委员会成立，刘乃宏、钟灵、傅燊霖、温国煦、刘海帆等共产党员以个人名义加入了国民党。

12月，中共紫金县特别支部成立，钟灵任书记。成立共青团紫金县特别支部，刘乃宏、陈运业为正、副书记。成立紫金少年先锋队，陈启明任队长。

12月初，在紫金县城召开紫金县第二次农民代表大会，选举钟一强为县农民协会会长，陈少白为县农民自卫军大队长。

12月中旬，紫金县总工会成立，各区成立工联会。

12月，国民党紫金县党部正式成立，下设执行委员会和监察委员会。刘乃宏任书记长，办公地址设在县城天后坪谭公庙。

12月，紫金县妇女解放协会成立，区夏民任会长。

1926年

4月初，紫金县第三次农民代表大会在县城召开，全县各区农民代表200多人参加了会议。

7月下旬，黎孟持、黄国强率领农民自卫军200多人西渡东江，支援博罗观音阁农会，攻打地主武装，协同作战，激战三天三夜，保卫了沙岭农民协会。

11月24日，缪冠儒、钟一朋、钟坤治等率紫金农军500多人，协同海陆丰农军攻打陆丰剑门坑和上沙。

12月，紫金县农民协会派钟一朋、钟汉雄、陈继泽、钟继祖等23人参加海丰为期一个月的党训班学习。

1927年

4月，中共紫金特支召开会议，成立紫金县武装暴动委员会总指挥部，刘琴西、戴耀田分别担任正、副总指挥。

4月26日，紫金县武装暴动委员会总指挥部举行"四二六"武装暴动。

4月28日，成立紫金县工农革命军总指挥部，刘琴西任总指挥，戴耀田任副总指挥。在县城召开各界人士代表联席会议，议定刘琴西为紫金县人民政府主席，戴耀田为副主席。

5月1日，在县城举行庆祝五一国际劳动节暨紫金县人民政府成立大会，宣告紫金县人民政府成立，刘琴西任县人民政府主席。

5月8日，紫金县人民政府党、政、农、军机关及领导人撤离县城抵达炮子，以湖子仓为办公地点。

7月，国民党紫金县县长丘国忠亲自率领民团1000多人，第一次"进剿"炮子，被农军击退。

7月中旬，紫金县工农革命军在惠阳（今惠东）中洞与高潭、海陆丰农军会合，改编为海陆惠紫工农讨逆军，刘琴西任总指挥。

8月17日，丘国忠乘紫金工农革命军主力出师海丰之机，出动2000多人枪，第二次"进剿"炮子，被农军击退。

8月20日，丘国忠又率3000多人第三次"进剿"炮子，被农军击退。

8月28日，工农革命军紫金县团队部在惠阳（今惠东）中洞成立，总负责人为刘乃宏。

8月，中共紫金县委员会在炮子成立，书记吴建民，隶属东江特委。

10月中旬，工农革命军第一大队（红二师的前身）一战南岭未果。

11月下旬，紫金县农军解放了黄布，扫清炮子周围的地主武装。

11月，工农革命军第二师（后改称红二师）在苏区炮子上径村创办红军兵工厂和红军医院。

11月25日至12月1日，在炮子湖子仓召开紫金县第一次工农兵代表大会，代表300多人。紫金县苏维埃政府正式成立，主席钟一强。

1928年

1月1日，工农革命军第四师（后改称红四师）在师长叶镛等人率领下，智取紫金县城，活捉国民党县长丘国忠等17名反动分子。

1月2日，工农革命军第二师第五团、工农革命军紫金县团队与工农革命军第四师在龙窝胜利会师。

1月3日，红四师从龙窝抵达炮子，县委、县苏维埃政府发动群众开展慰劳活动。5日，在炮子湖子塅召开公审丘国忠等大会。

1月13日，南岭乡苏维埃政府成立。

2月1日，红二师攻克南岭。

2月3日，红二师第五团和工农革命军紫金县团队解放东溪田。

3月中旬，紫金各地民团配合国民党军黄旭初部8000人进攻炮子根据地，中共紫金县地方组织遭到严重破坏。

3月，国民党军队和地方民团在炮子附近的古井坵8分田里集体杀害干部群众280多人。

是年底，国民党反动军队和民团又在炮子古井坵集体屠杀170多人。两次共杀害干部群众450多人，制造了骇人听闻的"血田惨案"。

1929年

10月，中国工农红军第六军第十七师第四十九团在海丰朝面山成立，团长彭桂，政委黄强。

11月，在炮子石阶子村成立中共紫（金）河（源）特区委员会，书记庄羲。

11月，共青团紫河特区委员会在炮子成立，刘来（刘志远）任书记。

11月，紫河游击队在炮子成立，队长蓝蔚林。紫河游击队先后在青溪举行了3次暴动。

1930年

1月，紫金县革命委员会在炮子赤溪宝善楼成立，钟定香任主席，隶属海陆紫革委会领导。

同月，红四十九团三营一部与龙炮区赤卫队进攻赤溪田，缴获物资一批。

1931年

1月7日，中共海陆紫县委、海陆紫苏维埃政府迁到紫金苏区赤溪宝善楼办公，开办战地训练所，戴耀田任所长。

4月，红色歌手、龙炮苏区宣传委员李素娇带领红军和龙炮区联队星夜奇袭黄布，获胜而回。

7月，中共紫河特区委召开第一次扩大会议，紫河革命委员会在好义成立，由温丽生负责。

1933年

2月，红军东江独立师在九和进攻乌禽嶂，全歼九和联防大队李鼎凤（李大炮）部，进军蓝塘取得胜利。

4月下旬，东江军委主席朱炎在炮子赤溪油谷坑与敌作战不幸牺牲。

11月，海陆紫苏维埃政府主席团委员钟一强率领县区机关、龙炮区联队、赤卫队共180多人，被国民党重兵包围在碣石溪长坑尾卧猪闷兜山上，坚持7昼夜。后被国民党军围攻，180多名战士不幸牺牲。

11月底，中共东江特委任命周大林为海陆紫县委书记。

1935年

7月，戴耀田在九和叶坑隐蔽活动时，被九和民团所捕。9月在县城被杀害。

1936年

夏，红四十九团三连班长钟光及10多名战士，在乌禽嶂密林中坚持3年游击战后，在国民党军队的"围剿"中全部被捕，壮烈牺牲。

1937年

1月，中共广州市外县工作委员会派潘祖岳回家乡紫金工作。

5月，成立中共紫金蓝塘小组，潘祖岳任组长。

7月17日，成立紫金抗日御侮救亡委员会，后改为抗敌后援会。同时成立了紫金县抗日民族自卫团统率委员会、紫金县青年抗敌同志会，会址设在紫金县城东栅街叶家祠。

9月，蓝塘成立大众救国团，梁荫源任团长，潘祖岳任副团长。

12月，蓝塘大众剧社成立，潘祖岳为社长，大力开展抗日宣传活动。

1938年

3月，中共蓝塘特别支部成立，潘祖岳任书记。特别支部隶属中共广州市外县工作委员会领导。

7月7日，中共蓝塘特别支部开展纪念抗战一周年活动，发动群众，开展抗战救亡献金活动，共捐钱物价值5000多元。

9月，古竹民众抗日自卫大队成立，黎伯枢为大队长。

10月22日，8时，日军6架飞机轰炸紫金县城，炸毁县政府，监狱和教育科的房屋，东栅街、西栅街的民房，县第十小学的8间课室，机枪射死8名县警队队员。

12月，古竹成立广东青年抗日先锋队紫金支队，黎明任支队长，支队部设在古竹陈家祠。

12月，中共古竹特别支部成立，黎伯枢任书记。特别支部隶属中共惠（阳）宝（安）工作委员会领导。

12月，蓝塘人民抗日游击队成立，潘祖岳任队长。

1939年

1月，中共紫金县临时工作委员会在古竹成立，宣布全县党组织统一由县临时工作委员会领导。

2月，紫金县妇女抗日联合会（妇抗会）在古竹成立，杨月基（杨文）为负责人。

2月，中共东江党代会在紫金县古竹黎两安书房召开，成立中共东江特别委员会，选举尹林平为书记。

2月，中共紫金县委在古竹重新建立，书记黎孟持，隶属中共东江特委领导。

3月，东江华侨回乡工作组改编为东江华侨回乡服务团第四分团（简称"东团紫金分团"），团长黎孟持。下设古竹队，黎孟持兼任队长，蓝塘队由潘祖岳任队长。团部设在古竹镇陈家祠。

6月21日，日军3架飞机再次轰炸紫金县城，炸塌西栅街防空洞，死3人。

7月，中共紫金县委调整，李恒若任县委书记。

8月-9月，新智小学特别支部成立。

1940年

1月，在紫金中心坝（今中坝）成立中共紫（金）五（华）边区工作委员会（简称"紫五边委"），隶属东江特委领导，钟靖寰任书记（后为麦任）。

秋，岚派特支成立。

1941年

2月，中共东江后方特别委员会（简称"后东特委"）在龙川老隆成立。

6月14日，日军10余架飞机侵入上义、好义地区，掩护沿公路入境的30余名骑兵和400多名步兵，在好义圩进行烧、杀、抢、掠，横蛮逮捕牧师群众33人进行集体屠杀。原紫河特区蓝塘区委书记吴群英召开会议，成立敢死队，与国民党军和地方保长自卫队团结对敌，将日军赶出紫金县境。

冬，日军一个步兵排从海丰入侵紫金炮子和南岭等地。山上群众用鲑珠枪开火，击退日军。

1942年

3月，中共后东特委任命郑群为中共紫金县委特派员。

12月，在上义捲蓬成立紫金抗日地方常备大队，曾学修为教导员，曾繁为大队长。同时在培风书院、上新屋、关帝庙开办枪械修理厂和地雷工厂。

是年，国民党紫金县政府为辛亥革命烈士温带雄立纪念碑于紫金山上。

1943年

9月，中共后东特委从老隆迁到紫金古竹水东。

1944年

8月，紫金县委特派员郑群参加后东特委在今深圳大鹏举办的整风班学习。学习结束后回到紫金开展恢复党组织工作。

1945年

2月，紫金抗日地方常备大队整编为东江纵队第七支队紫金独立大队，曾繁为大队长，教导员为曾学修。

2月，古竹抗日武工队成立。后来，抗日武工队扩编为紫河人民抗日自卫大队，陈果任大队长。

2月，紫五人民抗日自卫大队成立，张华基任政委兼大队长。

5月，县政府动员青年从军抗日，全县有40多人参加青年军，并在县城天后坪举行欢送仪式。

6月中旬，紫河人民抗日自卫大队和紫五人民抗日自卫大队集中整编为东江人民抗日武装自卫总队，代号飞龙队，梁威林任政委，郑群任总队长。

10月，中共后东特委决定成立紫（金）五（华）龙（川）河（源）边工委，书记卓扬。

11月，中共惠（阳）海（丰）陆（丰）紫（金）边县委成立，方定任书记。

12月，东进部队与梁威林率领的东江人民抗日武装自卫总队600多人在中坝会师。

12月下旬，温敬尧率紫五人民抗日自卫大队回中坝，东进部队韦伟连编入该大队；紫五人民抗日自卫大队改称紫五人民自卫大队，温敬尧为大队长。

1946年

1月，在龙窝成立东江纵队东进部队独立营，赖祥任营长，罗哲明任政委。

1月26日，国民党紫金县政府出动正规军和县警大队共1000多人向蓝塘袭来，被东进指挥部独立营打退。

3月初，江北指挥部调殷东山一个中队与东进指挥部独立营合编，兵力增至600多人。

1947年

2月，成立海陆惠紫人民自卫大队，大队长高固，政委胡施，隶属江南工委。后改为惠紫人民自卫大队。

2月，广东区党委决定撤销后东特委、九连临工委，成立中共九连地方工作委员会，严尚民为书记。

3月，创建紫金武工队，队长黎克，隶属九连工委领导。

6月，紫金武工队在义容汀村扩建为紫金人民抗征大队，大队长黎克。

7月28日，惠紫人民自卫大队扫北队配合江北地区陈江天大队、黎克领导的紫金人民抗征大队等400余人攻打上义地主张源和武装，缴获枪支100多支、子弹1000余发、战利品一大批。

10月5日，在紫金蓝塘石塘成立惠紫蓝塘人民自卫大队，张革任大队长，黎霜任政委，隶属惠紫人民自卫大队。

11月，在白溪小坡村成立紫五人民抗征大队，温敬尧为大队长，唐克任政委，隶属东江人民抗征总队。

11月，紫河人民抗征大队成立，李奇为大队长，钟忠任政委，隶属东江人民抗征总队。

1948年

4月，中共惠（阳）紫（金）县委员会成立，书记胡施，隶属江南地委领导。

4月，惠紫人民自卫大队第一、二大队合编为广东人民解放军江南支队第四团，团长高固，政治委员胡施。

5月，中共紫金县临时工作委员会成立，书记卓扬，组织部部长刘兴（魏麟基），宣传部部长黎孟持（黎璋）。

6月，紫五龙河行政委员会成立，主席张超球（张华基），副主席温敬尧、张日和、钟雄亚。

8月，黎孟持担任紫五龙河中心县委委员兼边区行政委员会副主席，负责东江沿岸的土匪收编工作。

1949年

1月，中共惠（阳）紫（金）五（华）边县委成立，书记罗汝澄，隶属江南地委。

1月，惠紫五县人民政府成立，王泳任县长。

1月，古竹镇人民政府成立，镇长王兆恩。

5月，蓝塘镇人民政府成立，镇长甘焕勋。

5月18日，粤湘赣边纵队（简称"边纵"）主力部队包围了紫金县城。

5月22日，边纵主力部队进驻县城，紫金县城宣告解放。

5月25日，中共紫金县委员会和紫金县人民政府宣告成立。县委由叶锋任书记，潘祖岳任副书记，黎孟持、叶茵任委员；县人民政府由潘祖岳任县长，黎孟持、温敬尧任副县长。

5月，金城镇人民政府成立，镇长钟灵。

6月20日，边纵司令员尹林平率主力第一、第三团解放南岭。

7月1日，在紫金县城沙子坝召开紫金解放庆祝大会。中共紫金县委书记叶锋主持，县长潘祖岳讲话。

7月12日，国民党紫金县代理县长黄尚达引国民党军一九六师600多人向紫金县城反扑。紫金县委、县政府机关转移至中坝良庄荷树下谦德楼。

7月14日，苏丹出任龙窝区工委书记，途经嶂下火烧店时，由于叛徒出卖被捕，23日被杀害。

8月5日，边纵第四支队在柏埔南肖径包围国民党一九六师，击毙和俘获310多人。

8月6日，紫金县城第二次解放，潘祖岳接任中共紫金县委书记，并兼任县长。

后
记

　　根据中国老区建设促进会《关于编纂全国1599个革命老区县发展史的安排意见》和广东省老区建设促进会、广东省老区建设办公室《关于印发编纂〈革命老区县发展史〉丛书有关文件的通知》精神，紫金县委、县政府于2018年3月28日成立《紫金县革命老区发展史》编纂委员会，下设办公室和编辑部。编纂工作由县老区建设促进会牵头，县委党史研究室具体组织实施。5月，编辑部聘请李桂平、钟岸先、张慈祥、练孙善等为专职编纂人员。为使编纂工作顺利开展，编纂办公室组织编辑部人员到有关市、县交流学习，借鉴经验，以提高编纂工作水平。随后，编纂人员收集了《中国共产党紫金县地方史》一、二卷，《红色紫金》《紫金县志》《紫金年鉴》等资料，在此基础上，多次开展调研工作，召开相关单位人员座谈会，听取意见，讨论编写组稿提纲。

　　7月5日，编纂委员会举办《紫金县革命老区发展史》编写工作培训班，参加培训的有县直40多个单位、部门的编写人员和编纂部人员，并将组稿内容分解到承写单位。

　　2019年6月，在县有关单位、部门积极配合和编辑部人员的努力下，几易其稿，完成了本书的初稿，并发至有关单位、部门征求意见。7月11日，召开书稿评议会议，邀请有关领导、编委成员、专家和编纂人员对书稿进行全面点评；并专门聘请省地方志办公室原副主任、研究员侯月祥审阅指导。书稿顺利通过终审验收。全书设6章33节，约30万字，较翔实地记述了紫金老区人民在新民主主义革命时期浴血斗争的历史、中华人民共和国成立后特别是改革开放后40多年的发展变化及取得的巨大成就。

在编纂过程中，编辑部紧扣紫金革命老区发展这条主线，坚持真实性、准确性、系统性、规范性、特色性五个原则，力求使该书特色鲜明、有可读性。

《紫金县革命老区发展史》自2018年5月全面启动编纂工作以来，县委、县政府高度重视，切实加强领导，成立机构，保证必要条件；本书编纂得到省、市老区建设促进会的具体指导，得到县有关单位、部门的大力支持和协助。值此《紫金县革命老区发展史》付梓成书之际，一并表示衷心的感谢！

本书编写中，具体承担执笔的有——第一章：钟岸先；第二章、第三章、第四章：练孙善；第五章：李桂平；第六章第一、二、三、八节：张慈祥；第六章第四、五、六、七节：钟岸先；钟月梅参与了附录的编写工作；全书统稿：李桂平、黄海波。

《紫金县革命老区发展史》由于涉及时间长、内容较多，受编辑水平限制，难免存在纰漏与瑕疵，敬请读者批评指正。

《紫金县革命老区发展史》编委会

2021年1月